本书受东北大学秦皇岛分校教材（专著）建设基金资助
本书相关专题的研究工作受教育部中央高校基本科研业务费专项资金资助
（资助类别：种子基金；项目批号：N090423005）
鸣谢上海投中信息咨询有限公司（http://www.chinaventure.com.cn/）为研究团队提供CVSource股权投资数据库

中国风险投资透视

The Perspective of Chinese Venture Capital

罗国锋　著

经济管理出版社
ECONOMY & MANAGEMENT PUBLISHING HOUSE

序一
房汉廷

不熟悉中国创业风险投资的人，一定会为时而"创业投资"时而"风险投资"的称谓所困惑。实际上，"Venture Capital"一词对出资人来讲，由于所投企业多数处于初创期，失败的风险很大，其投资要承受很大的风险，没有一定的冒险精神是不会进行投资的，所以，站在出资人的立场看应该是"风险投资"。但是，如果站在被投资对象的立场看，由于这些资本主要投资于种子期、初创期的企业，为创业者提供了迫切需要的权益资本融资，所以这种资本更像是为支持创建企业活动的资本，自然可以视为"创业投资"。换言之，"风险投资"和"创业投资"是 Venture Capital 的一体两面，没有冒险且具有耐心的资本和冒险创建企业的企业家就不会有新企业的诞生和发展，Venture Capital 是一种与创建企业活动属性相匹配的资本。

另一组容易误解的概念是产业投资基金、私募股权投资基金和创业风险投资基金。关于产业投资基金和私募股权投资基金一直是一个政策热点和理论争论的焦点。随着中国第一支产业投资基金——渤海产业投资基金的设立以及或明或暗的私募股权投资基金的活跃，人们开始认同产业投资基金与私募股权投资基金内涵的一致性，即它们都是"有组织的私人股本市场"（Organized private equity market）的投资工具，与"天使资本"和"非正式私人股本市场"相对应，通常以股权或准股权形式投资于未上市的企业，承担较大的创业风险，同时也通过退出分享较高的收益。

创业风险投资基金实际上是私募股权投资基金的一种特别形式，主要投资于种子期和成长期的企业。同时，在企业成长的后端还有投资扩展期企业的直接投资基金和参与管理层收购在内的并购投资基金等。投资过渡期企业或上市前企业的过桥基金也是私募股权基金的投资范畴，即凡是在一家企业上市以前所获得的股权投资都是属于私募股权基金的范畴。

创业风险投资引入中国，对其功能和功效一直存在着简化和泛化两种片面的认识。

对创业风险投资功能的过度简化，即把它等同于一种一般投资方式。在这种认识作用下，中国的创业风险投资采用的注册制度是公司制，适用的税收政策是一般投资公司的政策，工商管理采用的也是最一般的企业管理。由于这种简化的认识影响，在相当长时间内全社会并没有形成单独的或独特的创业风险投资制度，也没有产生明显的创业风险投资效应。甚至一些早期注册的创业风险投资公司不得不蜕变为一般的投资公司或一般的工商企业，只有极少数的企业坚持做创业风险投资业务。

对创业风险投资功能的过度泛化，即把它当作一种可以解决创业企业和高新技术成果产业化融资的"灵丹妙药"。在这种认识下，创业风险投资披上了神秘的光环，在一些政策取向和政策条文中，创业风险投资的功能逐渐被夸大。

由于把创业风险投资的功能和功效无限夸大，所以很多地方纷纷设立创业风险投资企业，甚至一些本来应该由公共财政解决的企业创业和创新活动事项也交由创业风险投资企业去解决，把一些应该由金融手段去解决的创业企业和高新技术产业化的融资问题也一并交由创业风险投资企业去解决。几乎从创业企业的初始融资一直到最终的IPO，似乎只要有了创业风险投资就可以解决一切。

基于这样一种认识，一些研究者和政策制定者开始试图把创业风险投资作为一种特殊行业对待，并呼吁在市场准入、税收优惠、融资便利、市场退出等方面享受特殊的政策。如在市场准入上引入基于有限合伙制的投资基金制度；在税收上把它看作是一个投资人集合体或投资管道免征企业所得税；在融资上放开私募股权的限制并对基金投资人的资本给以税前抵扣上的便利，甚至包括以负债的方式获得金融机构的贷款等融资方式；在市场退出上尽快开设包括创业板市场在内的多层次资本市场，使创业风险投资形成明显的赚钱效应。

事实上，创业风险投资工具或机制本身的功能就是投资，在获取利润这个终极目标上与一般投资活动并无二致，但它在投资对象选取、投资过程管理和获利了结等方面的确又不同于一般投资行为。它的投资对象首先是产业领域的企业创业行为，投资过程不主要谋求对企业的控制，投资方式以权益资本为主，获利的主要方式不是企业利润分红而是通过所投权益资本退出的资本利得。至于创业风险投资是否投资于高新技术产业领域的创业活动，并不取决于企业技术的"高"或"新"，而依然取决于创业企业所使用的技术创新或商业创新模式是否能够形成或带来未来更大的特别是潜在的"收益流量"。从美国资本市场看，最终登陆NASDAQ的企业超过50%与高新技术企业无关，创业风险投资关注更多的是潜在的"高成长"而不是显在的"高科技"。如果引导更多的创业风险资本投资于高新技术企业的创业活动，则需要制定一些特殊的政策以达到创业风险投资资本属性的要求。所以，无论是美国的SBIR计划、SBIC计划、7a贷款计划以及其他国家实施的一系列鼓励、激励创业风险投资的特殊政策，都旨在对创业风险投资行为给以引导，使其投资行为与国家的创业、创新目标更加吻合，借以形成国家政策与民间资本的双重合力。

基于上述考虑并综合创业风险投资的发展实践，笔者认为创业风险投资可以被看作是一种新型的创新创业投融资机制，创业风投资并不是简单的承载提供资金的职能，它还在创新项目孵化、创新成果转化、市场开拓、企业管理等方面发挥着重要作用。从宏观角度看，创业投资在技术创新、高新技术产业发展和传统产业升级改造以及经济增长等方面具有积极作用。

无论是微观层面，还是宏观层面，风险投资对于经济发展的意义都需要学者们进一步研究证实。此外，风险投资在中国表现出了怎样的特点？有何变化趋势？促进风险投资发展的政策效果是否显现？未来的政策该做如何调整？这些问题都需要大量的数据来佐证。

罗国锋博士利用CVSource股权投资数据库对中国风险投资做了深入的纵剖透视，一些研究发现暗含深意，需要引起政策制定者的重视。例如，对地理聚集性的研究，作者发现有利的政策能够吸引风险投资落户本地；同时，作者的数据又说明，风险投资落户本地又未必能够帮助本地的企业发展。再如，活跃风险投资机构的特征、投资事件的特征与机构退出绩效之间的关系，反映了中国风险投资尚处于不成熟阶段，同时也解释了为什么投资机构选择后期项目投资。风险投资对创业板上市公司信息披露和市场表现的影响更说明中国风险投资的不成熟性。

罗国锋博士对风险投资家的特征及投资偏好、风险投资家的投资绩效以及风险投资家的价值认知活动也做了深入研究。这些研究结论值得风险投资机构参考。

风险投资作为一种金融工具，应处于一个自由的竞争性市场，过多的干预和过高的期望都会影响风险投资正常和健康地发展。让我们期待中国风险投资未来更美好！

序二
刘曼红①

中国经济近三十余年的飞跃发展令世人瞩目。2010年第二季度，中国经济在总量上已经超越日本，成为世界第二大经济体。而很少有人注意到：早在2006年，中国的风险投资业就已经正式坐上世界第二的交椅。这一年，中国的风险投资总额达到17.8亿美元，成为仅次于美国的全球第二大风险投资市场（按照国家排列，欧盟除外）。同年，美国的风险投资总额为256亿美元，占全球风险投资总量（377亿美元）的67.9%。与美国相比，尽管中国的差距仍然较大，仅占全球风险投资总量的4.7%，但是，中国在这一领域已位列全球第二，迄今始终保持全球第二大市场这一地位。

中国风险投资业早于其整体经济成为世界第二的这个事件并非偶然，它说明了中国风险投资在经济发展中的重要位置。风险投资对于经济发展的重要作用在于它的内涵，在于它的核心价值。风险投资的核心价值是创新。

风险投资，又译为创业投资，英文为 Venture Capital，又为

---

① 刘曼红，中国人民大学财金学院教授，博士生导师。中国科学院虚拟经济与数据科学研究中心风险投资研究室主任，世界天使投资协会理事，世界生态发展联盟联合主席，香港致富集团董事。

Risk Capital①~⑤。按照美国风险投资协会的定义：风险投资是由专业投资者投入到新兴的、迅速发展的、有巨大竞争潜力的企业中的一种权益资本。美国传统英文大词典将风险投资定义为：风险投资是投入到具有巨大风险及潜在高额利润的创新型的企业或研究项目中的资金⑥。目前最有权威的网上投资词典《投资者世界》把风险投资定义为：投向以超常速度增长的创业企业或小企业的资本，同时投入管理经验和技术知识⑦。

许多学者及业内人士都认为：风险投资不是或不仅仅是为高风险、高预期收益的初创企业的投融资活动，风险投资的实质是帮助创业者来建造这些企业。从这个角度讲，风险投资家本身就是企业家，就是创业者，风险投资家是创业者背后的创业者⑧。

上述论点虽精辟，但略显不足：风险投资不是支持一般创业者，而是支持具有创新内涵的创业者。严格地，风险投资投入的是创新，是创业企业的创新内涵，而这正是风险投资的核心价值。

风险投资是投入到具有巨大增长潜力的创新型企业或项目的一种非公开权益资本，是通过积极参与所投企业建设并最终实现资本增值的、新型的、具有生命力的资本运作模式。风险投资的核心是创新。风险投资与创新的关系不仅在于它对创新本身的贡献，更在

---

① Newman, P., M. Milgate, and J. Eatwell, The New Palgrave Dictionary of Money and Finance, Publisher: Palgrave Macmillan, October 14, 1992.

② Barron's financial guides: Dictionary of finance and investment terms. Fifth edition, By john downes, Jordan Elliot Goodman, 2002, Page 687; venture capital, also called risk capital.

③ The MIT dictionary of modern economics, 4th edition, by David W. Pearce, the MIT press, 1992.

④ Who's Who in Risk Capital: Continental Europe (Harvard Business Review Paperback Series), Paperback, Publisher: Harvard Business School Publishing, 1991.

⑤ L. Cary, The Venture Capital Report Guide to Venture Capital in Europe: How and Where to Raise Risk Capital, Financial Times Management (5th edition), April 1991.

⑥ Houghton Mifflin (4 edition), The American Heritage® Dictionary of the English Language January 15, 2000.

⑦ www.investorworld.com.

⑧ Gupta, U. Done Deals: Venture Capitalists Tell Their Stories, Harvard Business School Press (September, 2000).

于它促成创新项目的商品化过程,在于它为创新提供了实现其价值的平台或渠道。风险投资是通过帮助创业者来建造这些企业为创新实现价值。必须强调,风险投资不是投入一般创业企业,而是具有创新内涵的创业企业(Innovative Enterprises)[①]。

风险投资的核心是创新。与传统投资不同,风险投资不是投入现在,而是着眼未来。风险投资是对未来的投资,对以创新为代表的未来的投资。风险投资的核心是创新[②]。斯坦福大学教授 Ronald J. Gilson 曾明确指出,风险投资无非是连接金融与创新之间的桥梁[③]。风险投资是弥补"创新缺口",即创新与其商品化之间差距的资金[④]。风险投资是对创业企业的创新项目的投资,是对具有创新内容的创业企业的投资。创新不仅指科技创新,也包括非科技创新。熊彼特(Schumpeter,1912)早在20世纪初就指出,创新包括产品创新、技术创新、市场创新、材料来源创新及组织创新[⑤]。风险投资支持创新,包括所有形式的创新。

风险投资与创新的关系是风险投资的重要内涵。风险投资促进创新,促进创新的价值实现过程;同时,创新也促进风险投资,二者相辅相成[⑥]。正是风险投资的这种创新内涵使得其在经济增长过程中起到举足轻重的作用。更重要的是:中国经济的转型更要靠创新,风险投资的作用也因之更为显著。

中国风险投资的这种重要作用引起越来越多业内人士及专家学

[①] Hellmann, T. and M. Puri. The Interaction between Product Market and Financing Strategy: the Role of Venture Capital, The Review of Financial Studies, winter, 2000, 13 (4): 959–984.

[②] OECD (1996), Venture Capital and Innovation [OCDE/GD (96) 168].

[③] Ronald J. Gilson, Engineering a Venture Capital Market: Lessons from the American Experience, Stanford Law School, Working Paper 248, November 2002.

[④] Dubocage E. et Rivaud – Danset D. The Development of Venture Capital in Europe, the Role of Public Policy. in Capital Market Development and the Economy, Tokyo Club Papers, 2004: 76–117.

[⑤] J. A. 熊彼特. 经济发展理论. 哈佛大学出版社,1934:66. 转引自胡代光,厉以宁. 现代资产阶级经济学主要流派. 商务印书馆,1982:254.

[⑥] Hirukawa, Masayuki, and Masako Ueda. Venture Capital and Productivity. mimeo, University of Wisconsin – Madison, 2003.

者的研究与探索。罗国锋教授的这本著作即是一个成功的尝试。我希望越来越多的学者像罗教授那样热衷于风险投资理论、实践及发展历史的研究,我也希望看到更多的好著作问世,以促进中国风险投资研究的深入发展。

前 言

2009年11月，东北大学秦皇岛分校发文成立了"创新创业与风险投资研究所"，从这一天起，研究所即担负起"传播创新创业精神、促进科技金融对接"的光荣使命。

研究所为创新和创业者而生，注定要全心全意为中国广大的创业者提供力所能及的服务。经过团队多日酝酿，我们决定对中国风险投资做透视性的研究，于是，"风险投资在中国"项目研究团队成立了。利用投中集团的 CVSource 股权投资数据库，我们的团队很快就取得了阶段性成果。项目组每周都开会1~2次，每次和同学们一起讨论时，辛苦和疲劳全都无影无踪了。

2011年6月，我协助指导的博士研究生李严同学写出第一篇严谨的学术论文，并发表于2012年6月的《管理科学》杂志上。我指导的硕士研究生和本科生也陆陆续续做出了一些研究成果，在《中国风险投资》这一业内有影响力的杂志上发出了自己的声音。

2011年10月，我们组织了"风险投资在中国"研究项目阶段性成果汇报会，广泛听取各界人士意见，尤其重视在风险投资实践一线的专业人员和创新创业者的意见，并根据这些意见对研究成果的报告形式做出了重要调整，并最终形成本书。

在本书各个专题的研究过程中，博士研究生李严，硕士研究生李启刚、郑燕磊、刘小溪和侯营营，本科生李加鹏、周超、韦芳、张洪建、洪晖选、陈震、张燕、赵辉东、苏学颖、李柳蓉、李佩瑾、张海燕、郑建飞、林政、刘小红、王润洲、崔佳、魏宇、张昕、卢少绵、康栗钊、翟泽南、王泽航、高男发挥了重要作用,他们都非常优秀,并且潜能无限。

看着我的学生们一天天成长和成熟,听到企业家和投资人对同学们的褒奖,没有什么事情比这更令人开心了。我的毕业生有的被跨国公司录用,有的被国有垄断大企业录用,有的考取了公务员,有的则选择了创新型企业融入到创业团队中,甚至还有学生被投资机构看中并着力培养。

对于这些优秀学生,我总是报以最大的期望,并希望研究所后墙上铭刻着的"创新、自知、风险承担、超前行动、积极竞争"十六个字能够伴随他们一生,永远激励他们前行。

在本书的撰写过程中,东北大学秦皇岛分校兼职教授、科技部科技经费监管服务中心房汉廷副主任,中国风险投资研究院沈阳分院院长陈乐靖先生和中国风险投资研究院研究部的专家们都提出了不少建设性意见,在此表示深深的谢意!

我还要特别感谢经济管理出版社第二图书编辑部张艳主任。她工作认真负责,工作效率极高,待人热情诚恳,为本书的顺利出版提供了巨大的帮助。

本书的研究和撰写受教育部中央高校基本科研业务费专项资金资助(资助类别:种子基金;项目批号:N090423005),本书的出版受东北大学秦皇岛分校"教材(专著)建设基金"资助,在此一并感谢!

由于本人水平有限,书中难免有错误和疏漏之处,还望读者朋友不吝指正!

罗国锋

于秦皇岛听涛草堂

2012 年 10 月 8 日

目　录

第一章　绪　论 ……………………………………………………… 1

 第一节　概念界定与基本分类 …………………………………… 1

 第二节　中国风险投资的三个发展阶段 ………………………… 3

 第三节　本书的框架结构 ………………………………………… 8

第二章　中国风险投资制度变迁与立法改革 ………………………… 9

 第一节　引　论 …………………………………………………… 9

 第二节　中国风险投资立法与政策实践 ………………………… 17

 第三节　国外风险投资立法经验 ………………………………… 25

 第四节　中国风险投资立法改革探讨 …………………………… 33

第三章　中国风险投资的地理聚集 …………………………………… 45

 第一节　风险投资地理聚集理论概述 …………………………… 45

 第二节　中国风险投资地理分布特征 …………………………… 47

 第三节　地区风险投资发展指数 ………………………………… 57

 第四节　地理聚集的影响因素分析 ……………………………… 61

 第五节　本章小结 ………………………………………………… 69

第四章　活跃风险投资机构特征与 IPO 绩效 ……………………… 71

 第一节　活跃投资机构的界定及组成 …………………………… 71

 第二节　存续时间和管理团队 …………………………………… 76

 第三节　管理基金数量与规模 …………………………………… 84

第四节	机构特征与 IPO 退出绩效	93
第五节	活跃风险投资机构名录	96

第五章　风险投资事件特征与 IPO 退出绩效　109

第一节	IPO 退出绩效概述	109
第二节	行业、上市地点与退出绩效的关系	110
第三节	投资行为与 IPO 退出绩效	118
第四节	投资策略与 IPO 退出绩效	123

第六章　风险投资家特征与投资偏好　131

第一节	风险投资家特征概述	131
第二节	学历层次与投资偏好	134
第三节	专业背景与投资偏好	138
第四节	工作经历与投资偏好	141
第五节	海外经历与投资偏好	144

第七章　风险投资机构高管团队与绩效　147

第一节	风险投资高管团队相关理论	147
第二节	人力资本、社会资本与绩效关系模型	153
第三节	多重个案研究	157

第八章　风险投资家如何认知新技术企业价值　171

第一节	风险投资家的价值认知活动	171
第二节	价值认知心理学基础	178
第三节	价值认知模型	183
第四节	多重个案研究	201
第五节	价值认知中信息差异的影响	211

第九章　创业板上市公司与风险投资　227

| 第一节 | 创业板概述 | 227 |

第二节 创业板上市公司基本特征 ……………………………… 229
第三节 核心团队 ……………………………………………… 236
第四节 创业板上市公司获得风险投资情况 …………………… 241
第五节 创业板上市公司背后的风险投资家 …………………… 244

第十章 风险投资与创业板上市公司信息披露 …………………… 247

第一节 国内外研究现状 ……………………………………… 247
第二节 理论框架和研究假设 ………………………………… 251
第三节 变量测量与数据 ……………………………………… 257
第四节 统计分析结果 ………………………………………… 260
附　录 ………………………………………………………… 264

第十一章 创业板 IPO 首日超额收益与风险投资 ………………… 291

第一节 IPO 首日超额收益概述 ……………………………… 291
第二节 创业板 IPO 首日超额收益 …………………………… 299
第三节 创业板 IPO 首日超额收益影响因素实证分析 ………… 302

第一章 绪 论

在中国，风险投资是个模糊的、容易被混淆的概念。本章界定风险投资的概念，并简要回顾中国风险投资的发展历史。

第一节 概念界定与基本分类

一、基本概念

"风险资本"在中国是个容易引起歧义的词。首先需要明确的是，它是"风险性资本"（Risk Capital）的一种，在国外属于另类投资（Alternative Capital）。"风险性资本"中的"风险性"强调的是资本客观存在的风险，任何资本都避免不了，而"风险资本"的英文"Venture Capital"的原意是一种主动寻找特定风险并获取风险报酬的资本。

利用"风险资本"所做的投资，即所谓的"风险投资"。美国风险投资协会（National Venture Capital Association，NVCA）认为风险投资是由专业金融家投入到新兴的、迅速发展的、有巨大竞争潜力的企业中的一种权益资本。其本质内涵是"投资于创业风险企业，并通过资本经营服务培育和辅导创业企业创业，以期分享其高增长带来的长期资本增值"。欧洲风险投资协会（European Venture Capital Association，EVCA）认为风险投资是一种由专门的投资公司向具有巨大发展潜力的成长型、扩张型或重组型的未上市企业提供资金支持并辅之管理参与的投资行为。我国著名管理学家、全国人大常委会前副委员长成思危认为："所谓风险投资是指把资金投向蕴藏着很高的失败风险高新技术及其产品的研究领域，以期成功后取得高资本收益的一种商业投资行为。"

根据世界经济合作组织科技政策委员会1996年发表的一份题为《风险投资与创新》的研究报告，风险投资是指一种向极具发展潜力的新建企业或中小企业提供股权资本的投资行为。它区别于一般产业投资的特点在于其投资周期长,一般是 3~7 年;除资金投入外,投资者还向投资对象提供企业战略设计、经营管理等方面的咨询与帮助;投资者在投资结束时的股权转让活动中获得投资回报。

学术研究中的风险投资（Venture Capital）是一个狭义的概念,专指那些"致力于对私有高成长型企业进行权益资本或者类似于权益资本（Equity-linked）投资的独立经营的专门资本集合"（冈玻斯和勒纳,2002）,其特点是:专业投资,投资家给予企业以专业建议;以权益形式投入未上市企业;在美国通常为优先股或可转换股,在我国一般为普通股;投资期限较长,通常为 5~7 年。

我国著名经济学家成思危、冯宗宪和谈毅等人对风险投资进行了定义。2006 年 3 月 1 日施行的《创业投资企业管理暂行办法》第 2 条第 2 款规定,创业投资,系指向创业企业进行股权投资,以期所投资创业企业发育成熟或相对成熟后主要通过股权转让获得资本增值收益的投资方式。这是我国官方对于风险投资所做的正式定义。

然而,在实际运作中,往往难以区分风险投资与其后期投资阶段,即所谓的与私募股权投资之间的差别。在实践中,经常可以看到创业投资机构参与 PE 投资项目的消息,所以很难将风险投资与私募股权投资分开。

因此,与上述定义不一样的是,本书中所谓的风险投资是较为广义的风险投资,强调对非公开上市企业进行的股权投资或者类似股权投资。由于这些企业可能处于种子期、初创期、快速成长期和成熟期等不同的阶段,因此,本书将涉及专门投资于中早期的"创业投资",也涉及专门做后期投资的"私募股权投资"。在不加说明的情况下,本书中的风险投资机构包括了各类创业投资（VC）机构和私募投资（PE）机构。

二、风险投资的基本分类

（一）按照投资阶段定位

风险投资机构往往有明确的投资阶段定位,定位在中早期投资的常常被称为 VC,而定位在后期投资的,常常被称为 PE。如果定位在企业的各个发展阶段的,则被笼统地称为风险投资机构,在本书所涉及的相关章节内用"VC/PE"表示。

（二）按照资金来源

风险投资机构注册成立时的资金有内外之别。来自于国内的，被称为"内资背景的风险投资机构"，也称为本土风险投资机构；来自于海外的，被称为"外资背景的风险投资机构"，有时也称为国际风险投资机构；如果内外兼有，属中外合作设立的，则称为合资机构，在本书相关章节中用"中/外资"表示。

（三）按照组织形式

风险投资的组织形式主要有3种：有限合伙制、公司制和信托制。在美国，80%的风险投资机构都是有限合伙制。在我国，公司制是过去风险投资机构最主要的形式。在我国，还曾经出现了"中外合作非法人"这种独特的形式。

（四）按照实际控制人的性质

按照实际控制人的性质，中国的风险投资机构可以分为如下5种：

独立风险投资机构：由自然人出资成立，或者采用有限合伙制的形式，或采取公司制的形式，不依赖于任何机构。

政府背景风险投资机构：由政府相关部门出资设立，常采用公司制的形式，政府直接任命董事长和总经理。例如各省市科技部门设立的科技投资公司。

高校背景风险投资机构：由高等院校（及其所属的产业集团）出资设立，董事长和总经理由高等院校指派任命。

公司附属风险投资机构：由大公司出资设立，投资活动往往需要贯彻母公司战略意图，但不排除纯粹的财务收益目的。

金融机构附属风险投资机构：由银行、证券公司、保险公司等利用自有资金设立的风险投资机构。

第二节　中国风险投资的三个发展阶段

回顾中国风险投资的产生与发展历程，本书将其分为三个阶段：酝酿与产生阶段、兴起阶段和大发展阶段。

一、酝酿与产生

早在改革开放之初的1985年,中共中央在《关于科学技术体制改革的决定》中提出:"对于变化迅速、风险较大的高技术开发工作,可以设立风险投资给予支持。"同年9月,由国家科委和中国人民银行支持,国务院正式批准成立了我国第一家风险投资公司——中国新技术风险投资公司,注册资本金2700万元。这是一家专营风险投资业务的全国性金融机构,它标志着中国风险投资事业的创立。

1986年,国家科委在《科学技术白皮书》中首次提到了我国风险投资业的发展方针。1991年,国务院在《国务院关于批准国家高新技术产业开发区和有关政策规定的通知》中指出:"有关部门可以在高新技术产业开发区建立风险投资基金,用于风险较大的高新技术产业开发。条件成熟时,高新技术开发区可创办风险投资公司。"

1993年,中国第一家以促进科技进步为主要目标,以人民币经济担保为主业的全国性银行机构——中国经济技术投资担保公司成立。它是由国家经贸委和财政部创办的,与银行、金融界、科技界、企业界合作密切。公司的主要业务是开展对高新技术成果进行工业性试验、区域性试验的担保业务和新技术产业与企业技术进步方面的投资融资业务,并且为这些项目开展评审和咨询业务。

1995年,国务院发布的《关于加速科技进步的决定》的白皮书中明确指出:"要逐步探索建立支持科技产业发展的风险投资机制。"并且国家科委、国家体改委在《关于深化高新技术产业开发区改革,推进高新技术产业发展的决定》中指出:建立多渠道、多形式的融资体系,增加对开发区的投入,改革投资方式,提高效益……同时积极吸引外资投入,建立高新技术产业化的风险投资基金。

1996年,我国颁布并实施《中华人民共和国促进科技成果转化法》,该法第24条规定国家鼓励设立科技成果转化基金或者风险基金,基金由国家、地方、企业、事业单位以及其他组织形式或个人提供,用于支持高投入高风险高产出的科技成果的转化,加速重大科技成果的产业化。这是我国首次以法律的形式对我国风险投资加以规定,为风险投资业在我国的发展提供了法律保障。同年,国家为了深入研究创业投资机制,派出访问学者赴美学习研究,美国是风险投资的发源地,拥有较为丰富的经验和完善的制度体系,此次赴美学习定能为我国风险投资的发展提供借鉴。1996年10月,国务院颁布《关于"九五"期间科技体制改革的决定》，在这份文件中提出"积极探索科技发展风险投资机制，促进科技成果转化"。

在这样的背景下，各地政府纷纷成立了以政府部门为主导的风险投资机构。这些投资机构具有浓厚的地方政府色彩，它们一般是由政府出面，利用财政资金，同时向银行借款筹资兴办起来的。

在探索中国风险投资机制的同时，美国著名的风险投资机构开始了中国战略。第一个进入中国的外国风险投资机构当属美国风险投资基金 IDG。1993 年，熊晓鸽协助麦戈文在中国创建了 IDG 风险投资基金。IDG 中国的总部在北京，同时在上海、深圳等地设有分支机构，参与了国内 80 多个项目的投资，包括著名的搜狐、珠穆朗玛、金蝶等公司，总投资额在 1 亿美元左右。IDG 的投资阵容庞大，著名投资家熊晓鸽、周全、王功权、章苏阳是该机构最初的投资家。

IDG 风险投资基金在中国主要投资于软件、网络和 Internet 相关行业，特别是能够完全结合中国国情，有较大市场增长潜力同时又能充分发挥中国软件公司技术优势的那类软件和通信技术及服务有关的网络领域，以及 Internet。IDG 不但拥有雄厚的资本，而且熟悉公司在不同的阶段都需要什么样的帮助，比如说帮助公司确定战略方向、建立国内外的战略合作伙伴、为管理团队推荐和介绍所缺少的职业经理人才、提供日常管理咨询等。

截至目前，IDG 资本已投资包括百度、搜狐、腾讯、搜房、携程、汉庭、如家、金蝶、物美、康辉、九安等 200 家优秀企业，并已有超过 60 家企业在美国、中国香港、中国 A 股证券市场上市，或通过 M&A 成功退出。IDG 风险资本的进入，为中国风险投资带来了一道亮丽的风景。

美国是风险投资的发源地，其投资经验以及相关体制都是比较完善的。IDG 的进入不仅给我国带来了资金，也给我国带来了技术、经验和管理体制。

1998 年 3 月，时任民建中央主席的成思危在全国政协九届一次会议上提交了《关于加快发展我国风险投资事业的提案》，被列为全国政协九届"一号提案"。该提案提出了八点大力发展风险投资的建议，引起了中央政府的高度重视。"一号提案"对我国风险投资事业具有深远影响。它首次将风险投资提升到一个"关系到国家经济建设水平和国民经济的长期增长潜力"的高度，推动了相关政策的制定和完善。

1999 年，国务院批准了由科技部和财政部联合制定的《关于科技型中小企业技术创新基金的暂行规定》。随后，国务院发布了《关于加强技术创新，发展高科技，实现产业化的决定》，明确提出要培育有利于高新技术产业发展的资本市场，逐步建立风险投资机制。《关于建立风险投资机制的若干意见》、《外商投资创业投资企业的暂行规定》等政策也于同年推出。

二、兴起

1999年，我国风险投资真正兴起，风险投资机构像雨后春笋一般产生。我们根据CVSource数据库做了统计，截至2011年9月22日，风险投资机构累计数为3128家，历年机构数量变化情况见图1.1。

图1.1 风险投资机构创立数量

由于864家机构的成立时间未知，图1.1仅依据2264家机构的成立时间绘制。从图1.1看出，虽然中国风险投资机构数量每年都在增加，但是在2002~2005年，增加速度相对较慢。据此，我们将1999~2005年视作第一波风险投资热潮，称作中国风险投资的兴起阶段；将2006~2011年视作第二波风险投资热潮，称作大发展阶段。

从1998年3月政协"一号提案"以来，社会各界开始对风险投资这一陌生事物产生了浓厚兴趣，掀起了一股发展风险投资的热潮。投资机构迅速膨胀，但大部分由政府出资组建。例如，1997年7月，深圳创新投资科技风险投资公司创立，注册资本7亿元，政府出资5亿元；1998年8月，上海创业投资有限公司创立，注册资本7亿元，政府出资100%；1998年12月，北京科技风险投资股份有限公司创立，注册资本5亿元，政府出资比例达68%；2001年3月，天津创业投资有限公司创立，注册资本5亿元，其中政府出资比例达52%。

2000年，由于国际风险投资受网络经济泡沫破灭的影响而遭受重创，越来越多的国际风险投资机构到中国寻找投资机会，并创造了中国风险投资的两头在外的模式：资金来源在外，上市退出在外。

由于本土机构缺少风险投资运作经验，海外上市退出经验更是欠缺，再加上国内风险投资退出通道不畅，使得在中国风险投资刚刚兴起的8年中，外资风险投资一直占据着主导地位，并长期占据着"50强"榜单的大部分席位。这个阶段的中国风险投资基本上可以用"外资风投独领风骚"这句话来概括。

三、大发展：内资VC后来居上

中国上证指数自2005年6月6日从998点开始上升，奇迹般地经历了26个月的牛市行情。火暴的二级市场行情给风险投资行业打了一剂强心针，沉寂已久的中小板IPO也再度开闸，给风险投资机构带来了高额回报，再加上对开设创业板的预期，风险投资迎来了新一波的热潮。

与此同时，由美国次贷危机演化而来的全球性金融危机爆发了。海外的投资机构受此影响，资产大幅缩水，使得海外风险投资的资金来源受到限制。这给了本土风险投资机构一个超越对手的好机会。

另外，中国正在做着重要改革。新修订的《合伙企业法》为有限合伙制这种风险投资组织形式扫清了障碍；国家发改委、财政部、商务部三部委联合出台的《关于创业投资引导基金规范设立与运作指导意见》，为引导基金的设立、筹资、内部管理和外部监管与监督，以及引导基金的运作原则、方式与风险控制都提供了法律依据和指导框架。引导基金放大了风险投资机构管理资金的规模，还为可能的损失提供避险机制。更为重要的是，民间资本和保险资金也开始大举进入风险投资领域，优化了风险资本的来源结构。

2009年3月31日，中国证监会正式颁布了《首次公开发行股票并在创业板上市管理暂行办法》。10月30日，创业板首批28家企业集体上市，为风险投资的退出提供了最重要的通道。本土机构培育新企业的投资积极性被调动起来，境内资本"本土募集、本土投资、本土退出"良性循环模式终于形成，这将带动我国风险投资进入真正的春天。

第三节　本书的框架结构

本书的主体部分由 10 章组成。

第二章回顾中国风险投资的制度变迁。该部分取自于笔者指导的大学生创新基金项目的研究成果，该项目部分成果被《中国风险投资》杂志录用并刊出。

第三章报告了笔者指导的团队关于中国风险投资地理聚集方面的研究成果。

第四章和第五章聚焦 IPO 退出。其中，第四章以活跃风险投资机构为研究对象，探讨了活跃风险投资机构的特征与其 IPO 退出绩效方面的关系。第五章则从 IPO 事件特征出发研究 IPO 绩效和事件特征之间的关系。

第六、七、八章三章聚焦于风险投资家。其中，第六章研究风险投资家的特征和投资偏好的关系，第七章则从团队视角，以 10 个风险投资机构案例，探讨风险投资家团队的社会资本和人力资本与投资机构绩效的关系。第八章则着重探讨风险投资家如何认知新技术企业的价值。

第九、十、十一章把焦点对准了中国创业板市场。第九章描述了创业板市场上市公司的基本特征，第十章研究风险投资对创业板上市公司信息披露的影响，第十一章报告了创业板 IPO 首日超额收益与风险投资的关系。

第二章 中国风险投资制度变迁与立法改革

如前所述，经历了20多年发展与历练的风险投资，使得中国成为仅次于美国的第二大风险投资大国，这令人瞩目的成就与我国不断出台的风险投资法律法规密切相关。但相对于风险投资发达的国家，我国在风险投资领域的立法、政策以及风险投资实践还远远落后。因此，分析我国风险投资立法实践和存在的问题，推动风险投资立法进程成为亟须解决的问题。

本章首先从中国风险投资立法实践入手，分析得出我国风险投资立法的三个不足之处：基本法缺位、政策多变和配套制度的缺失，进而分析现有法律法规如《创业投资企业管理暂行办法》、《合伙企业法》等对风险投资业的影响。总体来说，这些法律法规的出台和完善一定程度上促进了风险投资的发展，但依然存在着一些问题。

笔者在参加第十四届中国风险投资论坛和第六届中国企业国际融资洽谈会期间，组织团队采访了30多位风险投资业的知名人士，他们见仁见智地提出了风险投资立法的相关建议，并希望借本书呼吁：加快中国风险投资立法的进程，尽快制定出台《风险投资法》来使得中国的风险投资业得到进一步的规范和完善。

第一节 引 论

现代意义的风险投资（Venture Capital，亦可称为创业投资）产生于20世纪40年代的美国，距今已有70多年的发展历史。而在中国，风险投资始于20世纪80年代后期，只有短短20多年。21世纪之前，中国风险投资发展并不迅速，进入21世纪之后，才得以迅猛发展，令世界瞩目。根据中国风险投资研究院的年度调查，自2003年以来，风险资本募资金额增长了47倍。2011年，有142家机构/基金透露募资额达1775.02亿元，平均每家机构/基金募集的风险资本规模高达 12.5 亿元,风险资本募资金额与 2010 年相当[1],说明我国风险投资业正在稳步前进。

中国风险投资的迅猛发展有目共睹,但法制化进程却落后甚远,由于政出多门,还容易出现诸多相互矛盾之处。鉴于此,《风险投资法》的设立与否成了目前学术界争议的焦点。

从本质上看,风险投资不是一种政府行为,但政府应在风险投资业的发展方面充当重要的"推动器"角色,对风险投资的发展做正确的引导和必要的扶持[2]。关于是否需要风险投资立法,多年来形成了两种主要观点:

第一种观点认为应尽快制定《风险投资法》这一专门规范风险投资业的法律。早在"2003 年中国风险投资论坛"上,成思危先生就主张"应尽快制定《有限合伙法》和《风险投资法》,为促进风险投资和高新技术产业的发展保驾护航"。他认为法律是风投发展环境的软件支持[3]。

第二种观点认为制定《风险投资法》是不可行也是没有必要的。因为,一方面,一般性创业投资行为涉及资本来源、投资过程、资本退出和收益分配等多个环节,需要一个完整的法律法规体系来为之提供法律保障。例如,组建创业投资机构涉及《公司法》、《合伙企业法》等法律;投资过程涉及《合同法》、所投资企业所适用的企业组织法;资本退出则涉及证券法等法律;收益分配还要涉及《税法》、有关会计准则等。可见,要制定一个包罗万象的《创业投资法》显然不是一件易事。另一方面,如果包括《公司法》、《合伙企业法》、《合同法》、《证券法》在内的法律体系完备以后,就没必要再针对一般性创业投资行为制定单行的《创业投资法》[4]。

国内外许多学者在风险投资领域进行了很多研究,研究主题涉及风险投资与政府扶持、支撑环境、法律和政策几个方面。下面对国内外文献进行综述分析。

一、国外研究文献

(一) 风险投资与政府扶持

国外学者的研究结果表明:政府扶持对于创业投资的作用是重要而显著的。例如,Leslie A. Jeng (2000)[5]等以 21 个国家为样本分析了创业投资的各种影响因素后,发现"政府政策,不论是通过健全制度,还是通过在低迷时期刺激投资,都对创业投资有重要影响";Mike Wright (2006)[6]等认为政府应该制定与完善相应的政策,鼓励创业投资参与大学的高新科技创业企业的发展；Barbara Cornelius（2006）[7]认为政府应该通过努力使创业投资制度化以保障其稳定发展；Bygrave 和 Timmons（1992）[8]的研究发现，一个国家或地区创业风险投资的发达程度决定于完善的法规保护、优惠的税收政策、活跃的证券市场等一些基本条件。

在政府对证券市场的扶持方面，Murry（1994）[9]的研究表明：欧洲一些国家和日本创业风险投资业不如美国发达的一个重要原因是缺乏一个向高新技术企业倾斜的、健全的、高度发达的二板市场。Bernard S. Black 和 Ronald J. Gilson（1995）[10]通过对比美国、日本和德国的金融体系对发展创业风险投资的影响后指出，美国创业风险投资成功的一个重要的原因是其具有发达的股票市场，可用于公司控制权的交易，从而对风险企业家形成激励，这是德国全能银行体系和日本银行体系都不能提供的。

在政府对养老基金的管理方面，Gompers 和 Lerner（1998）[11]通过回归分析的方法研究了美国政府养老基金限制条款的修订对创业风险投资的影响。他们的研究表明了这些条款的修订极大地促进了养老基金对创业风险投资基金的投资，使得美国在 20 世纪 80 年代风险资本总量能够迅速增加。

（二）风险投资与支撑环境

近年来，随着风险投资国际比较研究的兴起，学者们面对风险投资业在各国发展的不同模式和态势，开始越发关注风险投资业发展的政治、经济、社会和文化等背景因素。

美国学者 Bygrave Bygrave 和 Timmons（1992）[12]对美国风险投资业的外部环境进行了全面的审视和考察，提出了围绕风险资本内核的政府政策环境、文化/社会价值环境、机构环境和地区环境四个外部环境模型，为风险投资环境评价提供了重要依据。

Kortum 和 Lerner（1998）[13]两位学者研究了风险投资在美国得以产生和发展的原因，指出除了连续的科学成果、技术发明等因素外，自由的创业精神是美国风险投资发展的重要原因。Gompers 和 Lerner（1998）[14]在对1969～1994 年美国风险投资的发展进行研究后指出，经济增长率、政府的相关政策、R&D 的投入、企业的税收、利率等因素都会影响风险投资的发展。

Jeng 和 Wells（2000）[15]对 21 个国家 10 年的风险投资发展状况考察后认为，首次公开上市、GDP、劳动力市场刚度、私人养老基金以及政府项目等因素对风险投资的发展都会产生重要影响。

奥地利的 Peter Schofer 和 Roland Leitinger（2002）[16]两位博士在分析中、东欧国家风险投资环境现状的基础上，提出了包括经济、法律、社会和创业精神四个方面的风险投资支撑环境框架,建立起风险投资支撑环境指标体系。

Ronald J. Gilson(2002)[17]分析了美国风险投资的历程,指出美国风险投资的建立和发展与美国特定的环境息息相关,其他国家的政府要效仿美国模式建立自己的风险投资,必须考虑到自己国家的环境,需要解决资本、金融中介、创业者三个核心问题。

德国的 Astrid Romain 和 Bruno van Pottelsberghe(2003)[18]理论上确定了三个影响风险投资需求与供给的因素:宏观经济环境、技术机会和创业环境,并收集了16个 OECD 国家1990~1998年的数据资料,对上述指标与风险投资强度的关系进行了分析论证。

(三)风险投资与法律

早期学者倾向于认为金融环境对风险投资影响巨大,但是,随着风险投资业的发展,越来越多的专家学者发现了法律对风险投资的巨大作用。

Douglas Cumming 和 Jeffrey MacIntosh(2002)[19]通过实证分析了法律对金融环境和风险投资退出的影响;随后两位学者在对加拿大和美国的风险投资退出做比较研究时(2003)[20],又一次关注了制度和法律对风险投资退出效率的影响,结果表明,目前加拿大的制度和法律对风险资本的退出存在一定的阻碍;Douglas Cumming 还与澳大利亚学者 Grant Fleming 合作(2003)[21],对包括中国在内的12个亚太国家的法律与风险投资回报之间的关系进行了实证研究,研究表明法律通过对退出渠道和退出程度的影响间接地作用于风险投资回报,二者没有更直接的关系。Stipp(2002)[22]认为对风险投资者和风险企业权利的法律保护对风险资本市场以及风险资本市场的整合尤为重要,因此中国应加强相关法律的建设和执行力度。德国学者 Eric Nowak(2004)[23]在回顾了德国风险资本市场发展历程后指出,市场效率的提高很大程度上取决于法律制度的完善和改善,特别是公司治理机制和股东保护方面的条款对风险资本市场影响深刻。

Amour 和 Cumming(2006)[24]使用15个国家14年的数据比较了风险投资、资金募集和退出的经济和法律决定因素,发现自由主义的破产法刺激了创业家对风险投资的需求,法律环境和强劲的股票市场对风险投资的发展一样重要。

Bottazzi、Rin 和 Hellmann(2008)[25]使用双重道德风险框架来表示最优契约和投资者行为是怎样依赖于法律系统的质量的,并用欧洲风险投资交易数据的样本实证检验了法律系统如何影响风险投资家和创业家之间的关系。他们通过分析发现:在优良的法律系统的保护下,投资者给予更多的非契约支持，要求更多的损失保护。笔者还做了两组固定效应回归的比较，发现决定投资行为时，投资者法律系统比公司更重要。

（四）风险投资与政策

Gompers（1994）[26]分析了政府政策对风险投资所处金融环境的影响，如美国政府采取积极的货币和财政政策保证相对较低的通货膨胀，用来保持金融环境和货币市场的稳定。Josh Lerner（1996）[27]研究认为政府的直接参与极大地推动了美国风险投资行业的发展，从1958年到1969年，政府设立的小企业投资公司共投资30多亿美元，超过同期总私人部门对风险投资诸如资本的3倍以上；Soren Bo Nielsen和Christian Keuschnigg（2001）[28]研究了扶持风险投资的政策形式及对风险投资的作用，具体来说有对创业企业开展的培训政策、研发投资的补贴政策、商品化阶段的产品补贴政策等。这些政策的有效实施不仅促进了创业企业的发展，而且提高了社会的福利程度。

二、国内研究文献

（一）风险投资与政府扶持

我国学者专家对风险投资与政府扶持的研究，仅仅停留在得出政府应该扶持风险投资的结论，很少有学者深入分析政府的扶持对风险投资行业的具体影响。

辜胜阻、刘入领、李正友（2009）[29]认为创业风险投资催生的对象是高技术产业。高技术产业关系到国家的综合竞争实力和经济安全。所以，发展创业风险投资具有重要的战略意义，政府应该对之加以引导和扶持。贾明德（1994）[30]认为中国政府的扶持与参与更是意义重大，中国经济体制改革本身就是政府策动的市场化过程。

李月平、王增业（2002）[31]在《创业风险投资的机制运作》一书中指出创业风险投资机制与法律、政策、制度、文化、人才、市场环境等因素密切相关，是整个国家经济、科技水平和制度发展到一定阶段的产物，仅靠成立几个创业风险投资机构，筹集一些创业风险投资资金是不可能发展创业风险投资业的。因此必须加大政府扶持力度，进行制度创新，改善投资环境。

（二）风险投资与支撑环境

在风险投资与支撑环境方面的研究，我国专家学者的结论与国外一致，主要集中在风险投资需要各方面完善的环境支撑。

陈德棉、蔡莉（2003）[32]在《风险投资运行机制与管理》一书中对风险投资公司支撑环境进行了系统论述，并将其划分为物质支撑环境、制度支撑环境和文化支撑环境三个层面。侯开照（1999）[33]在论文《风险投资环境的培育与优化》中指出，从世界范围来看，风险投资产生、正常运行的前提有三个：一是相对成熟的、发达的市场经济及相对发达的金融业；二是具备一定的高新技术产业化基础，包括技术开发能力、技术转化水平、市场行销范围、创业群体；三是具备一定的人文环境，包括创新意识和观念、风险意识和观念、敢于和善于冒风险、驾驭风险的智慧和勇气等。

寸晓宏（2000）[34]研究指出美国能够成为世界上风险投资业最发达的国家，得益于健全的政策扶持体系、完善的法律制度环境、发达的人才培养体系、世界一流的资本市场、发达的科技运作体系等环境的综合作用。

刘德学、樊治平（2002）[35]在《风险投资运作机制与决策分析》一书中，论述了风险投资区域环境评价问题。他们在对影响风险投资各个因素进行详细分析的基础上，从科技与产业基础、技术与资本市场、基础性环境三个方面建立了区域风险投资环境评价指标体系，给出了静态和动态的综合评价方法。

胡浩（2003）[36]结合风险投资的运作机制，提出风险投资运作的成功要靠微观主体和宏观环境共同发挥作用，宏观环境的有效性是靠微观主体来体现，微观主体正常运作是以宏观环境的有效性作为保障，得出风险投资运作的有效性既受微观因素的影响，又受宏观因素的影响，并给出测度风险投资有效性模型。

（三）风险投资与法律

国内学者观点都比较倾向于认为我国风险投资方面的法律比较落后，配套的国家立法显然过于陈旧，无法满足风险投资快速发展的要求。

冯治库、李永亮（2004）[37]和魏鹏娟（2005）[38]认为，目前我国政府制定的法律、制度与发展创业风险投资所需的较完善法律环境相比有很大差距，一定程度上成为创业风险投资的法律制约。李磊（2004）[39]、覃斌（2003）[40]指出了政府关于扶持创业风险投资政策不够明朗。

国内学者对风险投资法律的研究主要是围绕《合伙企业法》的修改、《税法》的相关优惠政策及是否制定《风险投资法》展开的。

在《合伙企业法》修订前，陈业宏、文杰（2004）[41]对我国采取有限合伙创业投资企业提出了质疑，笔者认为我国现阶段缺乏实行有限合伙制的经济和社会基础,并存在一些法律障碍,也不能够克服有限合伙制本身的固有缺陷。

《合伙企业法》修订后,增加了有限合伙制度,也有学者对其进行进一步探讨,指出其中的不足之处。针对我国大多数风险投资企业仍然以公司制而非有限合伙制来进行企业的制度安排,秦炜婧、曹麒麟(2009)[42]分析了其中的原因:双重征税问题加重了有限合伙制企业负担;对拥有大量闲散资金的国有公司成为普通合伙人进行了限制;风险投资家市场的不健全。

但国内学者也存在盲目迷信有限合伙制的特点,大多数人都引用美国风险投资以有限合伙为主流来呼吁国家进一步推进合伙制风险投资企业,一些地方政府甚至通过行政力量强制推行有限合伙。为此,刘健钧(2008)[43]指出,美国创投基金从过去一律按公司型设立到后来逐步变为以有限合伙型为主,主要是出于规避法律限制,特别是避税的考虑,而在美国公司制必须承受双重税赋的负担;而且,在对合伙和公司实行公平税负的国家和地区(澳大利亚、德国等),创投基金一直以公司形式为主流。

2007年《中华人民共和国企业所得税法》正式通过,《关于促进创业投资企业发展有关税收政策的通知》等税收优惠文件相继公布。谢元涛(2007)[44]从经济学的角度分析了税收政策,指出税收会导致风险承担行为增加,因此税收优惠有利于降低风险投资的风险,增加风险投资的数量。他对税收改革建议的新颖观点是对高新技术企业从事研究的技术人员减免个人所得税,对外国专家则增加扣除费用,并在税收上鼓励企业采用员工持股和股票期权的激励制度。

刘欣、王宗萍(2009)[45]则指出我国现行的各种促进风险企业发展的税收政策分散于各类税收单行法规或税收文件中,没有一个总的政策作指导,缺乏系统性和完整性,笔者建议我国开征"风险投资成果转换税",来迎合风险投资风险大、周期长的特点,对风险投资成果转化为商品前的投入给予补偿;仿效国外经验,准予风险投资企业采取缩短折旧年限、提高折旧率的办法,减少纳税所得额;风险投资企业当年发生的亏损允许用获利年度的所得税负担来加快投资者亏损的补偿。

许多学者呼吁我国制定《风险投资法》来对中国的风险投资做系统规范的管理。刘健钧(2007)[46]指出设立《风险投资法》不可行也没有必要。因为它要涉及风险投资的多个环节,想要完整地制定出来不是一件容易的事。并且我国可以修订《公司法》、《合伙企业法》、《证券法》等一些相关法律,如果这些法律体系完备后,就没有设立《风险投资法》的必要。

(四) 风险投资与政策

国外很多国家设立引导基金来促进风险投资的发展,我国目前也颁布了《创业投资引导基金规范设立与运作指导意见的通知》,正式设立引导基金并进行规范管理。黄亚玲(2009)[47]认为引导基金发挥作用的关键是构建有效管理的机制,来协调好政府、投资者与基金管理人的利益。笔者认为,我们可以从重视优质企业培育、取消投资限制并实行本土注册制、综合考核基金管理公司三个方面来解决。

安全有效的退出渠道以及合理的回报,是风险投资成功运作和长治久安的关键所在。2009年我国推出创业板,但是针对创业板的建设争论一直没有停止。隆武华(2003)[48]分析了创业板市场的风险与不确定性并指出我国适时推出创业板市场的诸多有利条件及国际创业板建设的三条基本经验。笔者提出了两种实施创业板的方案:一是仿照英国AIM市场起步阶段的发展道路,实施一步推进。二是分步实施方略。李乃君、李岳(2008)[49]则指出当前IPO条件严格,中小企业上市困难;IPO上市耗费时间长,收益时间较长。在创业板设立条件未成熟时,我国可以建立以产权市场为主导,多种退出渠道相互配合的风险投资退出机制,即设立场外交易市场,为风险投资企业设立专门的区域性产权交易市场。

风险投资与中小企业的发展密切相关,我国在2003年就颁布施行了《中小企业促进法》。谈毅、陆海天、高大胜(2009)[50]用实证分析法,对在中小企业板上市公司五大方面进行配对样本对比检验,发现风险投资在IPO抑价、上市费用、研发投入方面并没有显著影响,在长期运营绩效、超额收益方面则相对风险投资背景的公司成效卓著。王玉荣、李军(2009)[51]则运用描述性统计分析法、相关分析法及回归分析法分析后显示风险投资在技术创新投入活动中发挥了相对积极的影响,但与企业自主创新效果指标之间呈现不显著的负相关关系。韩根强(2008)[52]指出我国中小企业的风险投资资金缺乏、规模较小,并且缺乏相应的专业人才,笔者建议我国发展投资银行业对新兴公司展开投资来支持中小企业的发展。沈金菊(2002)[53]则建议发展风险投资的中介机构,倡导创业文化并制定优惠政策吸引风险投资人才。

目前,国内对于风险投资政策的研究,多数集中在风险投资的某项政策的总结评价;对于风险投资立法问题的研究,也仅仅局限于分析风险投资的现状和相关政策的分析,很少深究其中的深层原因和立法的相关内部机理。本章通过对中国风险投资立法实践与改革的研究,对中国风险投资立法有一个全面的认识,为风险投资立法提出合理的解决思路。

三、文献评述

通过以上文献可以看出，随着风险投资和对风险投资相关研究，国外对于风险投资的相关研究也已经非常成熟，国外学者的研究成果已经触及风险投资的各个方面，在政府扶持、支撑环境、法律和政策的研究也非常深入而全面，已成体系。

国内研究虽然有了一定的成果，但很多仅仅是对现有相关扶持政策和法律法规以及环境的批判，没有深入分析这种情况出现的原因，仅提出"应该如此"，而没有分析"为何如此"。研究繁杂而零散，这也与我国风险投资的发展现状有关。

第二节 中国风险投资立法与政策实践

一、中国风险投资立法与政策进程概述

鉴于风险投资行业在促进高科技产业化和中小企业发展中的作用，1985年1月，中共中央、国务院颁布《关于科学技术体制改革的决定》，指出："对于变化迅速、风险较大的高技术开发工作，可以设立创业投资给予支持。"1986年，经国务院批准，国家科委、财政部共同出资成立了"中国新技术创业投资公司"，这是中国境内第一家创业投资公司。自此，中国的风险投资业在政府有关部门的推动下，起步并探索发展。

自20世纪90年代初期以来，国务院和全国人大出台了相应政策和法律法规促进风险投资行业的发展。1991年，《国务院关于批准国家高新技术产业开发区和有关政策规定的通知》（国发［1991］12号）指出："有关部门可以在高新技术产业开发区建立风险投资基金，用于风险较大的高技术产业开发。条件成熟的高新技术开发区可创办风险投资公司。"该项通知明确了国家鼓励发展风险投资的政策，并允许高新技术产业开发区设立风险投资基金，创办风险投资企业，以推动科学技术向生产力转化的速度，推动经济快速发展。1996年，《国务院关于"九五"期间深化科学技术体制改革的决定》明确指出，要"积极探索发展科技风险投资机制，促进科技成果转化。"同年，全国人大通过的《中华人民共和国促进科技成果转化法》第三章第24

条中规定:"国家鼓励设立科技成果转化基金和风险基金,其资金来源由国家、地方、企业、事业单位以及其他组织或者个人提供,用于支持高投入、高风险、高产出的科技成果的转化,加速重大科技成果的产业化。"这些政策及法律法规在一定程度上促进了中国风险投资行业的早期发展,并通过法律形式规定国家鼓励风险投资行业的基本政策导向,具有很大的积极意义。1998年3月,全国政协九届一次会议召开,时任全国政协副主席的成思危代表民建中央提出《关于尽快发展我国风险投资事业提案》(即"一号提案")。这一提案引起了中央领导的高度重视,并在各部委、地方政府和科技界、金融界产生了巨大反响。全国政协提案委员会邀请国家科委、国家经贸委、财政部、中国人民银行、证监会召开提案协商会。1999年8月20日,中共中央、国务院做出《关于加强技术创新,发展高科技,实现产业化的决定》,指出:"培育有利于高新技术产业发展的资本市场,逐步建立风险投资机制。"1999年12月,上述一系列政策及法律法规勾勒出风险投资在中国发展的基本脉络,政府及相关部门在促进风险投资行业发展方面起到了关键性的作用,政府的强力扶持是风险投资行业发展的基础。

进入21世纪,中国的风险投资行业在制度方面实现了新的突破,开始快速发展起来。2001年1月1日,《中关村科技园区条例》正式开始施行,该条例在第三章"促进与保障"的第一节中详细地规定了风险投资,对风险投资机构在中关村园区内开展风险投资业务、组织形式、注册资本和资金退出方式四个方面做出了规定,是中国首部引入风险投资内容的科技园区条例,开启了风险投资在中国立法的先河。2001年3月2日,北京市人民政府第69号令颁布了《有限合伙管理办法》,旨在促进和规范中关村科技园区有限合伙制风险投资机构的发展。《中关村科技园区条例》和《有限合伙管理办法》在中国风险投资发展的历史上具有重要意义,其给予风险投资制度层面的支持,有利于风险投资行业稳定迅速地发展。自此,中国风险投资企业在组织形式方面有了重大的突破,有限合伙制这种最适宜风险资本发展的组织形式在中国风险投资行业的出现具有里程碑式的意义。2002年,对外贸易经济合作部、科学技术部和国家工商行政管理总局联合发布《关于设立外商投资创业投资企业的暂行规定》,鼓励外国投资者参与高新技术产业投资,拓展了我国风险投资行业的资金来源。2003年3月1日,《外商投资创业投资企业管理规定》颁布,取代了《关于设立外商投资创业投资企业的暂行规定》,完善了我国的创业投资制度建设。

2006年3月1日施行的《创业投资企业管理暂行办法》是我国第一部专门规定创业投资企业的法规,为促进创业投资企业健康发展、规范风险投资行为提供了法律依据。鉴于有限合伙企业组织形式的优点和社会经济发展的现实需要，2006年8月27日修订通过了《中华人民共和国合伙企业法》，本次《合伙企业法》修改的最大亮点在于规定了有限合伙人以及有限合伙企业的企业形式，以法律的形式正式确认有限合伙的企业组织形式，可以说是对北京市《有限合伙管理办法》的肯定，最适合风险投资的企业组织形式最终得到了法律的确认。2009年3月31日，中国证监会公布了《首次公开发行股票并在创业板上市管理暂行办法》，并于2009年5月1日施行，标志着我国创业板资本市场的建立；2009年10月30日，深圳证券交易所创业板市场正式开市交易。创业板主要是扶持中小企业，尤其是高技术高成长型企业，而中小型的高新技术高成长型企业又是风险资本的主要投资方向，客观上完善了风险投资的退出机制，这对于风险投资行业发展来说，是最大的利好消息。

二、中国风险投资立法与政策时间表

以上仅仅是对风险投资发展影响最大的法律法规和政策。我们通过互联网对中国历年出台的风险投资相关政策进行搜寻，发现与风险投资高度相关的法律法规和政策竟然就有40多部。表2.1总结了这些法律法规和政策，并说明了其为促进风险投资发展主要解决的问题。

表2.1 中国风险投资制度变迁

法律法规和政策	实施时间	主要解决问题
《关于科学技术体制改革的决定》	1985.3	指出：对于变化迅速、风险较大的高技术开发工作，可以设立创业投资给予支持
《中国科学技术指南——科学技术白皮书》	1986.9	首次提出了发展中国创业风险投资事业的战略方针
《中华人民共和国促进科技成果转化法》	1996.5	从组织实施、保障措施、技术权益方面对科技成果的转化进行了规定
《国务院关于"九五"期间深化科学技术体制改革的决定》	1996.9	指出：要"积极探索发展科技风险投资机制，促进科技成果转化"
《关于加强技术创新，发展高科技，实现产业化的决定》	1999.8	指出："培育有利于高新技术产业发展的资本市场，逐步建立风险投资机制"

续表

法律法规和政策	实施时间	主要解决问题
《关于建立风险投资机制的若干意见》	1999.12	提出按照社会主义市场经济规律建立风险投资机制、风险投资撤出机制，培育风险投资主体，成为指导中国风险投资发展的纲领性文件
《深圳市创业资本投资高新技术产业暂行规定》	2000.10	降低创业投资公司的设立门槛；创业投资公司的资本金可以全额投资；允许成立创业投资管理公司
《关于印发浙江省鼓励发展风险投资的若干意见》	2000.10	规范风险投资行为。建立和拓宽风险投资撤出渠道
《中关村科技园区条例》	2000.12	鼓励境内外民间资本在中关村科技园区设立风险投资机构。风险投资的资金支持和人才引进等
《关于鼓励和吸引创业资本投资高新技术产业的若干政策》	2000.12	鼓励国内外金融机构、投资公司和其他经济组织或个人在高新区创办创业（风险）投资公司或创业（风险）投资管理公司
《厦门市促进风险投资发展若干试行规定》	2001.1	政府为投资企业上市创造条件。成立市风险投资行业协会。建立和完善与风险投资相关的中介服务机构。建立完善的内部激励措施等
北京市人民政府令第69号：《有限合伙管理办法》	2001.3	就有限合伙的设立条件、合伙人的要求、合伙协议的内容、合伙财产份额的转让、有限合伙的事务经营管理及债务清偿等都做了细致的规定
《广州市促进风险投资业发展若干规定》	2001.7	鼓励投资担保机构、科技评估机构等中介机构从事风险投资相关业务。规定设立风险投资公司条件。设立风险投资管理公司的条件以及其从业范围等
《关于设立外商投资创业企业的暂行规定》	2001.9	鼓励外国公司、企业和其他经济组织或个人来华投资于高新技术产业，建立和完善我国的创业投资机制。对于设立登记等相关事宜做出规定和说明
《中华人民共和国中小企业促进法》	2003.1	国家通过税收政策鼓励各类依法设立的风险投资机构增加对中小企业的投资
《深圳经济特区创业投资条例》	2003.2	创业投资机构风险投资管理机构的设立及其程序业务范围与经营规则进行规定说明
《外商投资创业投资企业管理规定》	2003.3	专门针对外国投资者或外国投资者与中方投资者共同在中国境内设立风险投资机构进行风险投资的活动进行规范、调整

续表

法律法规和政策	实施时间	主要解决问题
《关于外商投资创业投资公司缴纳企业所得税有关税收问题的通知》和《关于外商投资举办投资性公司的暂行规定》	2003.3	外商投资创业投资公司缴纳企业所得税有关税收问题进行说明和规定。申请设立投资性公司条件、业务范围等
《国务院关于推进资本市场改革开放和稳定发展的若干意见》	2004.2	支持保险资金以多种方式直接投资资本市场，逐步提高社会保障基金、企业补充养老基金、商业保险资金等投入资本市场的资金比例
《科技型中小企业技术创新基金项目管理暂行办法》和《科技型中小企业技术创新基金财务管理暂行办法》	2005.2	申请创新基金条件。承担项目企业应具备的条件。创新基金以贷款贴息、无偿资助和资本金投入的方式支持科技型中小企业的技术创新活动
《创业投资企业管理暂行办法》	2006.3	创业投资企业的设立与备案，创业投资企业的投资运作，对创业投资企业的政策扶持。重新界定了风险投资的投资方式，拓宽了风险投资的融资渠道，明确了对风险投资企业的税收扶持，提出推进多层次资本市场体系建设，完善风险投资企业的退出机制
《合伙企业法》	2006.8	对合伙人的范围、合伙企业缴纳所得税问题、有限合伙企业、特殊的普通合伙、合伙企业破产问题、外国企业或者个人在中国境内设立合伙企业等问题进行了修改
《上海市试行创业投资风险救助专项资金管理办法》	2007.1	风险救助专项资金主要来源于上海创业投资机构自愿提取的风险准备金和政府匹配的资金。创业投资机构因投资失败而清算或减值退出的风险投资项目所发生的损失，并同时符合特定条件的创业投资机构可以从风险救助专项资金获得部分补偿
《关于促进创业投资企业发展有关税收政策的通知》	2007.2	有关税收政策及相关报备材料。创业投资企业采取股权投资方式投资于未上市中小高新技术企业2年以上（含2年），凡符合所规定条件的，可按其对中小高新技术企业投资额的70%抵扣该创业投资企业的应纳税所得额。符合抵扣条件并在当年不足抵扣的，可在以后纳税年度逐年延续抵扣

续表

法律法规和政策	实施时间	主要解决问题
《科技型中小企业创业投资引导基金管理暂行办法》	2007.7	科技型中小企业创业投资引导基金专项用于引导创业投资机构向初创期科技型中小企业投资。引导基金的资金来源为：中央财政科技型中小企业技术创新基金；从所支持的创业投资机构回收的资金和社会捐赠的资金。对于引导基金的管理做出规定
《关于创业投资引导基金规范设立与运作的指导意见》	2008.10	从引导基金的性质与宗旨、设立、资金来源、运作原则及方式、引导基金的管理、监督与指导、风险控制与组织形式做出规定
《关于实施创业投资企业所得税优惠问题通知》	2009.4	对于所得税优惠主体进行了具体规定，以及相关报备材料
《首次公开发行股票并在创业板上市管理暂行办法》	2009.5	为风险投资在中国退出开辟了最为重要的通道
《加强创业投资企业备案管理严格规范创业投资企业募资行为的通知》	2009.7	对备案创业投资企业的监管、代理业务和募资行为进行了规范，建立了季度报告制度
《关于实施新兴产业创投计划、开展产业技术研究与开发资金参股设立创业投资基金试点工作的通知》	2009.11	对实施试点工作的指导原则、基本要求和国家出资的管理进行了规范
《在京设立外商投资股权投资基金管理企业暂行办法》	2009.12	设立外商投资的股权投资基金管理企业条件和经营范围
《国务院关于鼓励和引导民间投资健康发展的若干意见》	2010.5	进一步拓宽民间投资的领域和范围。鼓励和引导民间资本进入基础产业和基础设施、市政公用事业和政策性住房建设、社会建设、金融服务、商务流通、国防科技工业领域。推动民营企业加强自主创新和转型升级。鼓励和引导民营企业积极参与国际竞争。加强对民间投资的服务、指导和规范管理。明确了民间资本进入相关行业和领域的具体途径和方式
《吉林省股权投资基金管理暂行办法》	2010.6	在股权投资基金设立、财税政策、配套服务和规范管理方面都做出了明确要求。其中在税收减免、住房补贴、高级管理人员奖励方面做出了较优惠规定

续表

法律法规和政策	实施时间	主要解决问题
《保险资金投资股权暂行办法》	2010.9	该办法允许保险资金投资未上市企业股权,并对投资主体、资质条件、投资方式、投资标的、投资规范、风险控制和监督管理等事项进行了全面和系统的规定
《关于豁免国有创业投资机构和国有创业投资引导基金国有股转持义务有关问题的通知》	2010.10	豁免国有股转持义务的国有创业投资机构条件
《上海市国有创业投资企业股权转让管理暂行办法》的通知	2010.11	国有股转持备案工作,决策管理交易管理,监督检查
《科技型中小企业创业投资引导基金股权投资收入收缴暂行办法》	2010.12	就引导基金股权投资收入的收缴工作进行规范
《天津经济技术开发区鼓励创业投资的暂行规定》	2010.12	给予天津创业投资配套政策,鼓励天津创业投资发展
《国家发展改革委员会办公厅关于进一步规范试点地区股权投资企业发展和备案管理工作的通知》	2011.1	规范股权投资企业的设立、资本募集与投资领域。在股权投资企业的资金运用、披露信息、股权投资企业备案程序方面也进行了规定
《关于豁免国有创业投资机构和国有创业投资引导基金国有股转持义务有关审核问题的通知》	2011.3	资质条件,申报资料,办理程序。国家发展和改革委通过建立健全股权投资企业备案管理信息系统,完善相关信息披露制度,对股权投资企业实施适度监管
《新兴产业创投计划参股创业投资基金管理暂行办法》	2011.9	中央财政从产业技术研究与开发资金等专项资金中安排资金与地方政府资金、社会资本共同发起设立的创业投资基金或通过增资方式参与的现有创业投资基金的投资领域和管理要求以及申请条件、激励机制及受托管理机构的申报审批程序监督管理等

在以上所有法律法规和政策中，对风险投资发展影响最大的是《创业投资企业管理暂行办法》（以下简称《暂行办法》），该办法是我国首部扶持创业投资行业发展的相关法规，目前担当着风险投资基本大法的作用，它的出台有利于规范我国创业投资企业的投资运作。

《暂行办法》明确界定了"创业投资"概念，为了规范创业投资企业的投资运作，确保政策扶持目标的实现，避免一些并非真正从事创业投资的机构以"创业投资"名义享受国家政策扶持的情况，并促进创业投资企业发展成为专业的创业投资机构。《暂行办法》明确指出，只有遵照规定在相应的政府管理部门完成备案程序的创业投资企业，方可享受优惠扶持政策。

《暂行办法》对创业投资机构概念界定的出发点非常好，但缺少可操作性。PE机构仍然可以冠名为创业投资机构，做后期投资的同时享受创业投资的优惠政策。

《暂行办法》提出了为创业投资企业提供的政策扶持框架，包括三个方面的扶持政策：

（1）规定国家与地方政府可以设立创业投资引导基金，通过参股和提供融资担保等方式扶持创业投资企业的设立与发展。

（2）明确了对创业投资企业的税收扶持，《暂行办法》规定："国家运用税收政策扶持创业投资企业发展，并引导其增加对中小企业尤其是中小高新技术企业的投资"，但"具体办法……另行制定"。

（3）进一步建设和完善创业投资退出渠道。《暂行办法》提出"国家有关部门应当积极推进多层次资本市场体系建设，完善创业投资企业的投资退出机制"，除适时推出创业板市场外，还要发展区域产权交易市场。

《暂行办法》针对创业投资的行业特点在制度设计方面进行了大胆创新。规定创业投资企业可以实行承诺资本制度，即注册资本可分期到位；明确提出"创业投资企业可以以全额资产对外投资"；规定创业投资企业可以从已实现投资收益中提取一定比例作为对管理人员或管理顾问机构的业绩报酬，为建立对管理人的业绩激励机制提供法律依据。

《暂行办法》作为我国创业投资行业的第一部国家层面的法令，对创投企业的融资、投资、退出机制和法律保护方面都做了相关规定，表明了国家对创业投资扶持的坚定态度。但是，《暂行办法》从目前来看仍是一个框架性的东西，仅仅做出了指导性和原则性的规定，亟须出台相应的详细规范。

第三节 国外风险投资立法经验

一、美国风险投资立法

美国是世界上风险投资行业最为繁荣发达的国家,研究风险投资法律制度就必须对美国风险投资行业从萌芽到成熟的历史进程进行研究,美国风险投资业的发展是世界风险投资业发展的缩影。

（一）萌芽和初步发展阶段（20世纪40年代中期至60年代末）

普遍认为,风险投资行业在美国萌芽的标志是美国研究与发展公司（American Research & Development Corp，A&D）的成立。A&D 在设立之初,其全新的投资理念并没有得到广泛的接受。在最初的10年运作过程中 A&D 遇到了许多困难,并且与其受资公司出现过多次现金流危机。但是,由于它们的毅力和精神,最终使得它们的事业有了转机。A&D 被认为是第一家具有现代意义的风险投资公司。

可以说,A&D 公司的成立是美国风险投资的萌芽。自此,在美国,经过多年的发展,风险投资以星星之火发展成为燎原之势,在美国高科技产业化发展的过程中起到了极大的促进作用,并在美国的经济发展过程中做出了重大的贡献。

鉴于风险资本在推动中小企业特别是高科技中小企业发展过程中的"催化剂"作用,美国政府充分意识到风险投资行业的发展对经济发展具有无法替代的促进作用,国家必须对风险投资行业进行引导和鼓励。1958年,美国国会通过了《中小企业投资法》（Small Business Investment Act，SBIA）,并成立了小企业管理局和小企业投资公司（Small Business Investment Companies，SBICs）。此法案的颁布实施解决了创新型技术企业发展的主要障碍：资金短缺问题。同年,美国政府又通过了《中小型企业法案》,使得中小型企业在其成长初期可以较为容易地得到风险投资的支持,从而促进美国中小企业和风险投资的发展。[54]美国的《小企业投资法》极大地促进了小企业投资公司的发展,规定中小企业投资公司直接受美国小企业管理局的管辖,并可以从政府获得低息贷款和税收优惠。这一阶段,风险投资从萌芽到逐渐被人们认知接受,并受到政府的重视,揭开了风险投资发展的序幕。

(二) 探索发展阶段 (20 世纪 60 年代末至 80 年代初)

从 1969 年末开始,美国的风险投资业发展受到严重的挫折。首先,美国经济陷入衰退,投资明显减少;其次,越南战争爆发,美国国会为了支持越南战争,将长期投资的资本收益税由 29% 提高到 49%,直接打击了风险投资投资人投资的热情。同时,对雇员的股票期权收益的处理也发生变化。当期期权的实现要交收益税,而不是等到股票出售时才交税,这造成风险投资的投资报酬率大大减少了。这使得风险资本额由 1969 年的 1.71 亿美元萎缩至 1975 年的 0.01 亿美元。[55] 可以说,这个时期,由于经济大环境的恶化和越南战争的影响,风险投资行业发展陷入低潮。

鉴于风险投资行业的低迷,美国政府采取了一系列措施促进风险投资行业的发展。1978 年,美国国会通过《赋税法》,将资本所得税的最高税率从 49% 降低到 28%,比调整前还低。其中,最为重要的措施应该是 1978 年美国劳工部对《雇员退休收入保障法》(Employment Retirement Income Security Act, ERISA) 中关于"谨慎人"(Prudent Man) 规则解释的决定。1979 年 6 月这个决定开始生效,小企业股票和新股发行市场立即活跃起来,养老基金为风险投资机构提供了巨大的资本来源。[56] 从此以后,美国养老金占风险资本市场资金来源的比例大大上升。1978 年为 15%,1980 年为 30%,到了 1993 年,达到最高点,比例为 59%。[57] 这样的政策拓展了风险资本市场的资金来源渠道,并使得养老金逐渐成为风险资本市场的主要资本来源,充分活跃了风险投资行业。上述措施在相当大的程度上为风险投资的恢复和再发展提供了良好的环境,风险投资的发展步入正轨。

在这个阶段,风险投资行业的发展呈现出起伏不定、波动较大的特点。然而,该阶段风险投资企业组织形式却有了重大的突破,为风险投资的进一步发展奠定了制度基础。有限合伙 (Limited Partnership) 是英美法系国家十分重要的企业形式,它是指一个由两个或两个以上的自然人和其他法人所组成的经营商业、分享利润的营利团体。有限合伙中包括两类合伙人,即至少要有一个一般(即普通)合伙人 (General Partner) 以及一个有限合伙人 (Limited Partner)。一般合伙人负责合伙事业的经营管理,并且对有限合伙的债务承担无限连带责任;而有限合伙人对于合伙事业的经营管理仅具有有限的参与权,对有限合伙的债务也仅以自己对有限合伙的出资为限承担有限责任。[58] 有限合伙特有约束和激励机制与风险投资行业高风险、高收益的特征相契合,有限合伙形式在风险投资行业迅速发展,并取得了良好的效果。从 1969 年到 1973 年,有 29 家风险投资有限合伙成立,总融资额达 3.76 亿美元,平均每个有限合伙管理的风险资本达到近1300万美元。这与小企业投资公司平均不足100万美元的风险资本相比,在资本规模上已经有了长足的进步。

(三) 成长阶段(20世纪80年代)

经历了萌芽和探索发展阶段的美国风险投资行业在20世纪80年代开始稳定成长,1982年,美国风险投资公司数量为331家,专业人员为1031人,管理的风险资本为76亿美元,平均每家风险投资公司的风险资本额为2.3亿美元,平均每个专业人员管理的风险资本额为737万美元。到了1988年,风险投资公司数量增加到658家,专业人员为2474人,管理的风险资本为311亿美元,平均每个专业人员管理的风险资本额为1257万美元。[59]在这一阶段,风险资本的融资额和基金规模都有了较大幅度的提高,风险投资行业的发展更加稳定,专业化程度也越来越高。

1980年,美国国会通过《小企业投资促进法》,针对风险投资的特点,将符合有关规定要求的风险投资公司视为"企业发展公司",以突破投资者人数超过14人就必须按投资顾问注册并运作的法律限制。这样,一流的风险投资家又纷纷回到投资者人数较多的大型风险投资公司,从而保证了风险投资业的人才资源。1981年,美国国会通过了《股票期权鼓励法》,该法又重新恢复了以前的做法,即以股票期权作为酬金,实行股票期权时不必纳税,待股票出售时再纳税。1982年,为了在更大程度上促进风险投资行业的发展,美国国会又将资本所得税的税率从28%调整到20%。1986年,美国国会又颁发了《税收改革法》,规定满足条件的风险投资机构投资额的60%免征收益税,其余40%减半课税。经由上述一系列的法律政策支持,美国风险投资行业在20世纪80年代获得了较快的发展。在20世纪70年代中期,美国每年的风险资本流入量只有5000万美元,到1980年为10亿美元,1982年为20亿美元,1983年超过了40亿美元,到1989年美国的风险资本总额达334亿美元。

在这个阶段,有限合伙组织在风险投资行业的优势得以充分地彰显,并成为美国风险投资行业最主要的组织形式。20世纪80年代,既是美国风险投资行业稳步成长的时期,也是积累和沉淀的时期,为美国风险投资行业的进一步发展奠定了基础。

(四) 成熟阶段(20世纪90年代至今)

进入20世纪90年代以后,美国的风险投资行业快速发展,日益成熟。20世纪90年代以来,美国NASDAQ市场空前繁荣,英特尔(Intel)、微软

(Microsoft)、苹果（Apple）、雅虎（Yahoo）等公司的成功是这个阶段风险投资发展的典型案例。

1992年，美国国会通过了《小企业股权投资促进法》，1997年通过了《投资收益税降低法案》，对减税额和适用范围做出了明确规定，并进一步降低了投资收益税税率。2001年，美国小企业管理局颁布了《新市场风险投资计划》，2003年通过了《就业与增长税收减免协调法案》，该法案把资本利得税从20%下降到15%，有效地刺激了风险投资行业的发展。自20世纪90年代到21世纪初，美国经济持续发展，增长强劲，特别是高新科技企业方面发展极为迅猛，这很大程度上是美国风险投资行业有力促动的结果。虽然，随着2000年美国的互联网泡沫破灭，美国经济进入调整期，风险投资行业也受到了很大的影响，但是，风险投资行业在美国的发展已日臻成熟。

二、英国风险投资立法

英国真正的风险投资业出现于20世纪70年代末期，对于英国风险投资业的发展历程，可用表2.2概括。

表2.2 英国风险投资业的发展历程

15世纪萌芽 18~20世纪初零星活动	最早涉足风险投资的是信托机构 19世纪曾对美国铁路融资成功 1945年建立3I投资公司，世界上第一家投资基金
20世纪60~70年代进一步发展	信托机构仅向大型上市公司融资，清算银行这样的金融机构基本不进行权益融资
20世纪80年代以后 实质性进展	1980年设立USM（未上市证券市场） 1981年成立英国技术集团 1983年政府出台企业扩展计划 1986年成立第三市场
20世纪90年代 迅速发展时期	成为欧洲规模最大、发展最快的风险投资基地 占欧洲全年创业投资总额的50% 1996年英国风险投资回报率高达14.2%，居各类金融资产回报率之首

资料来源：钱亚风云. 欧洲风险投资发展经验与教训的研究［D］. 复旦大学硕士学位论文，2010.

英国是除美国以外风险投资最活跃、最有前途的国家。其成功之处在于国家政府采取的一系列政策,为风险投资的发展铺平了道路。

英国对风险资本市场的投资者有许多优惠的税收政策。主要包括以下几种:

(1) 企业投资计划(EIS)。任何投资于未上市企业超过三年的个人,可以就该投资部分(不能超过10万英镑)享受20%的所得税优惠。同时这部分投资的资本利得可以免税,对亏损部分还可以抵扣相应税额。

(2) 风险资本信托(VCTs)税收优惠办法。这种信托基金通常是由个人投资者认购股份组建起来的,信托基金的经理人再用这些资金进行风险投资。与直接投资未上市企业的私人投资者一样,这些投资者在风险资本信托基金持有股份(不超过10万英镑)带来的收益同样享受20%的所得税优惠。风险投资基金本身在股权转让无需交资本利得税,基金向投资者支付的红利也不用交税。同时个人投资者出售风险投资基金时也无需交资本利得税。

(3) 企业风险投资计划(Corporate Venturing Scheme)。该计划主要是鼓励大型上市企业对风险较大的小企业进行股权投资。该计划对2001年4月1日之后发行的股票有效,并于2010年4月1日终止。对投资小企业超过3年的上市企业,可以就对应投资部分享受20%的所得税优惠。当对这部分风险投资进行出售处理时,公司可以将应交的税收递延至下一笔的风险投资中。

对于初创期企业以及成长期企业,英国同样有两大税收优惠政策:

一是对于刚成立企业的第一个1万英镑利润免征公司税。这对于帮助小企业度过"死亡之谷"无疑具有重要意义。对于在5万至30万英镑之间的利润部分征收19%的公司税。只有超过150万英镑的利润部分才实施30%的全额税率。

二是中小企业的科研费用税收优惠计划。这条优惠政策在2000年开始实施。满足条件的中小企业可以从应交企业税中扣除科研经费的150%。从2002年开始,大企业也可以享受该税收优惠计划,但是优惠程度要远远低于中小企业。

对中小企业除了税收优惠政策之外,政府还出台了许多补贴支持政策,主要有:

凤凰基金。该基金专门为不发达地区的创业者提供支持。该基金通过资金及技术方面的支持来鼓励不发达地区的中小企业发展。

社区发展风投基金(CDVF)。该基金发起于2002年,管理资金达到4000万英镑。政府承诺根据私有部门投资者的投资情况进行相匹配的跟投,最高额为2000万英镑。

政府担保及贷款计划。政府设立社区发展金融机构（CDFIs）对那些风险较大，难以进行银行贷款的企业给予贷款服务。同时发起小企业贷款担保计划，由 CDFIs 负责对符合条件的小企业进行担保，以便它们从银行或其他金融机构获得资金。

在风险投资立法方面，英国也进行了有益的探索。

1983 年，英国颁布《企业投资计划法案》，规定向一个或多个未上市企业直接投资的个人，可以在以下几个方面享受税收优惠：对于符合该法案规定对未上市企业投资的，可在 5 年内按投资额的 20% 纳税，但每年最高不超过 10 万英镑的数额抵减投资者的个人所得税；对持有符合该法案规定的未上市企业的股份 5 年以上者，出售该股份所得免征资本利得税；用出售股份获得的资本利得再投资购买新发行的未上市股份，每年可按最高 10 万英镑递延交税。

1995 年英国又通过了《创业投资信托法案》，专门鼓励个人通过风险投资信托基金对新创企业进行间接投资，有效降低投资风险。个人投资者可享受的税收优惠主要包括：对持有 5 年以上风险投资信托基金股份的，可按其投资额的 20% 抵减个人所得税；对风险投资信托基金的分红不征税；对风险投资信托基金股份的出售所得免征资本利得税。这些税收优惠立法强烈刺激了英国风险投资的发展，英国于 1995 年成立了第一家风险投资信托基金，到 2000 年 1 月英国已设立风险投资信托基金 45 家，市场融资总额达 9.921 亿英镑。

2000 年英国开始实施《公司创业投资法案》，它规定：2000 年 4 月 1 日到 2010 年 3 月 31 日，以股权投资方式进入风险投资领域的公司，如果投资公司持有被投资公司 30% 以上的普通股，而被投资公司的总资产不超过 1500 万英镑，则该投资公司可以获得以下税收优惠。如果向未上市的小型高风险企业投资，并持有股份 3 年以上，可获得投资额 20% 的公司税抵免额。如果再投资，可获得公司税推迟纳税；出现投资损失的，投资公司可以将损失从其公司税前收入中扣除。

三、日本风险投资立法

日本作为发展风险投资较早的亚洲国家之一，从 20 世纪 50 年代起就开始出现风险投资的雏形。在其特有的经济体制、企业形态、民族文化的影响下，日本的风险投资形成了其独有的模式，其发展也历经了四次兴衰。

表 2.3　日本风险投资发展的四次高潮

风险投资浪潮	时间	主要事件
第一次风险投资高潮 (列岛改造高潮) 第一次石油危机解除	1963	东京、大阪、名古屋的中小企业投资培育公司成立
	1972	民间风险投资机构 KED 成立
	1973	日本契约基金(现在的 JAFCO)成立
		许多银行、金融机构成立风险投资机构
第二次风险投资高潮 产业的尖端化、服务化 日元升值引发倒闭	1982	JAFCO 设定投资实业组合 1 号
	1983	场外交易条件、上市条件变低
		风险投资机构的成立高潮到来
	1986	大量风险投资机构倒闭
第三次风险投资高潮 政府与民间合作共同发展	1994	向企业派遣管理人员的相关规则被废除
	1995	制定《促进中小企业创新法》
	1997	股权回购被允许，天使基金税制改革
第四次风险投资高潮 因 IT 活动的崩溃而高潮退却	1998	投资有限组合法施行
		大学等技术转移促进法施行
		场外市场改革
		实业公司、外资、各独立的风险投资机构相继加入
	1999	日本开设高增长新兴股票市场
	2000	纳斯达克日本分部建立
		新形势下风险投资机构的退出

资料来源：[日] 神座保彦. 日本风险投资 [M]. 日本秋原印刷株式会社，2005：61.

在几次风险投资浪潮中，日本政府对风险投资的政策和立法进行了有益的探索。

(1) 第一次风险投资浪潮。20 世纪 60 年代末，在经济高速增长即将结束、产业结构亟须调整升级之际，日本提出了产业结构向知识集约化发展的政策目标。受美国风险投资公司成功帮助风险企业发展的影响，日本在 1972~1974 年陆续成立 8 家风险投资公司，开始了风险投资活动。当时日本还没有制定与风险投资有关的专门法律，现行法律有的还与风险投资要求相矛盾。《垄断禁止法》禁止风险投资公司参与所投资公司的经营活动，无法为投资企业提供增值服务；为风险企业进行资本运营的二板市场尚未建立，主板市场上市要求又很高，风险投资难以通过 IPO 方式退出等。虽然成立风险投资公司的初衷是要促进新兴产业的发展，但由于不具备风险投资发展的制度环境，投资的产业没能集中在新兴产业上，而是分布于不同产业，尤其是投资在风险较低的传统产业上[60]。风险投资产业发展举步维艰，终于在1973年的第一次石油危机打击下偃旗息鼓了。

（2）第二次风险投资浪潮。借鉴第一次风险投资浪潮失败的教训，日本在疏通资本市场、资金支持、税收减免等方面制定了相应的政策措施。1983年首先对资本市场进行了改革，对暂不能公开上市的盈利风险企业开展店头市场（OTC）业务。日本在1989年制定了《新事业法》，该法首次提出由政府与民间企业共同出资建立新事业投资公司，为符合条件的创新企业提供贷款担保和进行股权投资。为解决重复纳税问题，日本援引《民法》中的"组合"条款，以"事业组合"作为公司的组织形式之一。1983～1986年共成立风险投资公司60余家，有力地支持了电子、计算机产业发展。由于信息技术、生物工程等产业在日本发展基础薄弱，投资风险极大，这些产业没有得到风险投资太多的支持。第二次风险投资浪潮在1986年达到高峰，随着1985年广场会议日元升值及经济泡沫破灭而衰落下去。

（3）第三次风险投资浪潮。1994年细川内阁政策大纲正式提出发展风险投资促进创新活动，全面启动支持风险投资产业发展计划。为引导中小企业技术创新，日本于1995年制定《中小企业创造活动促进法》、1998年制定《新事业创出促进法》、1999年制定《中小企业经营革新法》、2000年制定《产业技术强化法》、2003年制定《中小企业挑战支援法》。这些法律在资金、技术转让、税费减免、人才流动等方面支持新兴产业发展。为了拓展风险资金来源渠道，1997年日本制定《天使投资人税制》，通过减免个人投资所得税鼓励个人进行风险投资；在2006年的税法修改中，将与试验研究费相关的特别税额扣除比例提高了5%[61]。在组织制度方面，1998年制定了《投资事业有限责任组合法》，使有限合伙制这一最适合风险投资机构运作的组织形式法定化。为促进大学等研究机构的科技成果产业化，1998年制定了《大学等技术转让促进法》，2000年制定了《国立大学教师等兼职规定》，支持大学等研究机构与民间企业合作。为鼓励大学创业，2001年实施了"新市场、创造就业"的平沼计划，要在三年内实现大学创业1000家。在退出机制方面，继1999年在东京证券交易所建立马扎兹（MOT HERS）二板市场后，陆续建立了大阪证券交易所的NASDAQ－JAPAN、名古屋证券交易所的成长企业市场、福冈证券交易所的Q－Board市场和札幌证券交易所的雄心市场。五个二板市场的建立以及上市条件的放宽，大量风险企业得以上市，使股票公开方式（IPO）成为资金退出的主要渠道。为帮助风险企业顺利发展，日本在全国八个区域的独立法人"中小企业基盘整备机构"中设立"中小企业创业综合支援中心",为创投企业提供专业服务,包括对创业企业的经营提供专家咨询、信息提供、创业知识讲座、派遣专家指导、创业论坛等。

第四节 中国风险投资立法改革探讨

一、中国风险投资法律法规和政策的不足

国家虽然出台了许多扶持和鼓励风险投资发展的政策和规范,而且对风险投资的发展起着至关重要的作用,但是存在着基本法缺位、配套制度缺失和政策多变的问题。

(一)风险投资基本法的缺位

目前我国缺乏对风险投资进行规范的专门法律,这使得我国的风险投资事业长期因法律地位缺失而严重阻碍了其发展壮大。在法律层面,全国人大尚未公布有关风险投资的专门法律,规范风险投资的相关法律规范散见于公司法、合伙企业法、证券法、税法等法律部门中,不具有针对性,且各部门法之间缺乏有效配合。在法规层面,国务院相关部门制定的部门规章《外商投资创业投资企业管理规定》和《创业投资企业管理暂行办法》,以及针对其税收的《关于促进创业投资企业发展税收政策的通知》虽有一定的针对性,但都存在一定局限性,且法律位阶较低,统一性差,缺乏权威性。

(二)政策多变带来的风险

我国风险投资业正处在初步成长阶段,对于相关政策的变化有着十分灵敏的反应。孙天睿(2009)在《我国激励创业投资政策效应的实证研究》一文中对我国激励风险投资的政策效果进行了实证研究。研究结果表明:各种不同财税政策不同程度地激发了更多的创业活动,对高新技术创业活动水平的提高具有一定的贡献性。创业服务中心作为激励政策构建下的组织形式,通过综合性商业支持服务的提供改善了创业活动的运营状况,极大地提高了创业企业的成功率和成长性,鼓励了更多人做出加入创业行列的决策。[62]

另外,政府的政策也有一定的负面作用,最突出的是强制性的制度供给。政府的政策"并没有带来我国风险投资的大发展,反而促进了政府在风险投资领域的强制性制度供给与变迁,这种强制性变迁一方面带来制度的过度供

给，催生了扭曲市场规律的政府主导型风险投资的发展，另一方面却忽视了风险投资发展中真实的制度需求，导致了结构性的制度缺失，并没有如预期的那样促进风险投资的发展"。[63]政府强制性的制度供给催生了政府主导型的风险投资，也并没有解决风险投资的内部存在问题，这就导致了风险投资运行效率偏低，达不到政策的预期效果。

风险投资政策的多变与不确定性，在一定程度上也阻碍了风险投资的健康发展。因为没有相对统一的扶持和激励政策，政策往往是朝令夕改，影响了投资者的信心和风险投资行业的稳定性。此外，由于法规位阶较低，基层政府在推动风险投资发展方面仍有惰性。

(三) 资金来源构成不合理

虽然风险投资基金规模不断发展壮大，但是投资主体缺少大规模的基金。图2.1给出了2011年中国风险投资新募集资金来源，可以看出，政府和企业仍然是风险投资的两大资本来源。要改善资本来源结构，有两个问题需要通过立法解决：

第一，民间资本参与依然较少。与2010年相比，2011年的资本来源虽然有所扩大，但仍然相对较少。

第二，社保基金、保险资金、银行资金和信托投资基金没有发挥出自己应有的能量，需要进一步促进这类资金进行直接股权投资，为风险投资提供良好的LP资源。

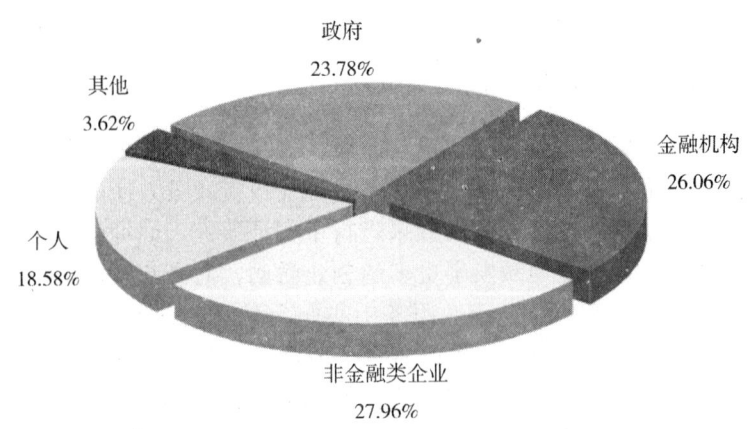

图2.1 2011年中国风险投资新募集资金来源

资料来源：中国风险投资年鉴（2012）.

(四) 退出渠道存在问题

风险投资的退出是指风险资本从风险企业中撤出获利的行为。[64] 风险投资机构把风险资本投向风险企业的一段时间之后,一般是3~7年就会退出投资项目,寻找新的投资机会。风险投资退出是风险投资运作过程中的重要组成部分。风险投资者投资风险企业的根本目的不是掌握企业的控股权,而是通过转让所持股份获取高额投资回报。风险投资退出的主要方式有首次公开上市、出售、风险企业回购、清算等方式。

图2.2给出了我国风险投资的退出方式分布。上市退出占50.00%,与风险投资的基本规律不一致,说明中国风险投资其他退出渠道缺乏。

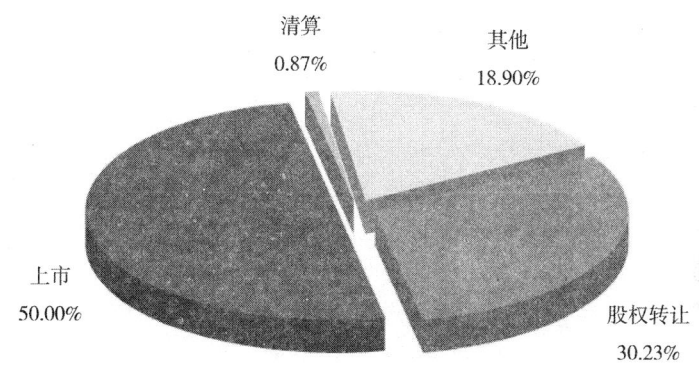

图 2.2 2011年风险资本退出方式分布

资料来源:中国风险投资年鉴 (2012).

(五) 风险资本过多地投向传统行业

风险投资是技术创新和金融创新良性互动的产物。各国政府大力扶持风险投资的目的是通过风险的超常规配置,刺激和培育高新技术产业,分散技术创新过程中不确定性带来的潜在风险,促进高新技术成果商品化、产业化。

20世纪末,风险投资几乎是借着互联网的热潮,与高科技踩着同一条帆板挺进了中国的产业和资本市场。风险投资似乎和高科技建立了一个联盟。然而近几年,风险投资对传统行业越来越有兴趣:汉鼎投资1100万美元将星巴克带入中国,华平2200万美元投资浙江皮革制造商卡森实业,鼎晖、英联联合摩根投资蒙牛6120万美元。传统行业发生的风险投资项目占很大的比例,说明了风险投资政策并没有达到预期的调控目的。

二、各界人士对风险投资立法的看法

2012年6月7~11日,笔者带领东北大学秦皇岛分校创新创业与风险投资研究所3名研究风险投资立法的学生参加深圳第十四届中国风险投资论坛和天津的第六届中国企业国际融资洽谈会,对30多位政府官员、专家学者、律师及风险投资家进行了访谈,以深入了解中国风险投资立法改革的必要性和可行性。现将其观点总结如下:

(一)政府官员

现行的政策都是良性的政策,但不成体系,政府应该从保护投资人的角度出发,减少政府干预,强调信息公开,建立健全法律、契约和人文环境。因为政出多门,各部门利益交结,现行的法律法规和政策还不能真正达到促进风险投资发展的目的。

我国应借鉴美国的做法,建立良好的人文环境和契约精神,其备案和信息披露制度也值得借鉴。同时也应该学习英国的行为立法的模式。

在是否有必要集中立法的问题上,政府官员中有两种观点:一种认为有必要进行集中立法,但应该从营造良好市场环境的角度出发;另一种观点认为,没有必要集中立法,不应该出台过多的法律,只要配套的制度完善就可以了。

(二)学者

《创业投资企业管理暂行办法》影响较大;《合伙企业法》的修改,对创投企业组织形式的影响很大,但是《合伙企业法》的漏洞太多,与《民法通则》相违背,对投资人缺乏保护,应把合伙人作为法人,承担无限连带责任。

我国关于风险投资的法规和政策越来越多,但是限制了其发展,风险投资相关法律法规和政策应简化。

在是否有必要集中立法的问题上,有的学者认为政府应重新定位,出台基于促进风险投资发展的法律,而有的学者认为集中立法没有现实性。

(三)律师

《合伙企业法》对有限合伙的规定是一个创新,但我国政府对风险投资的税收政策和监管还不到位,应加大税收优惠力度。国家和地方的政策太分散，层级低，政策的波动往往令投资人无所适从。

应学习美国硅谷放开管制、创新举措的成功经验。我国台湾地区的立法和政策也值得借鉴。

关于在是否有必要集中立法的问题上，有的律师认为有必要，而且要使法律更具前瞻性，不能滞后，应该与《证券投资基金法》处在相当的位阶。有的律师认为集中立法是不现实的，因为中国风险投资发展不平衡。

（四）投资家

几乎所有的投资家都认为政府对于风险投资的干预过多，这样可能会阻碍风险投资的发展，甚至有的投资家直言：中国应该发挥市场的作用，任其发展，政府完全没有必要参与。

政府不能过多干预风险投资行业的发展，应该进一步出台鼓励风险投资发展的政策，二者是不矛盾的。税收还应该进一步优惠。《合伙企业法》对合伙企业的规定有利于风险投资的发展，这是在业内得到认可的。

关于在是否有必要集中立法的问题上，有的投资家认为有必要，有法可依会规范运作。有的投资家认为没有必要，认为我国风险投资刚刚起步，还没有摸清其发展规律的情况下不能立法，应该在风险投资发展成熟以后再立法。

三、我国风险投资立法改革方向

各国风险投资行业发展的实践证明，完善的法律制度体系是风险投资健康、快速发展的制度性前提，风险投资行业的发展需要国家的法律法规制度体系的有力支持。《风险投资法》是专门以风险投资为调整对象的立法，即国家对风险投资这种社会经济生活中的投资行为及相关社会关系进行专门的立法调整。综观世界各国的风险投资立法实践，为了促进风险投资行业的健康发展，不少国家和地区都对风险投资进行专门立法，为风险投资行业建立制度性基础，充分发掘风险投资对经济的促进作用。我国台湾地区在1983年颁布了世界上第一部风险投资行业法规《创业投资事业推动法案》，有效地规范和促进了台湾地区的风险投资行业的发展。由于政策得当，加上良好的科技新环境，台湾创业投资业飞速发展，超过了日本、韩国、新加坡，成为继美国之后风险投资发展最为成功的地区。[65]我国的风险投资法律制度的不足影响到风险投资的规范发展，基于此，我国应当加快风险投资的立法进程，制定《风险投资法》。

（一）法律和政策的配合

国家调整人们生产生活的方式可以概括为两大类：法律和公共政策。对于风险投资业的调整也不外乎这两种方式。

法律具有经济作用，法律对社会经济关系和经济活动直接发生着影响，其目的在于建立和维护一定的社会经济关系、经济秩序，促进社会发展和生产力的进步。[66]法律对市场经济的作用主要表现在：规范市场主体及其行为；规范市场经济秩序；加强宏观调控。其对经济的作用同样适用于风险投资行业。

公共政策指的是政府等决策部门对公众利益和公众行为的规制和分配的措施。公共政策对经济的作用主要体现在其效率性、多样性和灵活性上。从效率性来看，政府出台公共政策并不需要像出台法律那样经过较长时间，可以根据经济发展情况适时而动；从多样性来看，公共政策在内容和类型方面都是多种多样的，可以从多个方面调整和促进经济发展；从灵活性来看，政府制定和实施公共政策的目的是为了协调和平衡公众利益，而公众的利益是处在不断的变动之中的，公共政策的灵活性适应了这一需求。公共政策的局限性主要表现在：首先，公共政策法律位阶较低，不具有法律的普遍约束性；其次，公共政策过于灵活，其变动往往会给相关领域带来很大的影响，稳定性差；最后，政府的公共政策的制定往往有利己性。

法律与政策具有一定的互补性。因此，国家对于风险投资业的调整，不应单纯运用法律，亦不能单纯依靠政策的调整，应当加强国家立法，制定统一的风险投资基本法《风险投资法》，以这部法律作为我国风险投资法律制度的核心，再辅以各种相关扶持政策，形成中国特色的风险投资的法律体系，把风险投资的发展真正纳入到依法治理的轨道上来。

（二）风险投资立法模式

关于风险投资立法模式的选择，英美等发达国家一般采用分散式立法模式，即不针对风险投资进行专门立法，而是通过修改和制定放宽资本来源渠道、提供租税减免和政策优惠等方面的成文法，并结合相关判例形成风险投资法律体系。而以色列、印度、韩国和中国台湾则采用集中式立法模式，一般都以制定风险投资法规作为引导风险投资产业发展的法律框架，通过专项立法结合现有的法律制度共同构建风险投资法律体系。我们认为，我国现阶段的国情决定我国更适合集中立法，采用风险投资专门立法与配套法律制度并进的法律架构模式。

(三)《风险投资法》的体系构建

风险投资法律制度是一个完整的体系,包括风险投资的一般规定、企业组织形式、运行机制、政府引导基金、资本退出机制、税收优惠等一系列法律制度,这些法律制度共同作用,构成风险投资行业发展制度性基础,是一个良性互动的整体。

《风险投资法》的宗旨是保护风险投资企业、创业企业及其利益相关者的合法权益,规范风险投资企业和创业企业的投融资行为,保障风险投资企业稳健运行,促进风险投资行业快速发展,维护风险投资行业发展秩序。从根本上说,《风险投资法》是一部风险投资的鼓励法,即通过法律制度设计,有效促进风险投资行业的发展,进而促进高新技术成果商品化、产业化,为经济发展提供不竭的动力。同时,在这一过程中充分保障风险投资企业和创业企业的合法权益,维护风险投资行业的发展秩序。

《风险投资法》的基本原则包括保护风险投资企业和创业企业及其利益相关者合法权益原则和扶持与监管并重原则。首先,保护风险投资企业和创业企业及其利益相关者的合法权益是《风险投资法》的首要原则,风险投资企业和创业企业及其利益相关者是风险投资法律关系的主体,在风险投资企业对创业企业进行投资的过程中,国家通过立法对各方的利益进行确认和保障,维护各方的合法权益,这是进行《风险投资法》立法的主要目的之一,我国在《风险投资法》的过程中,应当在总则部分明确规定该项原则。其次,通过立法对风险投资进行扶持和引导成为各国发展风险投资行业的共识,有效地促进了风险投资行业的快速发展。同时,监管问题也不容忽视,风险投资企业的投资对象多是高新技术企业和初创期的企业,投资企业和创业企业之间信息不对称,不确定性因素多,投融资过程充斥着高风险,必须通过立法对风险投资进行监管,避免系统性风险的积聚,以致影响到整个风险投资行业的发展。因此,我国的《风险投资法》应一方面对风险投资进行大力的扶持和鼓励,另一方面,加强对风险的防范和监管,遵循扶持和监管并重的立法原则。

《风险投资法》是调整风险投资企业、创业企业及利益相关者间在投融资经济活动中产生的社会关系的法律规范。风险投资是具有金融运作特点的新型投资方式,其运作机理具有专业化特点,参与风险投资的主体包括风险投资企业、创业企业、风险投资企业和创业企业的股东、风险投资企业的高级管理者、投资经理,风险投资行业协会以及国家相关的主管部门,这些主体之间所形成的社会关系是《风险投资法》的调整对象。

对《风险投资法》的立法框架构建，可分为总则和具体制度两个部分，总则主要规定《风险投资法》的立法宗旨、基本原则、基本术语、适用范围等方面。在具体制度的部分，主要从风险投资一般规定、政府引导基金法律规定、风险资本退出法律规定、税收优惠法律规定以及风险投资的监管和政策扶持法律规定五个大的方面进行设计。

参考文献

[1] 中国风险投资研究院. 2011 年度中国风险投资行业调研报告 [R]. 中国风险投资研究院，2012.

[2] 高正平. 政府在风险投资中作用的研究 [M]. 北京：中国金融出版社，2003：72 - 73.

[3] 成思危. 立法，为中国风投发展开局 [J]. 深圳特区，2005（5）：100 - 102.

[4] 刘健钧.《创业投资企业管理暂行办法》解读 [J]. 江苏科技信息，2007（7）：6 - 11.

[5] Leslie A. Jeng, Philipee C. Wells. The Determinants of Venture Capital Funding: Evidence Across Countries [J]. Journal of Corporate Finance, 2000 (6): 241 - 289.

[6] Mike Wright, Andy Lockett, Bart Clarysse, Martin Binks. University Spin - out Companies and Venture Capital [J]. Research Policy, 2006, 35 (4): 481 - 501.

[7] Barbara Cornelius, Olle Persson. Who's in Venture Capital Research [J]. Technovation, 2006, 26 (2): 142 - 150.

[8] Bygrave W. Timmons J. Venture Capital at the Crossroads [M]. Harvard Business School Press, 1992: 80 - 81.

[9] Murry J. The Board and Strategy: Venture Capital and High Technology [J]. Bus Venturing, 1988 (3): 159 - 170.

[10] Bernards. Black, Ronald J. Gilson. Comparing Catalysts of Change: Evolution and Institutional Differences in the Venture Capital Industries in the U. S, Japan and Germany [J]. Comparative Studies of Technological Evolution, 2001 (7): 227 - 261.

[11] Gomper P., Lerner J. What Drivers Venture Capital Fundraising? [J]. Brookings Papers on Economic Activity (Microeconomic), 1998: 149 - 192.

[12] Bygrave W., William D., Jeffry A. Timmons. Venture Capital at the Crossroads [M]. Boston: HBS Press, 1992: 234-267.

[13] Kortum S., Lerner J. Does Venture Capital Spur Innovation [J]. Investors and Public Policy, 1998 (6): 20-32.

[14] Gompers P. A., Lerner J. The Determinants of Corporate Venture Capital Success: Organization Structure, Incentives, and Complementarities [R]. NBER, 1998 (6): 145-178.

[15] Jeng L. A., Ph. C. Wells. The Determinants of Venture Capital Funding: Evidence Across Countries [J]. Journal of Corporate Finance, 2000 (3): 241-289.

[16] Peter Schofer, Roland Leitinger. Frame Work for Venture Capital in the Accession Countries to the European Union [R]. Austria: the University of Applied Sciences "FH bfi Wien", 2002.

[17] Ronald J. Gilson. Engineeringa Venture Capital Market: Lessons from the American Experience [EB/OL]. www.ssrn.com, 2002-12.

[18] Astrid Romain & Bruno van Pottelsberghe. The Determinants of Venture Capital: A Panel Data Analysis of 16 OECD Countries [J]. Journal of Corporate Finance, 3003, 4 (2): 41-89.

[19] Douglas J. Cumming, Jeffrey G. MacIntosh. A Cross-Country Comparison of Full and Partial Venture Capital Exits [J]. Journal of Banking & Finance, 2002 (9): 511-548.

[20] Douglas J. Cumming, Jeffrey G. MacIntosh. Venture Capital Exits in Canada and the United States [J]. University of Toronto Law Journal, 2003 (5): 101-200.

[21] Douglas Cumming, Grant Fleming. A Law and Finance Analysis of Venture Capital Exits in Emerging Markets [R]. EFA 2003 Annual Conference, 2003.

[22] Stipp D. China's Biotech is Starting to Bloom [J]. Fortune, 2002 (3): 46-51.

[23] Eric Nowak. Investor Protection and Capital Market Regulation in Germany, The German Financial System [M]. Oxford University Press, 2004: 44-46.

[24] Amour John, Douglas Cumming. The Legislative Road to Silicon Vally [R]. Oxford Economic Papers, 2006, 58 (4): 596-597.

[25] Bottazzi Laura, Rin M. D., Hellmann T. What is the Role of Legal Sys-

tems in Financial Intermediation Theory and Evidence [J]. Journal of Financial Intermediation, 2008, 18 (4): 559 - 598.

[26] Gompers P. A. The Rise and Fall of Venture Capital [J]. Business and Economic History, 1994 (2): 1 - 26.

[27] Josh Lerner. The Government as Venture Capitalist: the Long - run Impact of the SBIR Program [R]. NBER, 1996.

[28] Soren Bo Nielsen, Christian Keuschnigg. Public Policy for Venture Capital [R]. CES, 2001.

[29] 辜胜阻, 刘入领, 李正友. 政府在科技风险投资中的角色 [R]. 国际风险投资比较研究课题组, 1999.

[30] 贾明德. 刍议政府与改革的关系 [J]. 经济改革, 1994 (1): 8 - 10.

[31] 李月平, 王增业. 风险投资的机制与运作 [M]. 北京: 经济科学出版社, 2002: 5 - 6.

[32] 陈德棉, 蔡莉. 风险投资运行机制与管理 [M]. 北京: 经济科学出版社, 2003 (1): 98 - 99.

[33] 侯开照. 风险投资环境的培育与优化 [J]. 高新技术创业资本专题有奖征文, 1999 (9): 35 - 39.

[34] 寸晓宏. 风险投资支撑环境系统分析 [J]. 经济问题探索, 2000 (4): 47 - 48.

[35] 刘德学, 樊治平. 风险投资运作机制与决策分析 [M]. 沈阳: 东北大学出版社, 2002: 22 - 23.

[36] 胡浩. 风险投资运作因素分析 [J]. 投资与证券, 2003 (6): 7 - 9.

[37] 冯治库, 李永亮. 现有法律对发展我国风险投资的制约及其完善 [J]. 甘肃科技, 2004 (1): 8 - 11.

[38] 魏鹏娟. 创业投资法律组织形式研究 [D]. 西北大学硕士学位论文, 2005.

[39] 李磊. 风险投资法律问题研究 [J]. 学术探讨, 2004 (11): 26 - 29.

[40] 覃斌. 制约中国风险投资业发展的法律障碍 [J]. 中国科技论坛, 2003 (1): 42 - 44.

[41] 陈业宏, 文杰. 对我国采取有限合伙创业投资的质疑 [J]. 武汉大学学报, 2004, 57 (3): 425 - 429.

[42] 秦炜婧, 曹麒麟. 浅析有限合伙制在我国风险投资中的应用障碍 [J]. 商场现代化, 2009 (1): 163 - 164.

[43] 刘健钧, 王立军, 孔杰. 正确认识有限合伙的作用——关于私人股权与创业投资基金组织形式的思考 [J]. 创业投资, 2008 (8): 61-64.

[44] 谢元涛. 促进风险投资税收优惠政策经济学分析 [J]. 山东经济, 2007 (5): 73-76.

[45] 刘欣, 王宗萍. 风险投资中税收政策的国际经验及借鉴 [J]. 未来与发展, 2009 (3): 73-76.

[46] 刘健钧. 完善我国创业投资法律体系的探讨 [J]. 宏观经济管理, 2004 (6): 42-45.

[47] 黄亚玲. 构建政府引导基金有效管理机制 [N]. 中国证券报, 2009-07-10.

[48] 隆武华. 以创业板建设为中心, 推进中国多层次资本市场体系建设 [J]. 中国风险投资, 2003 (4): 1-28.

[49] 李乃君, 李岳. 适合中国国情的风险投资退出机制探讨 [J]. 经济研究参考, 2008 (4): 26-30.

[50] 谈毅, 陆海天, 高大胜. 风险投资参与中小企业板上市公司的影响 [N]. 市场证券导报, 2009 (5): 26-33.

[51] 王玉荣, 李军. 风险投资度中小企业自主创新影响的实证研究——基于中小企业板的经验数据 [J]. 山东科技大学学报, 2009 (11): 47-52.

[52] 韩根强. 中小企业风险投资分析与控制 [J]. 商品储运与养护, 2008 (7): 43-44.

[53] 沈金菊. 风险投资推动中小企业的发展 [J]. 中国中小企业, 2002 (11): 40-41.

[54] 王莹. 完善我国风险投资法律制度的思考和建议 [J]. 理论导刊, 2002 (8): 16.

[55] 陈德棉, 蔡莉. 风险投资: 国际比较与经验借鉴 [M]. 北京: 经济科学出版社, 2003: 23.

[56] 彭丁带, 陈玮. 美国风险投资业历史发展的宏观考察——兼论立法和政府扶持的重要性 [J]. 经济师, 2006 (11): 21-22.

[57] 丁文丽. 风险投资——国际经验与欠发达地区的战略 [M]. 北京: 人民出版社, 2004: 47-48.

[58] 郭卫锋. 论我国有限合伙立法及其在创业投资领域的实践 [EB/OL]. www.tedaonline.com/disp_sh.asp?id=41446, 2007-02-14.

[59] 陈德棉, 蔡莉. 风险投资: 国际比较与经验借鉴 [M]. 北京: 经济科学出版社, 2003: 30-31.

[60] 尹国俊. 产权缺失与日本风险资本发展的路径 [J]. 日本研究, 2006 (2): 17-22.

[61] 崔景华. 2006年日本税制改革的主要内容及几点启示 [J]. 现代日本经济, 2007 (3): 14-17.

[62] 孙天睿. 我国激励创业投资政策效应的实证研究 [J]. 现代经济信息, 2009 (11): 21-22.

[63] 何建洪, 马凌, 卢安文. 我国风险投资制度供给及其影响研究 [J]. 科技进步与对策, 2009 (4): 98-101.

[64] 高成亮. 风险投资运作 [M]. 北京: 首都经济贸易出版社, 2007: 221.

[65] 李修辞. 台湾发展创业投资的成功经验及启示 [R]. 中国证监会研究中心, 2007.

[66] 付子堂. 法律功能论 [M]. 北京: 中国政法大学出版社, 1999: 137-138.

第三章　中国风险投资的地理聚集

风险投资业作为一个高风险、高回报的行业，在世界范围有一个共同的特点，那就是区域聚集。本章选取 1999~2010 年的数据对我国风险投资聚集现象及分布进行研究，计算中国风险投资区域发展指数，并且运用多元线性回归的方法对中国风险投资区域聚集的影响因素进行初步探讨。

本章研究表明：我国风险投资同样存在区域聚集现象，风险投资机构主要分布在北京、华东、上海、深圳以及天津地区；风险投资项目主要分布在北京、上海、深圳及华东地区；目前，投资总金额最大的地区为北京地区，其次是中南及上海地区；风险投资区域发展指数较高的地区为北京、上海、华东及中南地区。大学密度、科技成果密度、研发（R&D）人员密度及高科技企业密度是影响风险投资机构地理聚集现象的显著影响因素；大学密度、科技成果密度、科技财政支出密度及高科技企业密度是影响活跃风险投资机构地理聚集现象的重要因素；大学密度、开发区密度、中介机构密度及高科技企业密度是影响风险投资项目聚集现象的显著影响因素；大学密度、科技成果密度、R&D 人员密度及高科技企业密度是影响风险投资金额聚集现象的显著影响因素；大学密度、科技成果密度是影响风险投资地理发展指数的重要因素。这些研究结果表明了大学和科研机构在技术创新创业方面的显著作用。

第一节　风险投资地理聚集理论概述

风险投资起源于 20 世纪 40 年代的美国，在美国、欧洲和日本等发达国家已兴盛多年，而且正在许多新兴发展中国家（如中国、巴西和印度）迅猛发展。风险投资行业的一个有趣的现象是：风险投资公司往往会扎堆在某个地区、某个城市，甚至是某栋楼里，这被学者们称为风险投资的地理聚集现象。风险投资机构的地理聚集倾向在风险投资出现不久就已被关注，对此，中外学者也提出了自己不同的观点。

在美国，学者 Leinbanch 和 Anirhein（1990）的研究发现，加利福尼亚州、纽约州、马萨诸塞州和伊利诺伊州的风险资本总量约占全美的75%。而风险投资项目更集中，加利福尼亚州和新英格兰地区占据61%[1]。这种聚集的现象在美国以外的地方也同样得到了印证。Schwarz Dafna 和 Bar – El Raphael（2007）使用1998~2004年风险投资的数据对以色列初创企业风险投资进行分析，结果表明该地区的初创企业风险投资在地理分布上呈现出一种"分散的集中"[2]。Mason 和 Harrison（2010）对英国风险投资进行了考察，发现"传统风险投资"（指那些对新近创建的高增长型的创业公司进行投资的机构）高度集中在伦敦和英格兰东南地区和苏格兰地区[3]。

国内风险投资业起步较晚，因此，相比国外，从地理分布视角角度研究风险投资的文献较少。李松涛和余自由（2000）分析了风险投资发展的地理集中性特点，具体结合我国北京、深圳、上海的特点进行分析，给出了三地发展风险投资的路径和相关建议[4]。刘卫东等（2005）通过中美风险投资地域分布的对比，得出中国风险投资地理发展不平衡的结论，认为这会加剧地区间经济的不平衡[5]。陈工孟和蔡新颖（2009）对中国创业风险投资发展的差异性进行了研究，指出创业风险投资在投资机构、管理资本规模，以及被投资企业方面都显著集中于少数几个发达城市和地区，呈现出一定的地域发展不平衡性[6]。

早在1992年，创业领域最著名的学者 Bygrave 和 Timmons（1992）提出了围绕风险资本的政府政策环境（如教育、科学发展计划、产业政策等）、文化、社会价值环境、机构环境（如企业研究机构、政府研究机构、高校研究机构等）和地区环境（如地区的商业环境与政策等）4个外部环境模型，来阐述外部环境对风险投资积聚的影响[7]。Astrid 和 Bruno（2003）从理论分析提出了3个影响风险投资需求与供给的因素：宏观经济环境、技术机会和创业环境。其中宏观经济环境指标包括 GDP 增长率、短期利率和长期利率；技术机会指标包括研究与开发增长率、知识储备和专利数量；创业环境包括公司所得税、创业活动和人才市场的流动性等[8]。

国内学者也从理论上指出许多影响风险投资聚集现象的因素。苏启林（2004）根据2002年的数据所做的研究说明，影响中国创业投资规模的主要因素在于政府支持政策，而科技水平以及劳动力供给等指标与风险投资规模不存在统计意义上显著的相关关系[9]。蔡莉、于晓宇和杨隽萍（2007）同样采用2002年的数据，利用结构方程模型，把科技环境按主体类型分为"自发性科技环境"和"培育性科技环境"，并实证研究了科技环境对创业投资的支撑作用。实证研究结果显示，"培育性科技环境"比"自发性科技环境"

对我国创业投资的发展有更大的支撑作用[10]。此外，崔毅、陈悦林和张晨（2011）也研究了我国风险投资区域集聚的支持环境，研究对象为风险投资区域集聚现象明显的五个省市（广东、上海、北京、浙江、江苏）[11]。

印度学者 Subhash 2007 年在分析描写全球风险投资地理发展状况时，提出了风险投资地理发展指数的概念，通过相应的统计与计算，结果显示北美地区所对应的风险投资地理发展指数最大，其次是欧洲和亚太地区[12]。目前国内学者虽然没有运用指数的方法来衡量风险投资地理发展的状况，但也运用了聚类分析和层次分析的方法对我国风险投资地理发展的状况做出了相应的描述，如蔡莉、朱秀梅和孙开利（2004）依据反映风险投资发展水平的相关指标，用系统聚类分析法对我国风险投资区域分布进行了聚类研究，把风险投资的地理发展划分为发达、中等、落后三个层次[13]。豆建明和赵霞（2009）针对区域风险投资发展状况评价，利用区间层次分析法（AIHP）建立了一个包括目标层、准则层和指标层的三层评价指标体系，将风险投资机构情况、风险资本情况、风险投资规模情况、企业盈利情况作为核心指标，最后利用 2005 年的数据计算，得出上海的风险投资发展状况排第一名，其次是北京，然后是东北、中南、华东、西部、深圳和华北[14]。

过去的文献说明，风险投资集聚的现象广泛存在。在中国，需要利用更长时间跨度的数据对风险投资地理集聚进行细致研究，探讨政策层面因素之外对风险投资地理聚集的重要因素。本章将对中国风险投资 1999~2010 年的地理聚集现象进行描述和分析，研究其背后的深层次原因，为各地的政策制定者提供决策参考。

第二节　中国风险投资地理分布特征

本节选取风险投资机构数量、活跃风险投资机构数量、风险投资项目数量及风险投资金额四个指标研究风险投资的地理分布情况。

一、数据说明与区域划分

本章采用的数据来源于投中集团 CVSource 股权投资数据库，截至 2011 年 9 月 22 日。我们的样本包括 3128 家机构，涉及投资项目 7264 项，其中，披露投资金额的项目有 5157 个，披露的投资金额总数为 1916.34 亿美元，分别分布在中国内地的 32 个省、市以及海外地区。在 3128 家机构中，有 13 家机构的中国地区总部不详。由于在中国内地 1999 年以前的投资事件较少，因此将纵向对比的时间段定为 1999～2010 年 11 个年度。

根据前人的研究成果，考虑新近风险投资行业的一些变化，我们将区域划分为 11 个类别，见表 3.1。

表 3.1　中国风险投资机构分布区域划分

区域	包括的范围
北京	北京市
天津	天津市
上海	上海市
深圳	深圳市
东北	黑龙江、吉林、辽宁
华北	河北、山西、内蒙古
华东	江苏、浙江、安徽、福建、江西、山东
中南	河南、湖北、湖南、广西、海南、广东（深圳除外）
西部	重庆市、四川、贵州、云南、西藏、陕西、甘肃、青海、宁夏、新疆
海外	中国香港、台湾、澳门，其他国家和地区
N/A	总部不详

与过去学者们的划分不同的是，我们将天津作为一个区域考察，是因为自 2007 年以来，天津地区的风险投资机构密度明显增大。

二、投资机构数量分布

通过对样本机构的统计，在 3128 家风险投资机构中，有 13 家机构的总部所在地不详，406 家机构的总部在海外地区（中国香港、台湾、澳门，其他国家和地区）。分布在中国内地地区的风险投资机构一共为 2709 家。在中国内地的 2709 家机构中，北京市以 631 家风险投资机构位居全国首位，占中国内地地区的 23.29%，位居第二位的是华东地区（江苏省、浙江省、安徽省、福建省、江西省、山东省），共 597 家，占中国内地的 22.04%，其次是上海市，目前共有 529 家机构，占中国内地的 19.53%，见图 3.1。

下面将引入机构密度（地区机构数/地区总面积）作为对比量，更直观地描述中国内地（北京、上海、深圳、天津、东北、华北、华东、中南以及

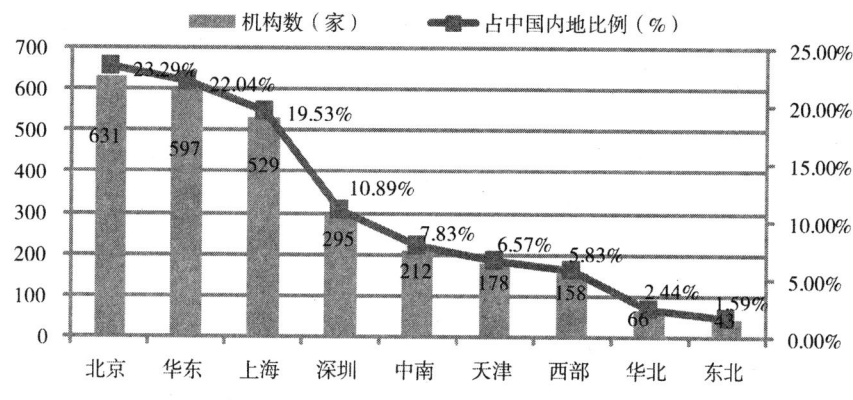

图 3.1 中国风险投资机构的地区分布

西部 9 个地区）机构的地域集聚程度。表 3.2 给出了 9 个地区的机构数量及其土地面积和由此计算出来的密度。

表 3.2 中国风险投资机构的地区密度

区域	机构数（家）	土地面积（万公顷）	密度（家/万公顷）
深圳	295	19.9164	14.812
上海	529	82.39012067	6.421
北京	631	164.10537	3.845
天津	178	119.1731913	1.494
华东	597	8003.010902	0.075
中南	212	10160.03979	0.021
东北	43	7918.326337	0.005
华北	66	14902.66339	0.004
西部	158	53719.60356	0.003
总计	2709	95089.22905	

资料来源：机构数据来源于 CVSource 数据库，截至 2011 年 9 月 22 日，土地面积数据来源于《中国统计年鉴》(2010)。

为更加直观地看出机构密度与机构数量的对比关系，我们做出表 3.3。

表3.3 中国活跃风险投资机构的地区密度

区域	活跃机构总数（家）	密度（家/万公顷）
深圳	30	1.506
上海	115	1.396
北京	109	0.664
天津	5	0.042
华东	42	0.005
中南	19	0.002
西部	8	0.000
东北	1	0.000
华北	1	0.000

下面将更直观地表述风险投资机构的地区密度，见图3.2。

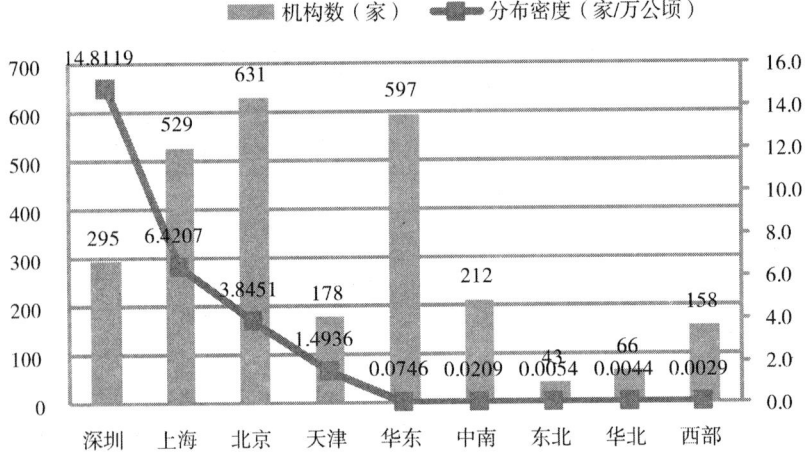

图3.2 中国风险投资机构的地区密度

三、活跃风险投资机构的分布

在中国内地，活跃机构总数最多的地区是上海市，为115家，其中有35家特别活跃的机构；其次是北京市，活跃机构总数为109家，特别活跃机构数为43家，超过上海的特别活跃机构数；位居第三的是华东地区，活跃机构总数为42家，特别活跃机构数为12家。各地区拥有的活跃投资机构数见表 3.4。

表 3.4 活跃风险投资机构的地区分布

单位：家

类型	特别活跃机构数	较活跃机构数	活跃机构总数	不活跃机构数
北京	43	66	109	522
天津	1	4	5	173
上海	35	80	115	414
深圳	11	19	30	265
东北	1	0	1	42
华北	0	1	1	65
华东	12	30	42	555
中南	5	14	19	193
西部	0	8	8	150
中国内地	108	222	330	2379
海外	2	25	27	379

资料来源：CVSource 数据库，截至 2011 年 9 月 22 日。

下面将更直观地表述活跃风险投资机构的地区分布，见图 3.3。

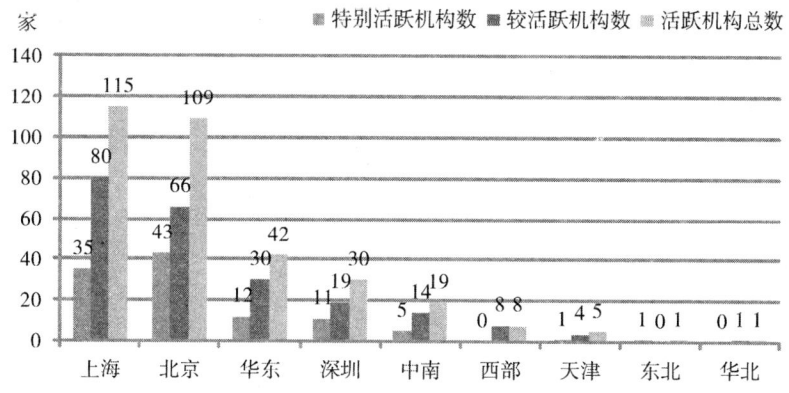

图 3.3 活跃风险投资机构的地区分布

下面将更直观地表述活跃风险投资机构的地区密度，见图 3.4。

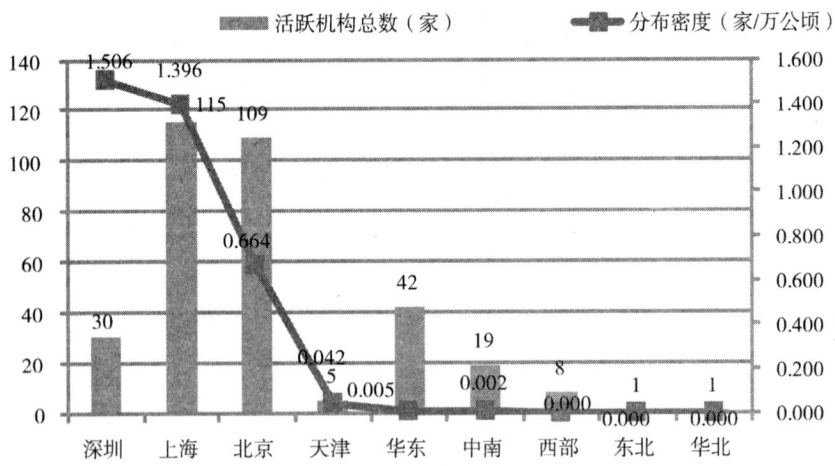

图 3.4 中国活跃风险投资机构的地区密度

四、投资项目地理分布

1999～2011 年的投资项目共计 7264 个,有 9 个项目发生地不详,321 个项目发生地在海外(中国香港、台湾、澳门,其他国家和地区)。因此,发生在中国内地的风险投资项目总数为 6934 个。其中,按地区分,北京市以 1809 个风险投资项目居全国首位,占中国内地的 26.09%,居第二位的是华东地区(江苏省、浙江省、安徽省、福建省、江西省、山东省),共 1696 个,占中国内地的 24.46%,其次是上海市,共有 1061 个项目,占中国内地的 15.30%,见图 3.5。

同样,我们对投资项目做了密度方面的考虑,计算结果见表 3.5。

表 3.5 中国风险投资项目的地区密度

地区	项目数(个)	土地面积(万公顷)	项目密度(项/万公顷)
深圳	536	19.9164	26.91
上海	1061	82.39012067	12.88
北京	1809	164.10537	11.02
天津	74	119.1731913	0.62
华东	1696	8003.010902	0.21
中南	953	10160.03979	0.09

续表

地区	项目数（个）	土地面积（万公顷）	项目密度（项/万公顷）
东北	167	7918.326337	0.02
华北	146	14902.66339	0.01
西部	492	53719.60356	0.01
总计	6934	95089.22905	

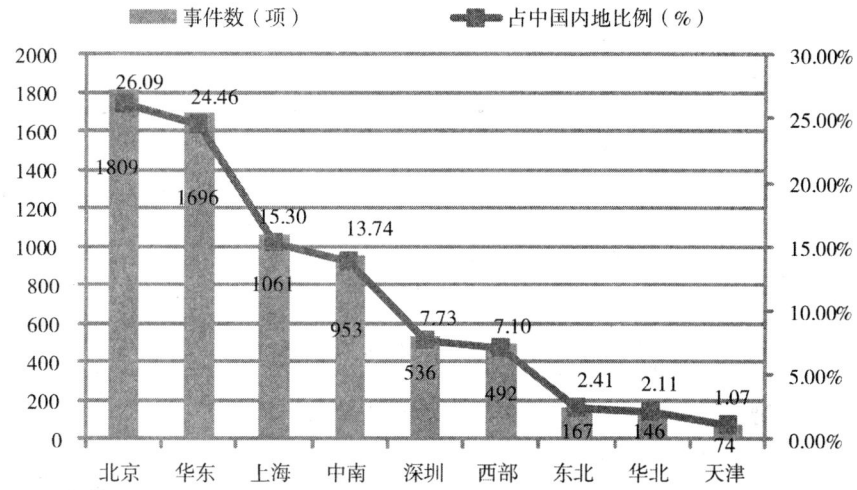

图3.5　风险投资项目的地区分布

按照项目密度来看，在中国内地发生项目的密度对比中，项目密度最大的地区是深圳市，其次是上海市，居第三位的是北京市。图3.6更直观地给出了风险投资项目的地区密度排名。

五、风险投资金额的地理分布

从数据库获得的7264个投资项目中，有2170个项目的投资金额未披露。披露投资金额的4905个项目涉及投资金额总量为1916.34亿美元，其中，373.57亿美元发生在海外。表3.6给出了中国内地风险投资金额的地区分布情况。

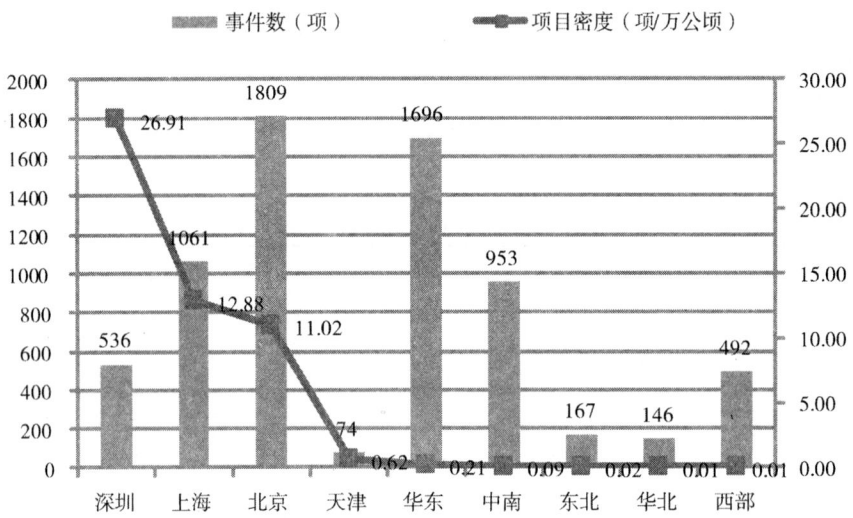

图3.6 中国风险投资项目的地区密度

表3.6 中国内地风险投资金额的地区分布

区域	总投资事件（个）	披露投资金额事件（个）	被披露比例（%）	投资金额（亿美元）	单笔投资金额（亿美元）
北京	1809	1238	68.44	597.03	0.48
天津	74	59	79.73	14.66	0.25
上海	1061	742	69.93	249.36	0.34
深圳	536	376	70.15	48.30	0.13
东北	167	126	75.45	46.12	0.37
华北	146	99	67.81	37.89	0.38
华东	1696	1207	71.17	228.82	0.19
中南	953	675	70.83	250.54	0.37
西部	492	383	77.85	68.54	0.18
中国内地	6934	4905	70.74	1541.26	2.68
N/A	9	7	77.78	1.51	0.22
海外	321	245	76.32	373.57	1.52
总数	7264	5157	70.99	1916.34	4.42

由表3.6可知，北京市投资金额为597.03亿美元，居全国首位，占中国

第三章 中国风险投资的地理聚集

内地的 38.74%。居第二位的是中南地区（河南省、湖北省、湖南省、广西壮族自治区、海南省、广东省），共 250.54 亿美元，占中国内地的 16.26%，居第三位的是上海市，目前累计投资金额为 249.36 亿美元，占中国内地的 16.18%。为更直观地显示各个地区风险资本投资金额情况，我们给出了图 3.7。

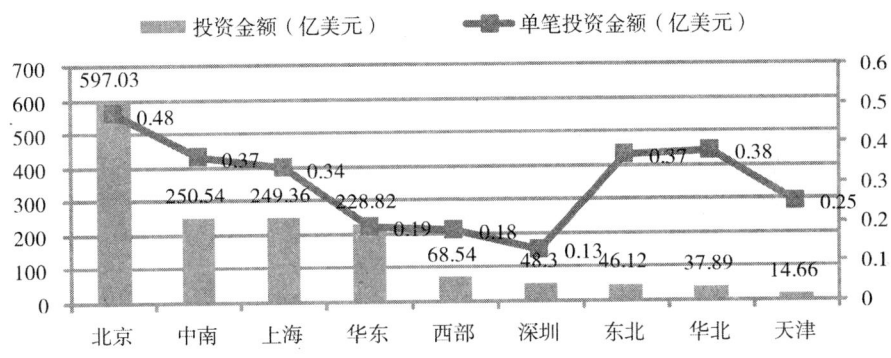

图 3.7　中国风险投资金额的地区分布

在中国内地发生的投资资金密度对比中，投资金额密度最大的地区是北京市，其次是中南地区（河南省、湖北省、湖南省、广西壮族自治区、海南省、广东省），居第三位的是上海市（见表 3.7）。

表 3.7　中国风险投资金额的地区密度

地区	投资金额（亿美元）	土地面积（万公顷）	资金密度（亿美元/万公顷）
北京	597.03	164.105	3.638
上海	249.36	82.390	3.027
深圳	48.30	19.916	2.425
天津	14.66	119.173	0.123
华东	228.82	8003.011	0.029
中南	250.54	10160.040	0.025
东北	46.12	7918.326	0.006
华北	37.89	14902.663	0.003
西部	68.54	53719.604	0.001
总计	1541.26	95089.22905	

图 3.8 更直观地表述了中国风险投资金额的地区密度。

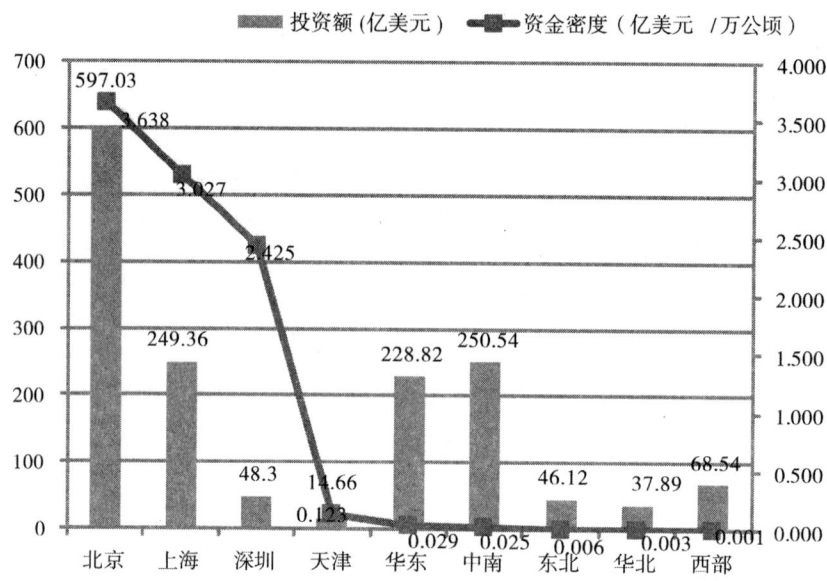

图 3.8　中国风险投资金额的地区密度

六、小结

通过以上分析，我们可知中国内地的风险投资机构主要分布在北京、华东、上海、深圳。

按活跃投资机构数量看，在中国内地，活跃机构数最多的地区是上海市，其次是北京市和华东地区（江苏省、浙江省、安徽省、福建省、江西省、山东省）。

对风险投资项目集聚地的统计结果：在中国内地，风险投资项目主要分布在北京、华东、上海地区；从项目密度统计，密度最大的地区是深圳市，其次是上海市和北京市。因此，中国风险投资项目主要分布在北京、上海、深圳及华东地区。

对风险投资资金集聚地的统计结果：投资总额最大的地区是北京，其次是上海，居第三位的是中南地区，华东地区的投资总额也较大，居第四位。按资金总额密度统计，居第一位的依然是北京市，其次是中南地区，上海市居第三位,然后为华东地区。综合两组数据分析,目前,投资总额最大的地区为北京市,其次是中南及上海地区。

第三节 地区风险投资发展指数

风险投资发展指数是指一个地区的风险投资发展的程度,从投资行为的角度来讲,风险投资是把资本投向蕴藏着失败风险的高新技术及其产品的研究开发领域,旨在促使高新技术成果尽快商品化、产业化,以取得高资本收益的一种投资过程。因此,选取了各年投资早期的项目数和各年投资于新技术行业的项目数作为分析对象。

一、计算方法与说明

通过对相关文献的参考,本章引用了 K. B. Subhash 2007 年在 The Journal of Wealth Management 发表的论文 "Geography of Venture Capital Financing: A Global Perspective" 中对风险投资地理发展指数的计算方法,方法如下:

步骤 1:计算 FI、TI、权重 WI:
FI 为各年投资早期的项目数的比例;
TI 为各年投资于新技术行业的项目数的比例;
权重 WI 为各地区投资项目的聚集度。
步骤 2:FI、TI 分别乘以权重 WI。
步骤 3:计算风险投资发展指数(VCDI):

$$VCDI = \frac{FI \times WI + TI \times WI}{2}$$

二、数据的整理及结果

各地区投资项目的聚集度,即该地区投资项目占总投资项目的比例。根据对样本数据的处理分析,得出了自 1999 年至 2011 年 9 月各年各地区项目聚集度 WI。原始数据来源于 CVSource 数据库,截至 2011 年 9 月 22 日,如表 3.8 所示。

表 3.8　各年各地区项目聚集度

单位:%

地区 年份	北京	天津	上海	深圳	东北	华北	华东	中南	西部	总计
1999	24.00	0.00	20.57	12.57	2.29	4.00	15.43	17.71	3.43	100.00
2000	28.09	0.00	17.59	13.27	2.47	2.47	16.36	14.20	5.56	100.00
2001	26.18	0.20	16.97	12.07	2.25	2.04	19.22	14.93	6.13	100.00
2002	26.06	0.31	17.11	10.99	2.83	1.88	20.09	14.76	5.97	100.00
2003	25.38	0.50	17.50	10.75	2.50	1.75	20.75	14.88	6.00	100.00
2004	26.16	0.56	18.25	9.96	2.14	1.77	20.39	14.80	5.96	100.00
2005	27.63	0.63	19.28	9.12	1.96	1.54	20.83	13.32	5.68	100.00
2006	29.54	0.50	19.46	8.93	1.75	1.55	20.76	12.08	5.44	100.00
2007	28.47	0.79	18.82	8.42	1.72	1.75	21.86	12.38	5.78	100.00
2008	27.95	0.90	17.89	8.24	2.00	1.97	22.29	12.60	6.16	100.00
2009	26.99	0.96	16.96	8.12	2.11	1.94	23.31	13.22	6.38	100.00
2010	26.30	1.00	15.92	7.89	2.36	2.09	24.23	13.37	6.84	100.00
2011	26.09	1.07	15.30	7.73	2.41	2.11	24.46	13.74	7.10	100.00

各年投资早期的项目数的比例,其中处于早期的企业是指创业领导者建立了核心创业团队,创业团队拥有技术、产品和概念,还没建立企业或者刚刚建立企业。根据对样本数据的处理分析,得出1999年至2011年9月各年各地区投资早期的项目数的比例FI。原始数据来源于CVSource数据库,截至2011年9月22日,如表3.9所示。

表 3.9　各年各地区投资早期的项目数的比例

地区 年份	北京	天津	上海	深圳	东北	华北	华东	中南	西部
1999	0.3667	0.0000	0.1667	0.2333	0.0000	0.0333	0.1000	0.0667	0.0333
2000	0.4219	0.0000	0.1094	0.1094	0.0156	0.0156	0.1563	0.0938	0.0781
2001	0.2500	0.0000	0.1875	0.1250	0.0156	0.0313	0.1875	0.1563	0.0469
2002	0.3462	0.0192	0.3077	0.0000	0.0192	0.0192	0.2115	0.0577	0.0192
2003	0.2295	0.0328	0.2951	0.0656	0.0000	0.0164	0.1475	0.1967	0.0164
2004	0.3735	0.0120	0.2771	0.0602	0.0000	0.0241	0.0964	0.1325	0.0241

续表

地区\年份	北京	天津	上海	深圳	东北	华北	华东	中南	西部
2005	0.4700	0.0000	0.2900	0.0200	0.0000	0.0000	0.1800	0.0300	0.0100
2006	0.4646	0.0000	0.1890	0.0866	0.0000	0.0079	0.2047	0.0157	0.0315
2007	0.4296	0.0141	0.2183	0.0352	0.0070	0.0000	0.1901	0.0634	0.0423
2008	0.3188	0.0145	0.1014	0.0145	0.0145	0.0000	0.3913	0.1014	0.0435
2009	0.2805	0.0000	0.0854	0.0976	0.0244	0.0122	0.2805	0.1220	0.0976
2010	0.4845	0.0206	0.1340	0.0206	0.0206	0.0309	0.1340	0.0825	0.0722
2011	0.4219	0.0000	0.1094	0.1094	0.0156	0.0156	0.1563	0.0938	0.0781

本章数据中有关新技术行业分类，是根据目前中国产业发展的状况，并参考CV数据库行业分类、《高新技术企业认定管理办法》、《国家重点支持的高新技术领域》和《高新技术企业认定管理工作指引》进行划分。包括如下细分行业：网络广告、网络游戏、电子商务、行业网站、网络社区、网络视频、电子支付、互联网其他、通信设备、移动互联网、手机游戏、无线广告、移动互联网其他、电信运营及信息传输服务、电信运营、电信运营及信息传输服务其他、电信及增值其他、软件产业、软件外包、应用软件、软件产业其他、硬件产业、半导体芯片、IT服务、导航电子地图、数字电视、光电科技、IT其他、新材料、清洁能源、太阳能、风能、生物能源、清洁能源其他、环保节能、污染监测与治理、节能设备与服务、资源回收与利用、废物及危险品治理、环保节能其他、电池与储能技术、汽车零部件、汽车行业其他、生物技术、医药行业、医疗设备、医疗服务、研发外包、医疗健康其他。

据此，我们统计出各年度技术行业投资情况，如表3.10所示。

表3.10　各年投资于技术行业的项目数的比例

地区\年份	北京	天津	上海	深圳	东北	华北	华东	中南	西部
1999	0.3529	0.0000	0.1569	0.1569	0.0000	0.0196	0.1176	0.1765	0.0196
2000	0.3628	0.0000	0.1504	0.1593	0.0177	0.0000	0.1681	0.0708	0.0708
2001	0.3196	0.0000	0.2268	0.1134	0.0206	0.0103	0.1443	0.0928	0.0722
2002	0.3511	0.0106	0.2021	0.1064	0.0532	0.0000	0.1277	0.1277	0.0213
2003	0.3053	0.0211	0.2105	0.1474	0.0105	0.0000	0.1579	0.1158	0.0316

续表

地区\年份	北京	天津	上海	深圳	东北	华北	华东	中南	西部
2004	0.3648	0.0126	0.2579	0.0629	0.0189	0.0063	0.1321	0.1006	0.0440
2005	0.3726	0.0047	0.2642	0.0802	0.0094	0.0047	0.1840	0.0519	0.0283
2006	0.4029	0.0029	0.2147	0.1029	0.0088	0.0147	0.1794	0.0382	0.0353
2007	0.3574	0.0137	0.2031	0.0801	0.0156	0.0117	0.1758	0.0898	0.0527
2008	0.3156	0.0178	0.1844	0.1200	0.0133	0.0178	0.1978	0.0867	0.0467
2009	0.3203	0.0024	0.1711	0.0954	0.0073	0.0122	0.2274	0.1198	0.0440
2010	0.3350	0.0085	0.1504	0.0684	0.0137	0.0171	0.2085	0.1265	0.0718
2011	0.3004	0.0040	0.1089	0.0645	0.0121	0.0000	0.1613	0.3004	0.0484

将整理出来的样本数据代入计算公式，得到 1999 年至 2011 年 9 月各年各地区的风险投资的地理发展指数。

表 3.11 给出了各地风险投资发展指数计算结果。图 3.9 给出了中国地区风险投资发展指数的变化状况。

表 3.11 中国各年各地区的风险投资的地理发展指数

地区\年份	北京	天津	上海	深圳	东北	华北	华东	中南	西部
1999	0.08635	0.00000	0.03328	0.02453	0.00000	0.00106	0.01679	0.02154	0.00091
2000	0.11020	0.00000	0.02285	0.01783	0.00041	0.00019	0.02653	0.01168	0.00414
2001	0.07455	0.00000	0.03516	0.01438	0.00041	0.00042	0.03189	0.01859	0.00365
2002	0.09085	0.00005	0.04362	0.00585	0.00102	0.00018	0.03408	0.01368	0.00121
2003	0.06785	0.00013	0.04424	0.01145	0.00013	0.00014	0.03169	0.02324	0.00144
2004	0.09658	0.00007	0.04881	0.00613	0.00020	0.00027	0.02329	0.01726	0.00203
2005	0.11641	0.00001	0.05343	0.00457	0.00009	0.00004	0.03790	0.00546	0.00109
2006	0.12813	0.00001	0.03928	0.00847	0.00008	0.00017	0.03987	0.00326	0.00182
2007	0.11202	0.00011	0.03967	0.00485	0.00019	0.00010	0.04000	0.00949	0.00274
2008	0.08866	0.00014	0.02558	0.00554	0.00028	0.00018	0.06564	0.01185	0.00278
2009	0.08108	0.00001	0.02176	0.00784	0.00033	0.00024	0.05918	0.01598	0.00452
2010	0.10776	0.00015	0.02265	0.00351	0.00040	0.00050	0.04151	0.01397	0.00492
2011	0.09422	0.00002	0.01670	0.00672	0.00033	0.00016	0.03883	0.02709	0.00449

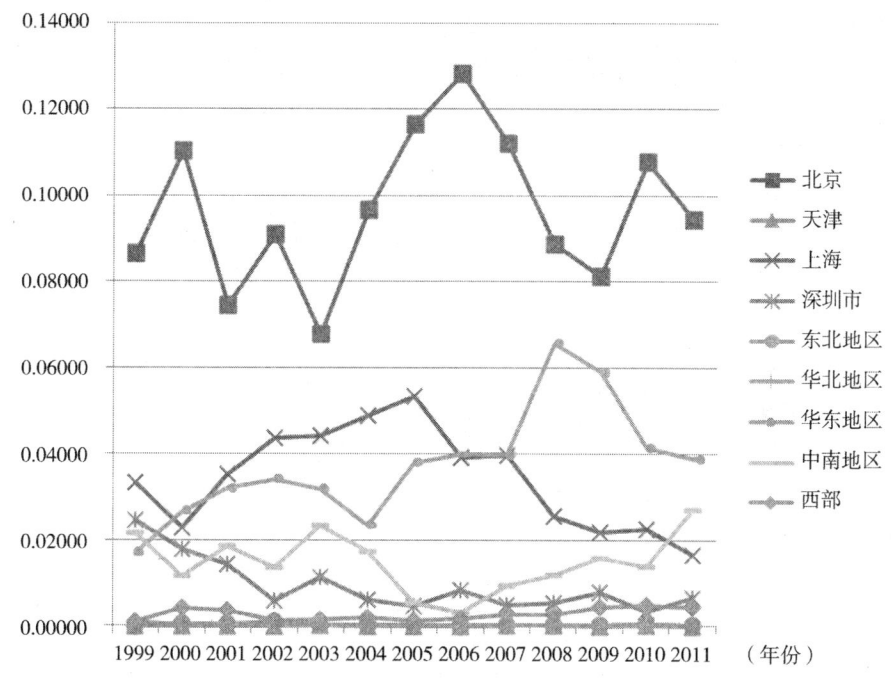

图 3.9 中国各年各地区的风险投资的地理发展指数

图 3.9 说明，风险投资地理发展指数较高的地区为北京、上海、华东、深圳及中南地区。自 1999 年以来，北京地区的风险投资发展状况明显优于其他地区，说明北京地区投资于早期高新技术行业的风险投资机构较多，因此，在北京地区的风险投资行业发展得较为成熟。上海地区的发展指数在 2006 年之前位于第二，但在 2006 年当年与华东地区发展状况持平，随后华东地区的发展指数超过了上海地区，在 2010 年上海的发展指数又低于中南地区。在机构分布密度较大的天津地区的风险投资发展指数并不是很高。

第四节　地理聚集的影响因素分析

本节采用回归分析方法，选取大学数量、科研成果、开发区数量、中介机构数量、专利数等 11 个变量作为解释变量，研究这些变量与地理分布特征的相关性。

一、变量说明及描述性统计

(一) 被解释变量

本节中被解释变量有 4 个:投资机构密度、活跃投资机构密度、投资项目数量密度和投资金额密度。4 个变量在第三节均已给出定义和描述统计。本节不再赘述。

选取密度而不是总量作为被解释变量,主要是相比之下,密度变量更加客观和准确地反映了风险投资的发展程度。

(二) 解释变量

解释变量的选取主要是借鉴近年来国内外关于风险投资地理聚集性问题的研究成果,并进行综合考虑后,选取了 11 个大类解释变量,见表 3.12。

表 3.12 解释变量

指标	简称	相关解释及假设
经济增长率	RGDP	假设经济持续增长,各年的名义经济增长率,表明经济的发展速度
高科技企业密度	QYMD	假设高科技企业是平均分布的,代表了靠科技产业的发展程度
高科技年均产值	QYJCZ	假设产值是平均分布的,表明了高科技企业发展的程度
金融从业人员密度	JRRY	假设金融从业人员是平均分布的,一个地区金融从业人员越多,表明该地区的金融环境较好
大学密度	DXMD	假设大学是平均分布的,大学数越多,代表该地区聚集的人才越多
科研人员密度	KYRMD	假设科研人员是平均分布的,科研人员的多少,反映该地区人才环境的质量
科技财政支出均值	CZZCJZ	假设科技支出是平均分布的,该支出是由政府支出的,该值可表明国家政策的倾斜度
开发区密度	KFQMD	假设开发区是平均分布的,开发区是由国家规划建设的,可表明政府对该区域高科技发展的重视程度
成果密度	CGMD	假设科技成果是平均分布的,成果数越多,科技环境越好,越有利于高科技企业的新产品研制

续表

指标	简称	相关解释及假设
专利密度	ZLMD	假设专利数是平均分布的，专利越多，科技环境越好，越有利于提高企业的竞争力
中介服务机构密度	ZJMD	假设中介机构是平均分布的，该值越大表明更有利于风险投资活动的开展

上述影响因素数据选取于国家有关部门的公开资料，具体来源我们总结在表3.13中，不再一一说明。

表3.13 解释变量数据来源

因素	来源
各地区大学数	国家教育部网站（http://www.moe.edu.cn）
各地区科研机构登记成果数	国家科技成果网（http://www.tech110.net）
各地区开发区数	中国开发区网（http://www.cadz.org.cn/index.jsp）
各地区中介机构数	法律互联（http://www.lawon.cn） 中国注册会计师协会（http://www.cicpa.org.cn） 中国资产评估协会（http://www.cas.org.cn）
各地区专利数	中华人民共和国国家知识产权局（http://www.sipo.gov.cn）
R&D 人员数 科技财政支出额 金融从业人数 高科技企业数 高科技年产值 按支出法计算的名义 GDP	国家统计局网站（http://www.stats.gov.cn）

二、模型构建

我们采用多元线性回归数学模型来进行实证分析。将第三节所统计的风险投资机构密度、风险投资项目密度和风险投资资本额密度作为因变量，影响风险投资地理聚集现象的因素作为自变量，建立多元回归模型如下：

$$Y_x = a_x + b_x dxmd + c_x R\&Drymd + d_x cgmd + e_x zlmd + f_x zjmd + g_x kfqmd + h_x kjzcmd + i_x jrcymd + j_x qymd + k_x qycz + l_x RGDP + \varepsilon$$

式中，Y_x 为被解释变量，当 x 取值为 1、2、3，依次表示风险投资机构密度、风险投资项目密度、风险投资金额密度；a_x 为常数项，是当其他变量都为 0 时，因变量的估计值；b_x、c_x、d_x、e_x、f_x、g_x、h_x、i_x、j_x、k_x、l_x 为回归系数，表示在其他变量不变的情况下，某自变量每变化一个单位而引起因变量的平均变化；dxmd、R&Drymd、cgmd、zlmd、zjmd、kfqmd、kjzcmd、jrcymd、qymd、qycz、RGDP 为解释变量，分别代表大学密度、研发人员密度、成果密度、专利密度、中介密度、开发区密度、科技支出密度、金融从业人员密度、高科技企业密度、高科技企业年产值和经济增长率；ε 是误差项，假设其服从正态分布。

三、描述性统计与相关分析结果

（一）描述性统计

表 3.14 给出了 11 个解释变量的描述性统计结果。

表 3.14　变量的描述性统计

	均值	中位数	最大值	最小值	标准差	偏度	峰度
大学密度	0.1	0.0	0.4	0.0	0.2	1.1	2.4
研发人员密度	10962	580.6	58575	29.7	19631	1.8	5.0
成果密度	29.7	2.5	134.2	0.2	45.4	1.5	4.1
专利密度	2212.6	219.6	12477.5	8.2	4090.4	2.0	5.6
中介密度	6.7	0.8	29.6	0.1	10.1	1.4	3.9
开发区密度	0.1	0.1	0.4	0.0	0.1	1.4	3.9
科技支出密度	10962	580.6	58575	29.7	19631	1.8	5.0
金融从业人员密度	1196.2	159.5	5292.1	15.1	1819.7	1.5	3.8
高科技企业密度	18.5	1.1	95.8	0.1	31.2	1.9	5.4
高科技年均产值	277128	27031	1516904	1776	492056	2.0	5.7
经济增长率	0.2	0.2	0.2	0.1	0.0	0.2	2.0

（二）相关分析

首先，我们对各个变量关系进行了检验，表 3.15 给出了检验模型中所有变量之间的相关系数分析结果。

表 3.15 变量相关系数矩阵

	dxmd	R&Dmd	cgmd	zlmd	zjmd	kfqmd	kjzc	jrcy	qymd	qyjcz	RGDP
dxmd	1.000										
R&Dmd	0.236	1.000									
cgmd	0.806	0.350	1.000								
zlmd	0.168	0.996	0.282	1.000							
zjmd	0.382	0.983	0.405	0.973	1.000						
kfqmd	0.810	0.228	0.980	0.159	0.291	1.000					
kjzc	0.236	1.000	0.350	0.996	0.983	0.228	1.000				
jrcy	0.377	0.989	0.451	0.975	0.996	0.335	0.989	1.000			
qymd	0.696	0.233	0.228	0.219	0.397	0.221	0.233	0.330	1.000		
qyjcz	0.174	0.992	0.266	0.998	0.974	0.145	0.992	0.971	0.262	1.000	
RGDP	0.176	-0.032	-0.112	0.000	0.056	-0.099	-0.032	-0.005	0.668	0.053	1.000
	dxmd	R&Dmd	cgmd	zlmd	zjmd	kfqmd	kjzc	jrcy	qymc	qyjcz	RGDP

一般来说，相关系数超过 0.9 的变量在分析时存在共线性问题，在 0.8 以上可能有共线性的问题。表 3.15 有阴影的数字代表变量的共线性，因此，我们在模型中减少解释变量的数量，保留大学密度、成果密度、金融从业人员密度、高科技企业密度和经济增长率，将模型简化为包括 5 个解释变量的简单模型。

四、多元回归结果

运用 Eviews 6.0 软件进行多元回归法分别对我国各地区风险投资机构密度、风险投资项目密度、风险投资金额密度进行回归，得出的结果如下：

（一）风险投资机构密度

回归模型如下：
$Y_1 = a_1 + b_1 dxmd + d_1 cgmd + i_1 jrcymd + j_1 qymd + l_1 RGDP + \varepsilon$
回归分析结果如表 3.16 所示。

表 3.16 风险投资机构密度回归分析结果

R – squared	0.999896	F – statistic	5757.28
Adjusted R – squared	0.999722	Prob（F – statistic）	0.000004
Variable	Coefficient	Std. Error	t – Statistic	Prob.
C	0.046611	0.70312	0.066292	0.9513
dxmd	– 8.31853 **	1.292204	– 6.437473	0.0076
cgmd	0.010991 *	0.003038	3.617635	0.0363
jrcymd	0.002743 ***	2.82E – 05	97.38928	0
qymd	0.020871 *	0.005169	4.037869	0.0273
RGDP	– 0.922604	4.420737	– 0.208699	0.848

从表 3.16 的结果可见，模型拟合程度达到了 99.98%，说明该模型能够很好地说明风险投资机构地理聚集的影响因素。

（二）活跃风险投资机构密度

回归模型如下：

$Y_2 = a_2 + b_2 dxmd + d_2 cgmd + i_2 jrcymd + j_2 qymd + l_2 RGDP + \varepsilon$

回归分析结果如表 3.17 所示：

表 3.17 活跃投资机构密度回归分析结果

R – squared	0.997658	F – statistic	255.6048
Adjusted R – squared	0.993755	Prob（F – statistic）	0.000384
Variable	Coefficient	Std. Error	t – Statistic	Prob.
C	– 0.093477	0.42366	– 0.220641	0.8395
dxmd	3.660164 *	0.778609	4.700901	0.0182
cgmd	– 0.005638 *	0.001831	– 3.079941	0.0541
jrcymd	0.000337 ***	1.70E – 05	19.82705	0.0003
qymd	– 0.010032 *	0.003114	– 3.221027	0.0485
RGDP	0.233175	2.663685	0.087538	0.9358

从表 3.17 的结果可见，模型拟合程度达到了 99.76%，说明该模型能够很好地说明活跃风险投资机构地理聚集的影响因素，回归结果有较高的解释力。同时模型通过了 F 检验，表明具有统计学意义。

(三) 风险投资项目密度

回归模型如下:

$Y_3 = a_3 + b_3 dxmd + d_3 cgmd + i_3 jrcymd + j_3 qymd + l_3 RGDP + \varepsilon$

回归分析结果如表 3.18 所示:

表 3.18 投资项目密度回归分析结果

R - squared	0.999371	F - statistic	953.394
Adjusted R - squared	0.998323	Prob (F - statistic)	0.000054
Variable	Coefficient	Std. Error	t - Statistic	Prob.
C	-0.654575	3.276051	-0.199806	0.8544
dxmd	17.10591 *	6.020775	2.841148	0.0656
cgmd	-0.06249 *	0.014156	-4.414309	0.0216
jrcymd	0.005398 ***	0.000131	41.12716	0
qymd	-0.016634	0.024083	-0.690714	0.5394
RGDP	1.274838	20.59757	0.061893	0.9545

从表 3.18 的结果可见,模型拟合程度达到了 99.93%,说明该模型能够很好地说明风险投资项目地理聚集的影响因素,回归结果有较高的解释力。同时模型通过了 F 检验,表明具有统计学意义。

(四) 风险投资金额密度

回归模型如下:

$Y_4 = a_4 + b_4 dxmd + d_4 cgmd + i_4 jrcymd + j_4 qymd + l_4 RGDP + \varepsilon$

回归分析结果如表 3.19 所示:

表 3.19 投资金额回归分析结果

R - squared	0.996298	F - statistic	161.4771
Adjusted R - squared	0.990128	Prob (F - statistic)	0.000762
Variable	Coefficient	Std. Error	t - Statistic	Prob.
C	-0.397157	1.287296	-0.30852	0.7779
dxmd	14.97229 **	2.365812	6.328604	0.008
cgmd	-0.028577 *	0.005563	-5.137387	0.0143

续表

jrcymd	0.000567 **	5.16E − 05	11.0021	0.0016
qymd	− 0.016266	0.009463	− 1.718911	0.1841
RGDP	1.417452	8.093636	0.175132	0.8721

从表 3.19 的结果可见，模型拟合程度达到了 99.62%，说明该模型能够很好地说明风险投资金额地理聚集的影响因素，回归结果有较高的解释力。同时模型通过了 F 检验，表明具有统计学意义。

五、对分析结果的解释

从回归分析结果可以得知：影响风险投资地理分布的最主要的因素是大学密度，其影响程度是各个变量中最高的，远远高于其他变量的影响程度。

在模型 1 中，大学密度的回归系数 $b_1 < 0$，也就是说大学密度的回归系数为负数，大学密度与风险投资机构密度负相关。这似乎暗示：一个地区的大学密度越高，其风险投资机构聚集的现象反而越不显著。

在模型 2 中，大学密度的回归系数 $b_2 > 0$，说明大学密度与活跃风险投资机构密度正相关，这说明一个地区的大学密度越高，活跃风险投资机构就更容易聚集在此地区。大学密度高说明代表了该地区的人才环境好，更有利于产生创新创业者，从而风险投资更容易寻找新项目。

在模型 3 中，大学密度的回归系数 $b_3 > 0$，即大学密度正向影响风险投资项目密度，该系数高达 17，说明影响作用非常大。这说明一个地区的大学密度越高，其风险投资项目的数量就越多。

在模型 4 中，大学密度的回归系数 $b_4 > 0$，即大学密度正向影响风险投资金额密度。该系数高达 14，说明其影响作用非常大。这说明一个地区的大学密度越高，其风险投资金额就越高。

模型 1 和模型 2 的结果看似矛盾，其实不然。反向的结果说明了风险投资机构的选址还要考虑其他一些重要因素，例如政府的税收政策和吸引投资的政策。如果政府的政策有利于风险投资的发展，在大学密度较小的地区仍然可以有更多的风险投资机构。但是，风险投资的内在规律是，选择地域接近的企业进行投资，因此，大学密度与活跃风险投资机构的密度高度正相关。

成果密度、金融从业人员密度和企业密度对风险投资积聚有一定影响，但是回归系数非常小，可以认为这些因素对风险投资积聚现象的影响程度有限。

所有的模型都表明,经济增长速度与风险投资没有显著关系。也许,经济增长速度更应该被看作是风险投资活动的一个结果变量,这有待进一步的研究来进行验证。

第五节 本章小结

本章研究发现:

(1)单从风险投资机构数量分布看,北京、上海、华东、深圳和天津5个地区是中国风险投资最为发达的地区。但考虑风险投资机构密度,深圳、上海和北京才是中国风险投资的中心地区。尽管深圳风险投资总量少于北京和上海,在深圳创业是最容易得到风险资本投资的。

(2)虽然天津的风险投资机构数在2007年以来有明显的增加,但结合风险投资项目及金额来看,天津地区风险投资聚集现象并不是那么的明显。天津风险投资机构数量众多,说明地方政府可以通过一系列的政策促进风险投资机构落户,但并不能促使机构投资于该区域。

(3)华东区域风险投资机构和投资项目数都位居第二。这与该地区的经济总量和活跃的民间资本分不开。

(4)大学密度是影响风险投资地理分布的最重要因素。科技成果密度、研发人员密度、高新技术企业密度与风险投资机构聚集现象为正相关,但影响程度较轻。这暗示,重视高等教育可以为一个地区经济发展带来长远的好处。

参考文献

[1] Leinbanch S., Anirhein D. Entrepreneurial Ability, Venture Investments and Risk Sharing [J]. Management Science, 1990 (10): 1232 – 1245.

[2] Schwarz Dafna, Bar – El Raphael. Venture Investments in Israel – a Regional Perspective [J]. European Planning Studies, 2007, 15 (5): 623 – 644.

[3] Colin M. Mason, Richard T. Harrison. The Geography of Venture Capital Investments in the UK [J]. Transactions of the Institute of British Geographers, 2002, 27 (4): 427 – 451.

[4] 李松涛,余自由. 风险投资发展的区域环境分析——兼论北京、深

圳、上海三地发展风险投资的路径选择［J］. 科技进步与对策，2000（7）：75－77.

［5］刘卫东，刘超. 风险投资区域分布性研究［J］. 技术经济，2005（11）：60－61.

［6］陈工孟，蔡新颖. 中国风险投资发展的区域差异研究［J］. 证券市场导报，2009（5）：4－8.

［7］Bygrave William D., Timmons Jeffry. A Venture Capital at the Crossroads［M］. Boston：HBS Press，1992：56－58.

［8］Astrid Romain, Bruno Van P. The Determinants of Venture Capital：A Panel Data Analysis of 16 OECD Countries［J］. Journal of Corporate Finance，2003，4（2）：41－89.

［9］苏启林. 创业投资政府支持政策设计：国际经验与中国抉择［M］. 北京：经济科学出版社，2004：78－80.

［10］蔡莉，于晓宇，杨隽萍. 科技环境对风险投资支撑作用的实证研究［J］. 管理科学学报，2007，10（4）：73－80.

［11］崔毅，陈悦林，张晨. 风险投资区域集聚支持环境综合评价及差异分析［J］. 科技管理研究，2011（2）：70－73.

［12］K. B. Subhash. Geography of Venture Capital Financing：A Global Perspective［J］. The Journal of Wealth Management，2007，9（4）：13－28.

［13］蔡莉，朱秀梅，孙开利. 我国风险投资区域聚类研究［J］. 管理学报，2004，1（2）：195－198.

［14］豆建明，赵霞. 基于区间层次分析法的区域风险投资发展状况综合评价［J］. 科技进步与对策，2009，26（13）：118－122.

第四章 活跃风险投资机构特征与IPO绩效

本章研究风险投资机构特征与投资绩效的关系。为了更具有信服力，我们选取活跃风险投资机构作为研究对象，对其基本特征和绩效进行描述。通过CVSource数据库导出中国风险投资机构进行的投资事件，按照投资事件数的多少排序，挑选出事件数大于等于6个的357家机构为活跃的投资机构。我们对活跃投资机构的存续时间、核心团队规模、所募集基金的数量以及资本规模做了详细统计，并研究这些特征与绩效的关系。

我们发现活跃投资机构注册地主要集中于北京市、上海市和广东省，注册类型主要是有限责任公司，存续时间多数超过10年。中资和外资VC类型机构的核心管理团队规模较小，集中于5人以下，其他类型的机构管理团队规模主要在5~10人，VC/PE类型的机构管理的资金规模较大，VC机构管理的资金规模相对较小。

在各种类型的投资机构中，VC/PE类型的风险投资机构IPO退出绩效高于其他类型的机构；外资类型的风险投资机构，其IPO退出绩效高于中资和中/外资类型的机构；风险投资机构IPO退出绩效与其管理资金规模无显著的相关关系；风险投资机构IPO退出绩效与机构存续时间呈正相关，但是相关关系不是十分的明显；上海、深圳作为我国经济发达地区，其机构IPO退出绩效要高于其他地区机构的IPO退出绩效。

第一节 活跃投资机构的界定及组成

截至2011年9月22日，CVSource股权投资数据库共收录投资机构3127家，其中大部分投资机构投资事件都很少。本章研究其中的活跃投资机构特征。

一、活跃投资机构的界定

从 CVSource 数据库中导出的投资机构样本包含了 3127 家机构。涉及的投资事件数量如表 4.1 所示：

表 4.1 风险投资机构投资事件统计

单位：个

		最大投资事件	最小投资事件	平均投资事件	合计
VC	中资	298	0	1.75	2344
	外资	80	0	5.55	1808
	合资	139	0	10.10	919
	全部			2.88	5071
PE	中资	56	0	1.45	888
	外资	79	0	3.62	951
	合资	77	0	4.54	372
	全部			2.31	2211
VC/PE	中资	86	0	3.47	719
	外资	88	0	9.74	750
	合资	296	0	23.43	984
	全部			7.52	2453
全部				3.15	9858

从表 4.1 可以看出，VC 机构的平均投资事件只有 2.88 个，PE 机构平均投资事件只有 2.31 个，VC/PE 机构的平均投资事件为 7.52 个，全部机构的平均投资事件为 3.15 个。

为了划定活跃风险投资机构的标准，我们进行了试算。图 4.1 是设定投资数量为 6 个和 20 个时投资机构数量和投资事件数量之间的累积关系。

我们发现，投资事件数量超过 6 个的风险投资机构只有 357 家，占风险投资机构总数的 11.42%，投资事件却占全部投资事件数量的 79.98%，由此认定投资数量超过 6 个的投资机构为活跃风险投资机构。

同时，我们还发现，投资事件数量超过 20 个的风险投资机构剩下 110 家，占总数的 3.52%，这些投资机构的投资事件之和占总投资事件的

54.49%。我们将投资事件总数超过 20 个的投资机构认定为特别活跃投资机构。

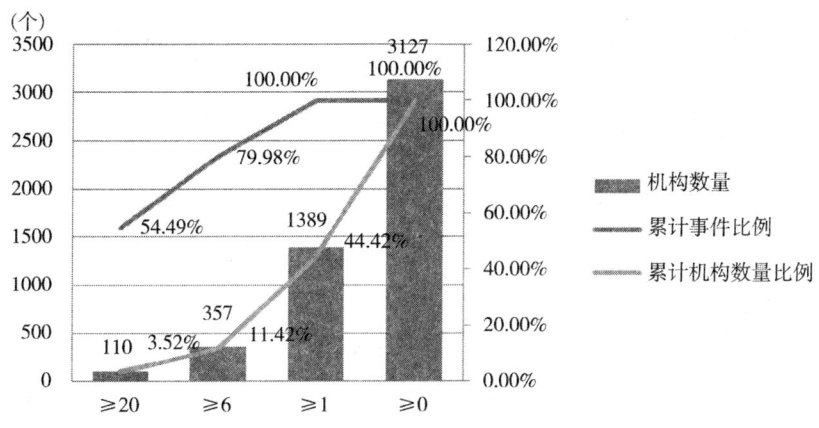

图 4.1　机构投资事件分布统计

二、活跃投资机构组成

表 4.2 列出了各类风险投资机构中活跃投资机构和特别活跃投资机构的数量。

表 4.2　投资机构分类型的投资事件数分布

类型		≥20	≤6；<20	≥1；<6	0 或没披露
VC	中资	16	85	399	843
	外资	25	45	180	76
	合资	10	11	22	48
	全部	51	141	601	967
PE	中资	8	35	158	413
	外资	10	34	119	100
	合资	5	8	18	51
	全部	23	77	295	564

续表

类型		≥20	≤6；<20	≥1；<6	0 或没披露
VC/PE	中资	10	11	74	112
	外资	13	9	35	20
	合资	12	4	4	22
	全部	35	24	113	154
全部		109	242	1009	1685

注：6家机构相关数据缺失，不能确定其中外资情况。因此此表中特别活跃机构为109家，活跃投资机构总数为351家。

在数据库中，有843家中资VC机构、413家中资PE机构和112家中资VC/PE机构没有披露投资事件，或者投资事件数量为0。

根据我们的数据统计，活跃风险投资机构的类型分布如图4.2所示。

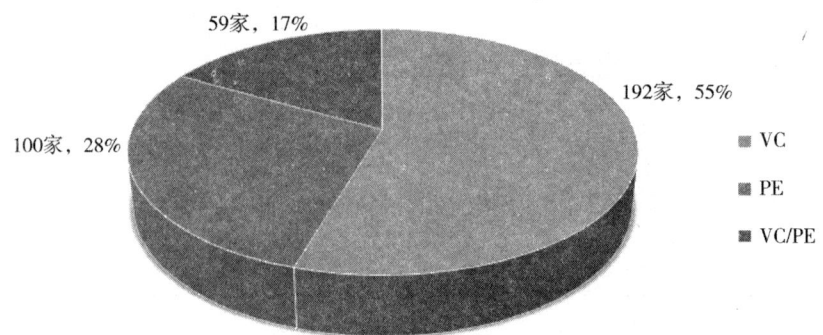

图 4.2 活跃风险投资机构的类型分布

由图4.2可见，活跃风险机构中VC机构数量最多，PE机构次之，而VC/PE混合类型的最少。

图4.3进一步给出了活跃风险投资机构按资本来源的分布。

图4.3表明，活跃的风险投资机构中，中资VC最多，有101家；其次是外资VC，有70家。

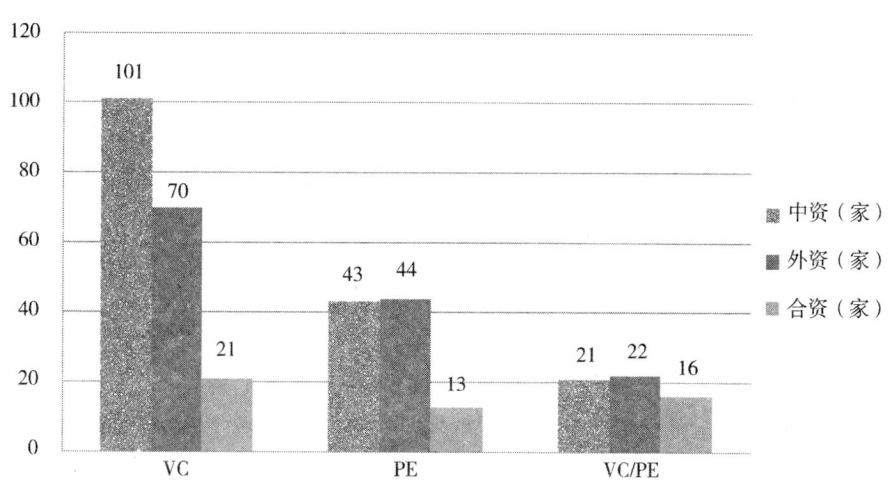

图 4.3 活跃风险投资机构组成

三、特别活跃风险投资机构的组成

109 家特别活跃风险投资机构的类型如图 4.4 所示。

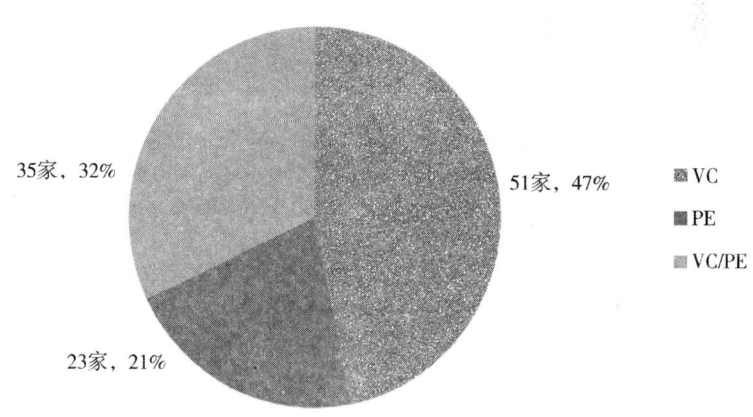

图 4.4 特别活跃风险投资机构的类型

特别活跃风险投资机构中，仍然是 VC 性质的投资机构最多，为 51 家，所占比例为 47%；VC/PE 性质的风险投资机构所占比例为 32%，位居第二；最少的是仅从事 PE 性质的投资机构，所占比例为 21%。

图 4.5 给出了特别活跃风险投资机构按照资本来源情况的分布，与活跃

投资机构的分布不同的是，外资特别活跃风险投资机构的数量最多，比中资多9家。

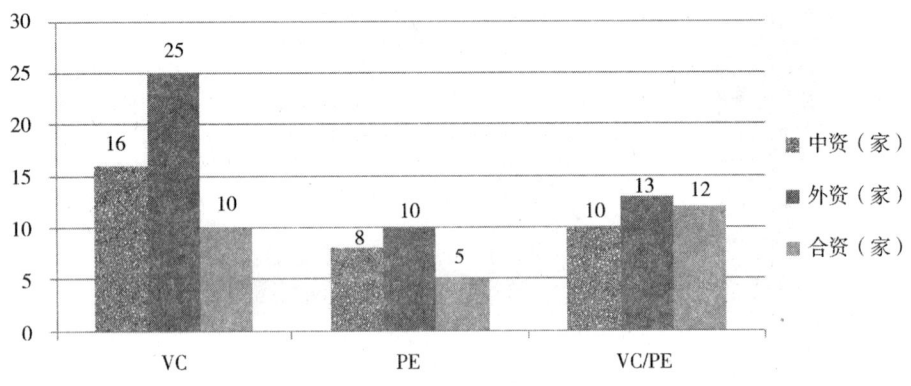

图 4.5　特别活跃风险投资机构组成

第二节　存续时间和管理团队

风险投资机构的存续时间和管理团队构成了风险投资机构的另一个重要特征，历史悠久且团队经验丰富的风险投资机构往往被称为老牌风险投资机构。

一、存续时间

我们以数据库中公开的机构成立时间为依据，计算该机构的存续时间。存续时间指的是机构成立以来到 2011 年 9 月所持续的时间。由于有 24 家投资机构没有成立时间信息，我们对存续时间的分析样本数量为 323 家。

（一）总体分布

活跃风险投资机构存续时间的分布如图 4.6 所示。

由图 4.6 可以看出，存续时间在 10 年以上的机构为 192 家，所占比例为 57%。成立时间少于 5 年的风险投资新锐共 69 家，所占比例为 21%。

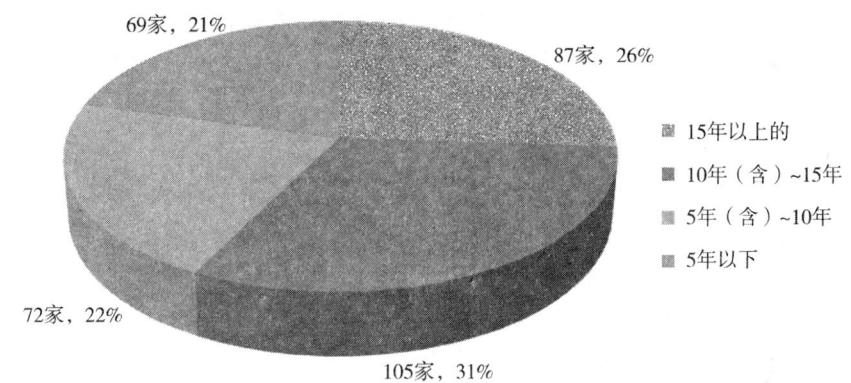

图 4.6　活跃风险投资机构存续时间分布

进而，我们对特别活跃的风险投资机构的存续时间做了分析，如图 4.7 所示。

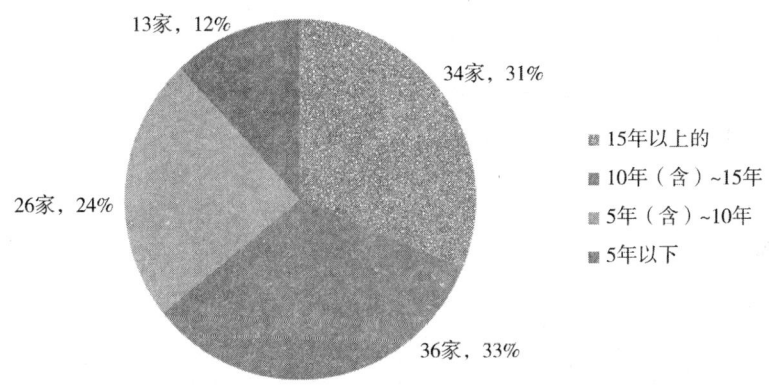

图 4.7　特别活跃风险投资机构存续时间分布

图 4.7 表明，成立 10 年以上的特别活跃风险投资机构所占比例为 64%，存续 10 年以下的机构所占比例为 36%，5 年以下的机构所占比例仅为 12%。由此可见，新锐投资机构能够进入特别活跃投资机构行列非常困难。

（二）按机构类型分类的存续时间分布对比

357 家活跃机构中，有 6 家机构的类型未知；13 家 VC 机构、7 家 PE 机构以及 2 家 VC/PE 机构成立时间未知。

图4.8和图4.9分别给出了各类活跃风险投资机构和特别活跃风险投资机构的存续时间分布。

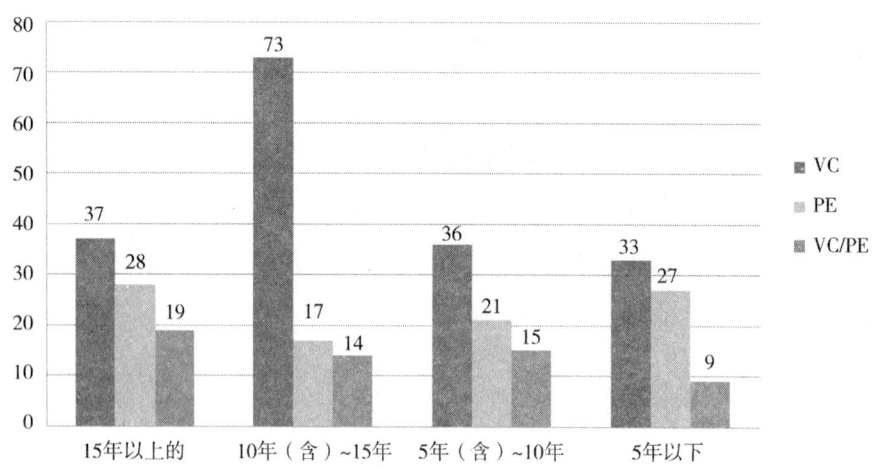

图4.8 各类活跃风险投资机构存续时间分布

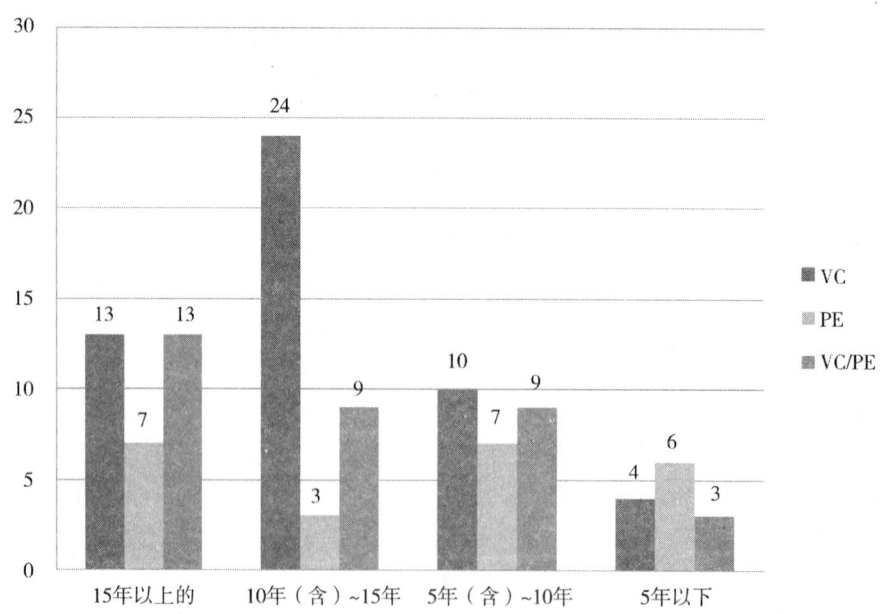

图4.9 特别活跃风险投资机构分类型的存续时间分布

由两图可以直观地看出，不论是活跃风险投资机构还是特别活跃风险投资机构，对于 VC 机构来说，其存续时间为 10～15 年的机构数量最多；对于 PE 机构来说，存续时间为 15 年以上和 10 年以下的机构数量较多。而对于 VC/PE 机构来说，存续时间为 15 年以上的机构数量最多。

（三）按资金来源分类的存续时间分布

表 4.3 和表 4.4 给出了活跃风险投资机构和特别活跃风险投资机构按照资金来源分类后的分布情况。我们发现了有意思的结果：对于 VC 机构而言，中资风险投资机构的存续时间 10～15 年的机构数量最多，而外资风险投资机构存续时间 15 年以上的机构数量最多。这一结果对于 VC/PE 机构和外资 PE 机构也同样适用，但对内资 PE 机构并不适用。

表 4.3　不同资金来源的活跃风险投资机构存续时间分布

		15 年以上	10 年（含）～15 年	5 年（含）～10 年	5 年以下
VC	中资	9	44	16	23
	外资	27	19	13	8
	合资	1	10	7	2
	全部	37	73	36	33
PE	中资	8	8	5	21
	外资	19	8	10	2
	合资	1	1	6	4
	全部	28	17	21	27
VC/PE	中资	2	7	5	7
	外资	12	2	6	0
	合资	5	5	4	2
	全部	19	14	15	9

表 4.4　不同资金来源的特别活跃风险投资机构存续时间分布

		15 年以上	10 年（含）～15 年	5 年（含）～10 年	5 年以下
VC	中资	1	12	1	2
	外资	12	6	6	1
	合资	0	6	3	1
	全部	13	24	10	4

续表

		15 年以上	10 年（含）~15 年	5 年（含）~10 年	5 年以下
PE	中资	0	1	3	4
	外资	6	1	1	2
	合资	1	1	3	0
	全部	7	3	7	6
VC/PE	中资	2	4	3	1
	外资	9	0	3	0
	合资	2	5	3	2
	全部	13	9	9	3

二、核心管理团队特征

我们选取投资机构的核心管理团队作为研究对象。所谓核心管理团队，我们特指投资机构的合伙人及副总经理以上级别的团队成员。

（一）管理团队规模总体分布

357 家活跃的投资机构中，核心管理团队数据缺失的有 27 家机构，我们的有效数据为 330 个。核心管理团队规模最大的为 37 人，最小的为 1 人。具体分布如图 4.10 所示。

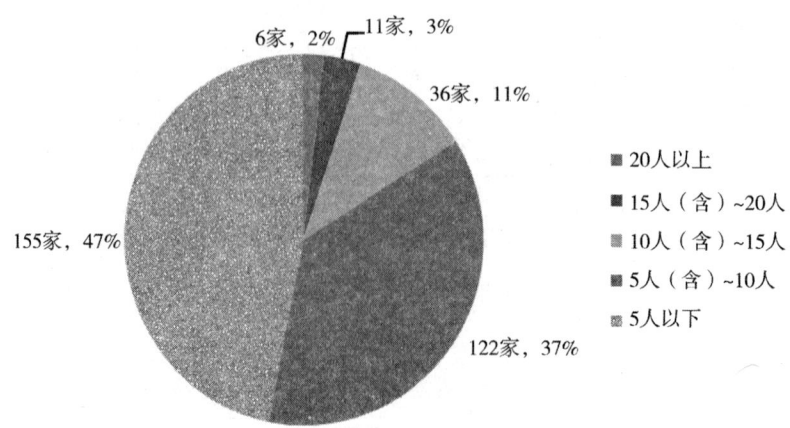

图 4.10　活跃风险投资机构核心团队规模

第四章　活跃风险投资机构特征与IPO绩效

由图4.10可见，活跃风险投资机构核心管理团队的规模主要集中在10人以下，其中，5人以下的机构最多，有155家，占总量的47%；5~10人的机构有122家，占总量的37%；20人以上的仅有6家，占总量的2%。

进而，我们又统计了110家特别活跃的风险投资机构，管理团队规模最大的为22人，最小的为1人。具体分布如图4.11所示。统计结果显示，特别活跃的投资机构的管理团队规模分布与活跃的投资机构出现了较大的差异，管理团队规模在5~10人的团队最多，有49家，占总量的45%；其次是10~15人的团队，有25家，占总量的23%；5人以下团队的有24家，占总量的22%。这说明，特别活跃的风险投资机构在核心团队规模方面有所扩大。

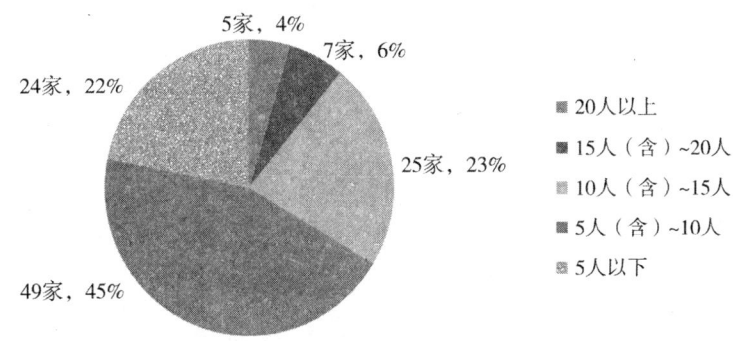

图4.11　特别活跃的投资核心团队规模分布

（二）按机构类型分类的核心管理团队规模分布

活跃的投资机构中，机构类型缺失的有6家，核心管理团队信息缺失的有27家，该项统计中，有效样本数量为324家。图4.12给出了各类活跃风险投资机构管理团队人数分布。

以上的统计显示，活跃的VC类型的风险投资机构核心团队规模在5人以下的最多，为102家；而PE和VC/PE类型的风险投资机构核心团队规模在5~10人的最多，分别为56家和39家。

特别活跃的投资机构中，机构类型缺失的有1家，有效样本为109家，其核心团队规模分布如图4.13所示。

与活跃风险投资机构分布特征不同，VC、PE、VC/PE三种类型的风险投资机构管理团队规模在5~10人的机构均为最多，仅有2家PE类型的机构管理团队规模在5人以下；PE和VC/PE类型的机构管理团队规模在10~15

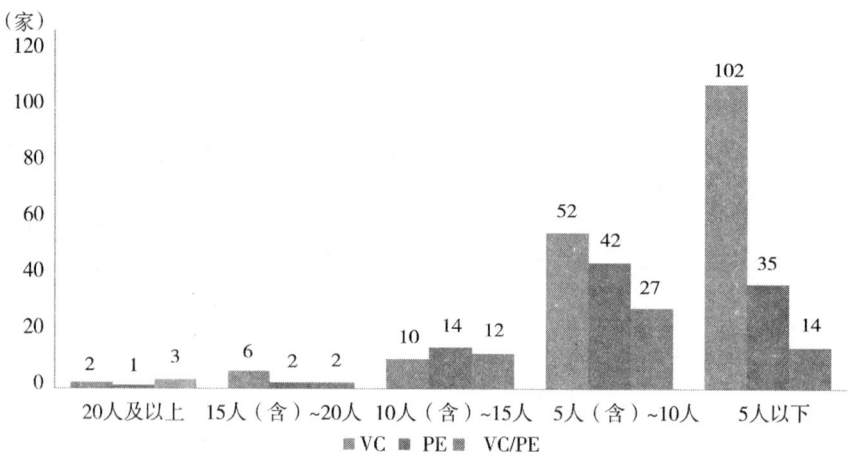

图 4.12 活跃投资按类型分类的核心团队规模分布

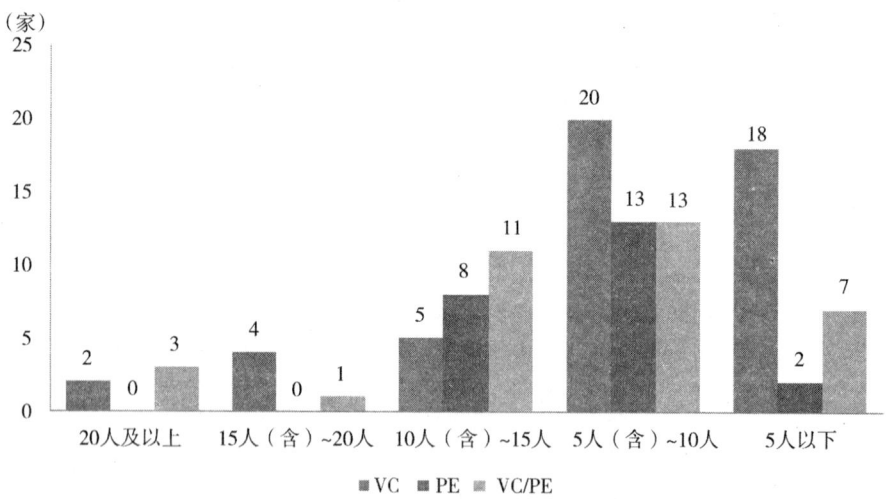

图 4.13 特别活跃投资按类型分类的核心团队规模分布

人的机构也较多。

(三) 按机构资金来源的管理团队规模

表 4.5 和表 4.6 分别给出了活跃中外资风险投资机构和特别活跃的核心管理团队规模分布。

两表显示了活跃风险投资机构和特别活跃风险投资机构管理团队都比较

小，在 VC 类型投资机构中，中资管理团队 5 人以下的最多，有 61 家，5~10 人的次之，有 21 家，外资机构管理团队同样是 5 人以下最多，5~10 人的次之，而对于 PE 类型的投资机构，中资风险投资机构仍然具有这一特征，但外资风险投资机构管理团队分布发生了变化，5~10 人的团队要多于 5 人以下的团队。这暗示着外资机构分权管理的思想。

表 4.5 中外资活跃风险投资机构核心管理团队规模分布

单位：家

		20 人以上	15 人（含）~20 人	10 人（含）~15 人	5 人（含）~10 人	5 人以下
VC	中资	0	1	0	21	61
	外资	1	2	6	23	38
	合资	1	3	4	8	3
	全部	2	6	10	52	102
PE	中资	0	0	4	16	20
	外资	1	1	5	20	14
	合资	0	0	5	6	1
	全部	1	2	14	42	35
VC/PE	中资	0	0	2	13	5
	外资	1	0	4	9	8
	合资	2	2	6	5	1
	全部	3	2	12	27	14

表 4.6 特别活跃风险投资机构按照资金来源分类的核心管理团队规模分布

单位：家

		20 人及以上	15 人（含）~20 人	10 人（含）~15 人	5 人（含）~10 人	5 人以下
VC	中资	0	1	0	9	13
	外资	1	1	3	8	5
	合资	1	2	2	3	0
	全部	2	4	5	20	18
PE	中资	0	0	2	5	1
	外资	0	0	2	7	1
	合资	0	0	4	1	0
	全部	0	0	8	13	2

续表

VC/PE		20人及以上	15人(含)~20人	10人(含)~15人	5人(含)~10人	5人以下
	中资	0	0	2	5	3
	外资	1	0	3	6	3
	合资	2	1	6	2	1
	全部	3	1	11	13	7

第三节 管理基金数量与规模

一、管理基金数量

(一) 总体分布

由于有68家机构此项数据缺失,我们研究管理基金数量的有效样本容量为289只。数据显示,289家活跃风险投资机构共管理着1104只基金,平均每家机构管理3.8只基金。管理基金的只数分布如图4.14所示。

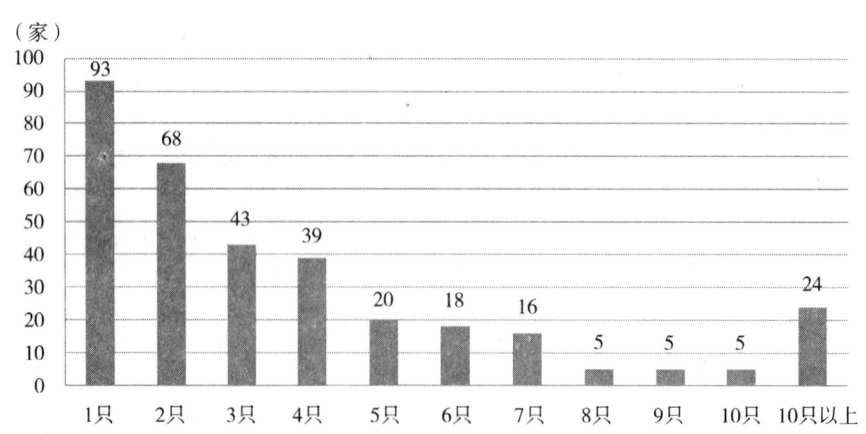

图 4.14 活跃风险投资机构管理基金的数量分布

通过统计可以看出,管理基金数量为1只的机构最多,有93家;管理2只以上基金的机构数量合计为243家,管理基金数量在5只以上的机构共93

家，管理基金数量在 10 只以上的机构有 29 家。

在特别活跃的 110 家风险投资机构中，管理基金数量缺失的有 9 家机构，因此此项统计的有效样本容量为 101，101 家机构共管理着 660 只基金，平均每家机构管理 6.5 只基金。管理基金数量的具体分布如图 4.15 所示。

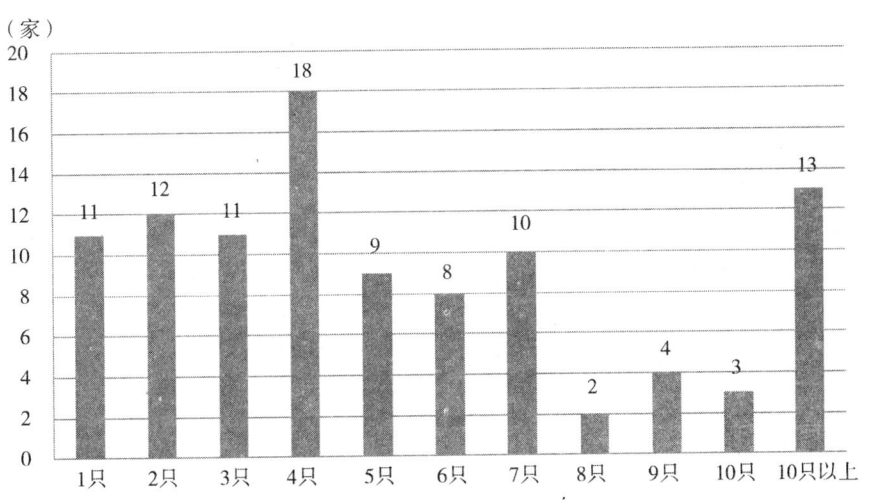

图 4.15 特别活跃的风险投资机构管理基金数量分布

与活跃风险投资机构不同，特别活跃的投资机构中，管理基金数量为 4 只的机构最多，有 18 家；管理基金数量为 10 只以上的有 16 家，在中国，管理 10 只以上的特别活跃风险投资机构可以被称为"巨无霸"风险投资机构。

（二）按照机构类型分类的管理基金数量分布

按照 VC、PE、VC/PE 分类后，我们可以了解风险投资机构管理基金数量更加详细的特点。

从图 4.16 看出，管理基金数量为 1 只的 VC 类型活跃风险投资机构最多，有 58 家，管理基金数量越大，机构的家数越少。这一规律对于 PE 机构同样适用。而 VC/PE 机构不同，管理 2 只基金的有 9 家，多于管理 1 只基金的 6 家。

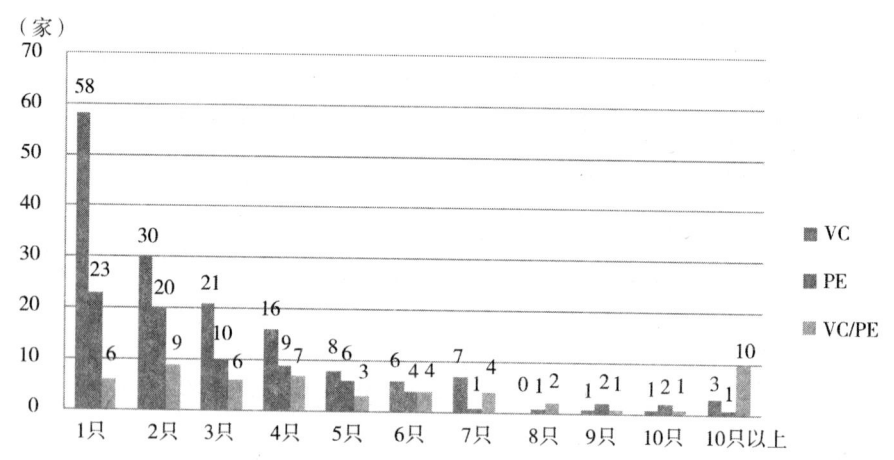

图 4.16 不同类型的活跃风险投资机构管理基金数量分布

在特别活跃的 109 家风险投资机构中，管理 4 只基金的 VC 类型机构最多，管理 2 只基金的 PE 类型机构最多，管理 10 只以上的 VC/PE 机构最多。具体分布如图 4.17 所示。

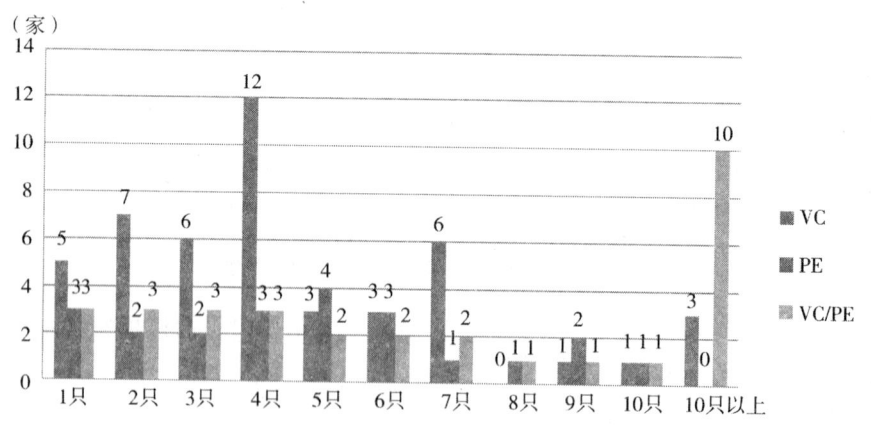

图 4.17 不同类型的特别活跃投资机构管理基金数量分布

（三）按照资金来源分类的管理基金数量分布

活跃的 357 家机构，管理基金数量缺失的有 68 家，其中中资机构缺失 35 家，外资机构缺失 32 家，合资机构缺失 1 家。具体分布如表 4.7 所示。

表4.7 活跃的投资机构按照资金来源分类的管理基金数量分布

单位：家

基金数量（只）		1	2	3	4	5	6	7	8	9	10	10以上
VC	中资	30	16	10	6	4	6	2	0	0	1	2
	外资	24	24	10	8	1	0	2	0	0	0	0
	合资	4	5	1	2	3	0	3	0	1	0	1
	全部	58	30	21	16	8	6	7	0	1	1	3
PE	中资	15	8	3	3	2	0	1	0	1	0	0
	外资	6	7	7	5	3	2	0	1	0	2	0
PE	合资	2	5	0	1	1	2	0	0	1	0	1
	全部	23	20	10	9	6	4	1	1	2	2	1
VC/PE	中资	4	2	3	2	1	1	1	0	0	0	5
	外资	2	6	1	3	1	1	2	0	0	0	1
	合资	0	1	2	2	1	2	1	1	1	1	4
	全部	6	9	6	7	3	4	4	2	1	1	10

表4.7显示，中资VC机构的管理基金数量主要集中于5只以下，外资VC机构与中资机构类似，主要集中于5只以下。

特别活跃的110家机构，机构类型未知的有1家，管理基金数量缺失的有9家，其中中资机构缺失3家，外资机构缺失6家。具体分布如表4.8所示。

表4.8 特别活跃的投资机构按照资金来源分类的管理基金数量分布

单位：家

基金数量（只）		1	2	3	4	5	6	7	8	9	10	10以上
VC	中资	1	2	0	4	0	3	1	0	0	1	2
	外资	4	4	6	6	1	0	2	0	0	0	0
	合资	0	1	0	2	2	0	3	0	1	0	1
	全部	5	7	6	12	3	3	6	0	1	1	3
PE	中资	2	2	0	1	1	0	1	0	1	0	0
	外资	1	0	2	1	2	1	0	1	0	1	0
	合资	0	0	0	1	1	2	0	0	1	0	0
	全部	3	2	2	3	4	3	1	1	2	1	0

续表

基金数量（只）		1	2	3	4	5	6	7	8	9	10	10以上
VC/PE	中资	2	1	0	1	0	0	0	0	0	0	5
	外资	1	2	1	2	1	1	1	0	0	0	1
	合资	0	0	2	0	1	1	1	1	1	1	4
	全部	3	3	3	3	2	2	2	1	1	1	10

二、管理资金规模分布

本节中，我们统计分析活跃风险投资机构的管理资金规模。基金数量说明了风险投资机构募集新基金的能力，与风险投资机构的历史投资业绩有关。由于每只基金的规模可能有大有小，基金数量多并不一定管理资金的规模就大。为了方便比较，我们将人民币基金换算成美元做比较，汇率选取为1美元兑换6.383元人民币。

（一）总体分布

由于活跃的357家风险投资机构中有85家未披露管理资金规模，也无法计算出所有基金规模之和，因此，本节统计数据仅涉及272家机构，这272家机构所管理的资金总量为11047.75亿美元，平均每家机构管理的资金规模为40.6亿美元。我们将管理资金总量分为5个等级，图4.18给出了管理资金规模的分布情况。

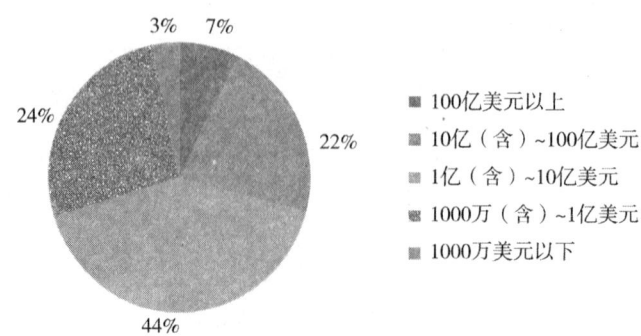

图4.18 活跃风险投资机构管理资金规模分布

由图 4.18 可以看出,管理的资金介于 1 亿~10 亿美元的机构最多,有 120 家,占 44%;其次是管理资金介于 1000 万与 1 亿美元之间的,有 64 家,占 24%;管理资金低于 1000 万美元的活跃机构最少,仅有 9 家,占 3%。

特别活跃的 110 家风险投资机构中,有 11 家无法统计出管理资金的总量。剩余的 99 家机构管理资金总量为 6110.95 亿美元,平均每家特别活跃风险投资机构管理的资金为 61.7 亿美元。图 4.19 给出了特别活跃风险投资机构的管理资金规模分布情况。

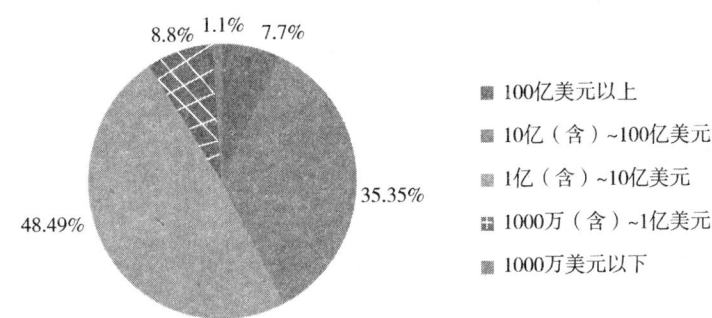

图 4.19 特别活跃风险投资机构管理资金规模分布

由图 4.19 可以看出,特别活跃风险投资机构中管理资金规模在 1 亿~10 亿美元的机构数量最多,有 48 家,占 48.49%,其次是 10 亿~100 亿美元的机构,有 35 家,占 35.35%,两者合计约占 84%。这与活跃风险投资机构管理资金特征类似。这个特征暗示着特别活跃风险投资机构并非依靠规模取胜。

(二) 按照机构类型分类的管理资金规模分布

进一步,我们研究不同类型风险投资机构管理资金总量的差异。活跃 VC 机构中,140 家披露了管理资金金额,管理资金总量为 1037.57 亿美元,平均每家活跃 VC 机构管理资金为 7.4 亿美元,而在活跃的 PE 机构中,有 76 家披露了管理资金金额,管理资金总量为 4098.41 亿美元,平均每家活跃 PE 机构管理资金为 53.9 亿美元。活跃的 VC/PE 机构中,51 家披露了管理资金总额,管理资金总量为 5555.52 亿美元,平均每家管理资金 108.9 亿美元。

图 4.20 给出了各类活跃风险投资机构管理资金的分布情况。

从图 4.20 看出,活跃的三种类型的机构均为管理资金介于 1 亿到 10 亿美元的机构最多,但居第二位的有所不同。VC 类型的风险投资机构位居第二的 1000 万到 1 亿美元的这一区间,而 PE 和 VC/PE 类型的风险投资机构管理

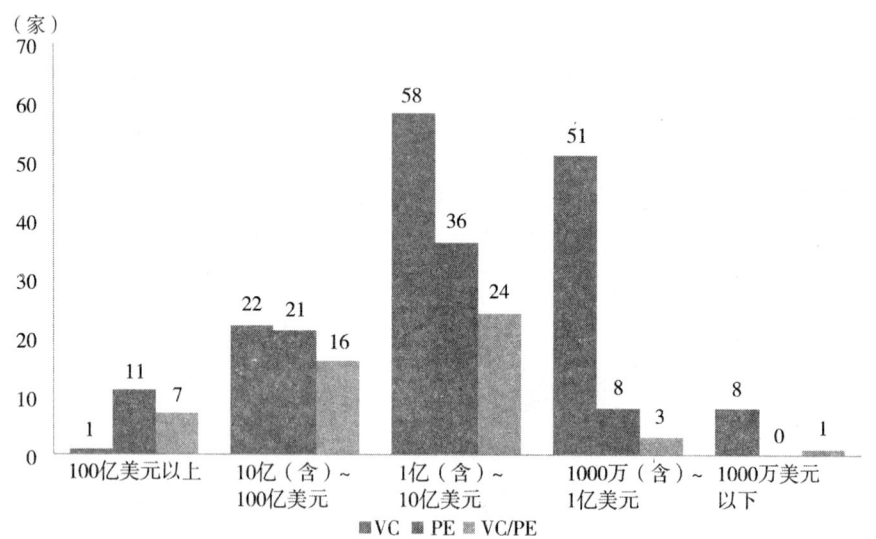

图 4.20 不同类型活跃风险投资机构管理资金分布

资金分布在 10 亿到 100 亿美元的数量占据第二。

特别活跃的风险投资机构中，46 家 VC 机构披露了管理资金总量，这 46 家 VC 机构总计管理资金 450.18 亿美元，平均每家管理资金 9.78 亿美元，19 家 PE 机构披露的管理资金总量为 580.16 亿美元，平均每家管理资金 30.5 亿美元；33 家 VC/PE 机构披露管理资金总量为 5077.38 亿美元，平均每家管理 153.8 亿美元。图 4.21 给出了各种类型特别活跃风险投资机构管理资金的分布情况。

图 4.21 表明，特别活跃的 VC 机构中，管理资金介于 1 亿到 10 亿美元的机构最多，有 24 家，占 52.17%；其次是管理资金介于 10 亿到 100 亿美元的机构，有 16 家，占 34.78%；这与活跃风险投资机构的管理资金分布不一致。特别活跃的 PE 机构中，管理资金在 1 亿到 10 亿美元的机构最多，有 11 家，占 57.89%。特别活跃的 VC/PE 类型机构中，管理资金介于 10 亿到 100 亿美元的机构最多，有 13 家，占 39.39%。

（三）按照资金来源分类的管理资金规模分布

表 4.9 和表 4.10 给出了活跃风险投资机构和特别活跃风险投资机构按照类型和资本来源分类后的管理资金规模分布情况。

第四章 活跃风险投资机构特征与IPO绩效

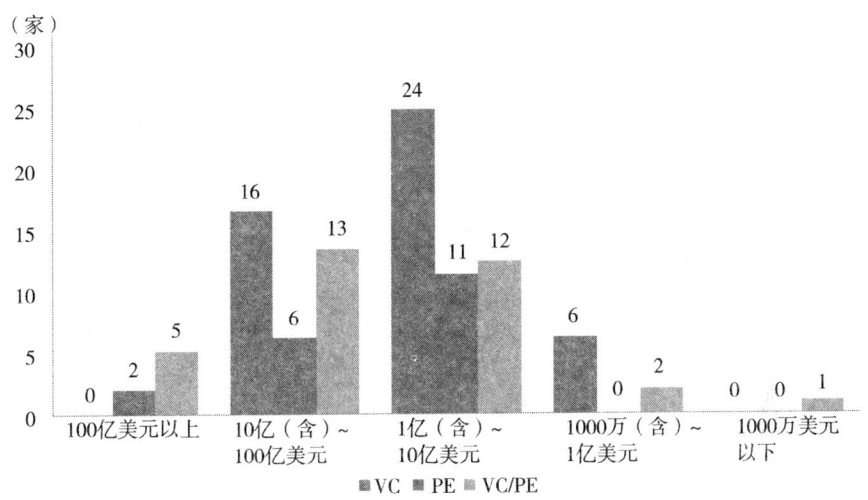

图 4.21 不同类型特别活跃风险投资机构管理资金分布

表 4.9 活跃风险投资机构按照资金来源分类的管理资金分布

单位：家

		100亿美元以上	10亿（含）~100亿美元	1亿（含）~10亿美元	1000万（含）~1亿美元	1000万美元以下
VC	中资	0	1	24	40	8
	外资	1	17	25	8	0
	合资	0	4	9	3	0
	全部	1	22	58	51	8
PE	中资	1	3	23	4	0
	外资	10	13	9	2	0
	合资	0	5	4	2	0
	全部	11	21	36	8	0
VC/PE	中资	0	3	11	3	1
	外资	7	5	9	0	0
	合资	0	8	4	0	0
	全部	7	16	24	3	1

· 91 ·

表 4.10　特别活跃风险投资机构按资金来源分类的管理资金分布

单位：家

		100 亿美元以上	10 亿（含）~100 亿美元	1 亿（含）~10 亿美元	1000 万（含）~1 亿美元	1000 万美元以下
VC	中资	0	1	8	4	0
	外资	0	11	10	2	0
	合资	0	4	6	0	0
	全部	0	16	24	6	0
PE	中资	0	0	7	0	0
	外资	2	3	3	0	0
	合资	0	3	1	0	0
	全部	2	6	11	0	0
VC/PE	中资	0	3	4	2	1
	外资	5	3	5	0	0
	合资	0	7	3	0	0
	全部	5	13	12	2	1

由表 4.9 可以看出，活跃 VC 机构中，管理资金总量分布在 1000 万到 1 亿美元的中资 VC 机构数量最多，为 40 家，在 1 亿到 10 亿美元的机构数量次之，为 24 家。而外资 VC 机构管理资金总量分布在 1 亿到 10 亿美元的最多，为 25 家，分布在 10 亿到 100 亿美元的次之，为 17 家。这说明了中外资 VC 机构规模之间的差异明显，外资机构的规模比中资机构的规模大出一个数量级。

上述现象在特别活跃 VC 机构中也存在，中资特别活跃的 VC 机构管理资金总量分布最多的在 1 亿到 10 亿美元，而外资特别活跃 VC 机构管理资金总量分布最多的在 10 亿美元到 100 亿美元。不仅如此，外资特别活跃 VC 机构数量达到 23 家，而中资特别活跃 VC 机构数量仅为 13 家。这说明了中资 VC 距离外资 VC 机构的显著差距。

从 PE 机构和 VC/PE 机构的管理资金总量看，也能够发现同样的差距：中资机构管理资金的规模比外资机构管理资金的规模小了一个数量级。这种在规模上的显著的差距发人深思。

在第三章，笔者提出了中国风险资本资金募集方面的问题，呼吁立法方面做出调整，为中国的风险投资提供更优质的资本来源，绝非是空穴来风。

第四节　机构特征与IPO退出绩效

一、机构类型与IPO退出绩效

从活跃风险投资机构中选取有过以IPO方式退出的风险投资机构作为研究样本，截至2011年9月22日，符合条件的风险投资机构总共有246家。在246家活跃机构中，由于数据缺失，有7家机构的内部回报率不能求出，同时有两家风险投资机构的机构类型不明确，因此在分析机构类型和绩效关系时的有效数据为237家机构。

在活跃机构中，属于VC类型的机构所占的比例超过一半，达到52%，属于PE类型的机构所占的比例为28%，属于VC/PE类型的机构所占的比例最少，为20%。表4.11给出了不同类型活跃风险投资机构的平均内部收益率。

表4.11　不同类型活跃风险投资机构平均内部收益率

类型	VC	PE	VC/PE
数量（家）	122	67	48
比例	0.51	0.28	0.20
退出事件占投资事件的比例	0.244	0.302	0.217
机构内部收益率	2.193	3.221	3.861

在活跃机构中，属于PE类型的机构的退出事件占投资事件比例在三种风险投资机构类型中所占比例最高，达到了0.302。而VC类型的投资机构在退出事件占投资事件比例略高于VC/PE类型的投资机构。VC类型机构的内部收益率是最低的，为2.193，而VC/PE类型机构的内部收益率比VC类型和PE类型机构的内部收益率都高，达到了3.861。

表4.12给出了特别活跃机构的平均内部收益率。

表 4.12 不同类型特别活跃风险投资机构的平均内部收益率

类型	VC	PE	VC/PE
数量（家）	43	22	32
比例	0.44	0.23	0.33
退出事件占投资事件的比例	0.152	0.266	0.183
机构内部收益率	2.516	1.680	5.030

在特别活跃的机构中，VC/PE 类型的风险投资机构的内部收益率达到了 5.030，远远高于其他类型的风险投资机构的内部收益率，而 PE 类型的风险投资机构的内部收益率最低，只有 1.680，VC 类型的风险投资机构的内部收益率达到了 2.516。

二、资本来源与 IPO 退出绩效

根据风险投资机构资本来源的不同，可以分为中资机构、外资机构、中/外资机构。表 4.13 和表 4.14 给出了活跃和特别活跃的风险投资机构按照资本来源分类的平均内部收益率。

表 4.13 活跃风险投资机构中不同资本来源的平均内部收益率

类型	中资	外资	中/外资
数量（家）	99	96	44
比例	0.41	0.40	0.18
退出事件占投资事件的比例	0.287	0.250	0.208
机构内部收益率	1.988	4.209	1.647

表 4.14 特别活跃风险投资机构中不同资本来源的平均内部收益率

类型	中资	外资	中/外资
数量（家）	32	40	26
比例	0.33	0.41	0.27
退出事件占投资事件的比例	0.184	0.199	0.202
机构内部收益率	2.366	4.665	1.829

从机构内部收益率来看，外资活跃风险投资机构的内部收益率达到了

4.209,远远高于中资和中/外资机构的内部收益率,中资机构的内部收益率达到了 1.988,中/外资机构的内部收益率是最低的,只有 1.647。

在特别活跃风险投资机构中,从机构内部收益率这个指标来看,外资类型机构的内部收益率是最高的,达到了 4.665。

三、存续时间与 IPO 退出绩效

由于有些机构的成立时间缺失,本节样本有效容量中仅剩下 222 个活跃机构,其中有 97 家特别活跃风险投资机构。我们将存续时间划分为 0~5 年、5~10 年、10~15 年、15~20 年、20~25 年、25 年以上。

表 4.15 和表 4.16 分别给出了活跃和特别活跃风险投资机构按照存续时间分类的平均内部收益率。

表 4.15　活跃风险投资机构中不同存续时间的内部收益率

分类	0~5 年	5~10 年	10~15 年	15~20 年	20~25 年	25 年以上
数量	51	57	55	23	14	22
比例	0.23	0.26	0.25	0.10	0.06	0.10
退出事件占投资事件的比例	0.246	0.301	0.221	0.301	0.175	0.216
机构内部收益率	1.503	3.125	1.692	2.495	2.677	6.812

表 4.16　特别活跃风险投资机构中不同存续时间段的机构整体概况

分类	0~5 年	5~10 年	10~15 年	15~20 年	20~25 年	25 年以上
数量	17	28	24	12	6	10
比例	0.18	0.29	0.25	0.12	0.06	0.10
退出事件占投资事件的比例	0.164	0.197	0.189	0.224	0.169	0.206
机构内部收益率	1.724	2.407	2.053	1.912	4.729	11.222

从表 4.15 可以明显看出,存续时间在 25 年以上的活跃风险投资机构内部收益率都远远高于其他存续时间段的水平,达到了 6.812;当机构的存续时间处在 5~10 年时,机构内部收益率也处于较高的水平,达到了 3.125。

从表 4.16 可以明显看出,对于特别活跃风险投资机构而言,存续时间在 25 年以上时,机构内部收益率达到了 11.222,远远高于其他存续时间段的水平。存续时间处在 0~5 年、5~10 年、10~15 年、15~20 年的机构,内部收益率相差不大。

第五节 活跃风险投资机构名录

本节,我们给出了表 4-17~4-23 7 个表格,按照活跃程度和机构类型将活跃风险投资机构的基本信息提供给读者。表 4.23 是机构类型缺失的 6 家机构,在本书的研究中,它们大多不在有效样本之内,但对于创业者一样重要。

表 4.17 特别活跃 VC 机构

排序	投资机构简称	总部位置	成立时间	投资事件
1	深创投	广东	1999 年 08 月 26 日	298
2	红杉中国	北京	2005 年 09 月 01 日	139
3	达晨创投	广东	2000 年 04 月 19 日	134
4	联想投资	北京	2001 年 04 月 01 日	121
5	启明创投	上海	2006 年 02 月 01 日	80
6	晨兴创投	上海	1986 年 10 月 01 日	69
7	松禾资本	广东	2007 年 01 月 01 日	68
8	智基创投	上海	2000 年 05 月 01 日	68
9	集富亚洲	中国香港	1990 年 04 月 01 日	66
10	北极光创投	北京	2005 年 12 月 15 日	66
11	纪源资本	美国	2000 年 01 月 01 日	61
12	金沙江创投	北京	2004 年 10 月 01 日	61
13	华登国际	美国	1987 年 01 月 01 日	58
14	中国风投	北京	2000 年 04 月 01 日	57
15	中经合	美国	1993 年 01 月 01 日	53
16	东方富海	广东	2006 年 10 月 10 日	52
17	联创策源	北京	2004 年 03 月 01 日	50
18	DCM	美国	1996 年 07 月 01 日	46

续表

排序	投资机构简称	总部位置	成立时间	投资事件
19	戈壁	上海	2002年10月01日	46
20	软银中国	上海	2000年03月01日	45
21	凯鹏华盈	上海	2007年04月01日	41
22	招商局科技	广东	1999年01月01日	41
23	启迪创投	北京	2000年11月01日	40
24	清科创投	北京	2006年06月01日	40
25	经纬创投	北京	1977年10月01日	39
26	力合创投	广东	1999年08月01日	37
27	成为	上海	1999年01月01日	37
28	长沙科投	湖南	1999年10月01日	36
29	青云创投	北京	2001年07月01日	36
30	华盈创投	上海	2000年10月01日	32
31	日本亚洲	日本	1994年04月01日	32
32	富达亚洲	北京	1994年09月01日	30
33	盈富泰克	上海	2000年04月01日	30
34	无锡创投	江苏	2000年08月01日	29
35	湘投高创投	湖南	2000年05月01日	28
36	德丰杰龙脉	上海	2006年03月01日	28
37	德丰杰	上海	1985年07月01日	28
38	广东省风投	广东	2000年09月01日	26
39	恩颐投资	美国	1978年07月01日	26
40	光速创投	美国	2000年03月01日	24
41	蓝驰创投	美国	1998年06月01日	23
42	天创资本	天津	2001年03月01日	22
43	湖南高新创投	湖南	2007年04月11日	22
44	高达资本	江苏	1998年09月01日	22
45	永威投资	北京	1995年10月01日	22
46	江苏高新投	江苏	2005年01月04日	21
47	Mayfield	美国	1969年09月01日	21
48	祥峰集团	新加坡	1988年01月01日	21
49	通联创投	浙江	2000年12月11日	20

续表

排序	投资机构简称	总部位置	成立时间	投资事件
50	华工创投	湖北	2000年09月01日	20
51	华禾投资	上海	2004年09月01日	20

表4.18 特别活跃PE机构

排序	投资机构简称	总部位置	成立时间	投资事件
1	高盛	美国	1984年07月01日	79
2	同创伟业	广东	2000年06月26日	77
3	江苏高投	江苏	1992年01月01日	57
4	天图创投	广东	2002年01月01日	56
5	兰馨亚洲	美国	1993年01月01日	54
6	建银国际	中国香港	2005年03月01日	52
7	摩根士丹利	美国	1993年06月01日	45
8	海富投资	上海	2004年10月18日	36
9	新天域资本	北京	2005年05月01日	36
10	弘毅投资	北京	2003年01月01日	32
11	挚信资本	上海	2007年10月01日	31
12	浙商创投	浙江	2007年11月01日	29
13	国泰财富	美国	1993年08月01日	29
14	中投	北京	2007年09月29日	28
15	招商局中国基金	中国香港	1992年10月06日	28
16	国信弘盛	广东	2008年08月01日	27
17	金石投资	北京	2007年10月01日	25
18	复星创富	上海	2001年11月01日	23
19	霸菱亚洲	中国香港	1997年01月01日	23
20	TPG	上海	1992年10月01日	23
21	中信产业基金	北京	2008年06月12日	21
22	高特佳	广东	2001年03月01日	20
23	景林资产	上海	2004年06月01日	20

第四章 活跃风险投资机构特征与 IPO 绩效

表 4.19 特别活跃 VC/PE 机构

排序	投资机构简称	总部位置	成立时间	投资事件
1	IDG 资本	北京	1992 年 08 月 01 日	296
2	赛富基金	中国香港	2001 年 02 月 01 日	106
3	永宣创投	上海	1999 年 07 月 01 日	90
4	鼎晖	北京	2002 年 05 月 01 日	89
5	IFC	美国	1956 年 07 月 01 日	88
6	英特尔投资	美国	1991 年 05 月 01 日	87
7	天堂硅谷	浙江	2000 年 11 月 11 日	86
8	江苏瑞华	江苏	2003 年 07 月 01 日	81
9	九鼎投资	北京	2007 年 07 月 01 日	78
10	德同资本	上海	2006 年 03 月 01 日	75
11	海纳亚洲	美国	2004 年 04 月 01 日	68
12	华平	N/A	1971 年 04 月 01 日	66
13	凯雷集团	美国	1987 年 01 月 01 日	65
14	中科招商	北京	2000 年 12 月 01 日	62
15	优势资本	上海	1999 年 09 月 01 日	59
16	苏州创投集团	江苏	2001 年 11 月 28 日	49
17	北京工业发展	北京	2002 年 06 月 01 日	43
18	山东高新投	山东	2000 年 08 月 01 日	42
19	证大投资	上海	1993 年 01 月 01 日	40
20	华睿	浙江	2002 年 08 月 01 日	38
21	淡马锡	新加坡	1974 年 09 月 01 日	33
22	创东方投资	广东	2007 年 08 月 01 日	29
23	GIC	新加坡	1981 年 05 月 22 日	28
24	汇睿资本	中国香港	1989 年 04 月 01 日	27
25	联想控股	北京	1984 年 04 月 01 日	26
26	宽带资本	北京	2006 年 02 月 13 日	25
27	华威	北京	1998 年 06 月 01 日	24
28	信中利	北京	1999 年 05 月 01 日	23
29	英飞尼迪	江苏	N/A	23
30	银瑞达	瑞典	1916 年 04 月 01 日	22
31	崇德投资	中国香港	2005 年 06 月 01 日	22

续表

排序	投资机构简称	总部位置	成立时间	投资事件
32	辰能风投	黑龙江	2001年08月01日	21
33	老虎基金	美国	N/A	21
34	四维资本	上海	1984年10月01日	20
35	常春藤资本	上海	2008年03月03日	20

表4.20 活跃VC机构

排序	投资机构简称	总部位置	成立时间	投资事件
1	清源德丰	北京	2000年04月29日	19
2	苏高新风投	江苏	2000年01月01日	19
3	江苏高科产业投	江苏	1997年04月08日	19
4	无锡高新投	江苏	2000年08月01日	19
5	达晨财信	广东	N/A	19
6	和通集团	中国台湾	1987年04月01日	19
7	盛大资本	上海	1999年02月01日	18
8	思伟投资	上海	2000年03月01日	18
9	招商局富鑫	上海	2001年03月01日	18
10	红点投资	北京	1999年09月01日	18
11	壹普兰投资	美国	1999年07月01日	18
12	赛伯乐	浙江	2005年10月01日	17
13	上海汉世纪	上海	2000年04月01日	16
14	名力中国	北京	2006年03月01日	16
15	福建华兴	福建	2000年12月26日	15
16	浙江科投	浙江	1993年06月07日	15
17	华瓯创投	浙江	2006年03月01日	15
18	盛宇投资	上海	N/A	15
19	维众创投	上海	2004年08月01日	15
20	三井创投	日本	1996年04月01日	15
21	广州科投	广东	1999年11月25日	14
22	张江高科	上海	1996年04月01日	14
23	河北科投	河北	2001年02月15日	14
24	软银中印	上海	2006年06月01日	14

续表

排序	投资机构简称	总部位置	成立时间	投资事件
25	商菱投资	日本	1950年04月01日	14
26	红塔创投	云南	2000年06月15日	13
27	阿里巴巴	北京	1999年09月12日	13
28	国发创新资本	江苏	N/A	13
29	高通创投	北京	2000年01月01日	13
30	招商和腾	上海	2006年10月01日	13
31	中瑞创投	北京	2003年03月19日	13
32	浙江创投	浙江	2000年09月30日	12
33	海汇投资	广东	2002年04月16日	12
34	百度	北京	2000年01月12日	12
35	联讯创投	美国	2000年03月01日	12
36	Ignition	美国	N/A	12
37	软银集团	日本	1981年09月03日	12
38	凯旋创投	北京	2008年04月01日	12
39	上海创投	上海	1999年08月09日	11
40	泰达科投	天津	2000年10月13日	11
41	鼎桥创投	江苏	2008年02月01日	11
42	江苏高投管理	江苏	N/A	11
43	乾龙	上海	2004年10月01日	11
44	Oak	美国	1980年08月01日	11
45	嘉丰资本	北京	N/A	11
46	大和企业投资	日本	1983年10月20日	11
47	住友商事	中国香港	2002年09月01日	11
48	谷歌	美国	1995年10月01日	11
49	北京高新创投	北京	1998年10月27日	10
50	东方汇富	广东	2005年08月01日	10
51	慧立创投	上海	2000年06月01日	10
52	上创信德	上海	2007年11月01日	10
53	高睿创投	江苏	2007年09月24日	10
54	创新工场	北京	2009年09月01日	10
55	中新创投	江苏	2001年11月28日	10

续表

排序	投资机构简称	总部位置	成立时间	投资事件
56	法拉龙资本	N/A	1986年03月01日	10
57	愈奇投资	上海	2004年09月01日	10
58	君威集团	中国香港	2004年05月01日	10
59	新世界策略投资	中国香港	N/A	10
60	梧桐投资	美国	1995年08月01日	10
61	重庆科投	重庆	1993年01月01日	9
62	成都创投	四川	2001年06月01日	9
63	商裕投资	浙江	2009年01月01日	9
64	百奥维达中国	上海	2000年03月01日	9
65	盘古创富	北京	N/A	9
66	世铭投资	上海	1997年01月01日	9
67	深圳高新投	广东	1994年12月01日	8
68	广东科投	广东	1998年01月08日	8
69	亚商资本	上海	N/A	8
70	湖北高新投	湖北	2005年08月01日	8
71	上海科技投资	上海	1993年06月01日	8
72	瑞华信投资	广东	2005年11月01日	8
73	东湖创投	湖北	1999年09月01日	8
74	复旦量子创投	上海	2000年11月01日	8
75	固德银赛	湖北	2009年04月01日	8
76	中国高新投资	北京	1989年04月19日	8
77	盛万投资	上海	2004年01月01日	8
78	河南高科创投	河南	2001年04月29日	8
79	泰山创投	山东	2008年08月01日	8
80	济南科投	山东	2001年04月01日	8
81	达晨财智创投	广东	2008年12月15日	8
82	高弘创投	江苏	N/A	8
83	怡和	中国台湾	1990年04月01日	8
84	四川中小企业投资	四川	2001年07月01日	8
85	中创	北京	1983年04月01日	8
86	贝塔斯曼	北京	2008年09月01日	8

续表

排序	投资机构简称	总部位置	成立时间	投资事件
87	东方元鼎资本	北京	N/A	8
88	龙科创投	上海	2000年04月01日	8
89	中以基金	广东	2005年06月01日	8
90	鼎嘉创投	上海	N/A	7
91	中科宏易	广东	2007年03月20日	7
92	诚信创投	广东	2006年10月18日	7
93	华鸿创投	中国台湾	1997年05月01日	7
94	南昌创投	江西	2005年11月21日	7
95	中信联合创投	广东	2001年09月18日	7
96	安彩科技	北京	2000年08月01日	7
97	国成投资	广东	2000年03月01日	7
98	新兴创投	四川	2000年11月10日	7
99	基石创投	上海	2007年09月01日	7
100	中发君盛	北京	2009年12月12日	7
101	中海投资	北京	1993年01月01日	7
102	西旅创投	陕西	2008年06月01日	7
103	建国创投	上海	2000年04月18日	7
104	亚洲搭档	上海	N/A	7
105	旭扬创投	美国	1996年10月01日	7
106	高原资本	N/A	1988年06月01日	7
107	伟高达	新加坡	2004年04月01日	7
108	银泰资本	北京	1998年01月01日	7
109	礼来	上海	2007年06月01日	7
110	泰山天使	瑞士	2008年01月01日	7
111	北京科投	北京	1998年10月28日	6
112	上海科投	上海	1992年09月01日	6
113	浙大创投	浙江	2001年01月03日	6
114	天德创投	浙江	2007年04月01日	6
115	杭州泰邦创投	浙江	N/A	6
116	富汇创投	北京	2008年05月01日	6
117	武汉科创投	湖北	2005年03月31日	6

续表

排序	投资机构简称	总部位置	成立时间	投资事件
118	高德创投	江苏	2006年09月01日	6
119	汇金立方	北京	2008年05月01日	6
120	中银粤财	广东	2009年09月01日	6
121	大正元资本	广东	N/A	6
122	如山投资	浙江	N/A	6
123	新干线投资	浙江	2001年01月01日	6
124	六禾投资	上海	N/A	6
125	博信资本	北京	2008年01月30日	6
126	立达资本	北京	2010年03月01日	6
127	金茂创投	江苏	2004年01月01日	6
128	龙象之本	北京	2007年10月01日	6
129	安徽科投	安徽	1999年07月25日	6
130	凯得创新投	广东	2008年11月01日	6
131	万豪投资	浙江	2006年01月01日	6
132	基亚娜	中国香港	1996年10月01日	6
133	Sutter Hill	美国	1964年07月01日	6
134	NVP	美国	1961年04月01日	6
135	半岛资本	N/A	1989年06月01日	6
136	LB投资	韩国	1996年07月01日	6
137	马丁可利	英国	N/A	6
138	SBI控股	日本	1999年07月08日	6
139	橡子园创投	上海	2000年04月01日	6
140	海泰投资	天津	1997年08月01日	6
141	奥迈资本	中国香港	2007年12月01日	6

表4.21 活跃PE机构

排序	投资机构简称	总部位置	成立时间	投资事件
1	泰康资产	北京	2006年02月01日	19
2	平安创新资本	广东	1992年11月24日	19
3	招商湘江投资	湖南	N/A	19
4	英联	英国	2000年04月01日	19

第四章 活跃风险投资机构特征与 IPO 绩效

续表

排序	投资机构简称	总部位置	成立时间	投资事件
5	中信资本	中国香港	2002年09月09日	19
6	美林	美国	1914年10月01日	18
7	麦顿投资	上海	2003年05月01日	17
8	涌铧投资	上海	1994年10月01日	16
9	太盟投资集团	中国香港	2002年05月01日	16
10	复星集团	上海	1994年09月01日	15
11	光大控股	中国香港	2001年04月01日	15
12	长安私人资本	北京	1998年04月01日	14
13	蓝山中国	美国	2006年03月01日	14
14	普凯投资	上海	2003年09月01日	14
15	新桥资本	北京	1994年08月01日	14
16	盛桥资本	广东	2006年12月28日	13
17	银河投资	北京	2000年08月22日	13
18	德意志银行	德国	N/A	13
19	广发信德	广东	2008年12月03日	12
20	德晖投资	上海	2009年02月01日	12
21	殷拓	瑞典	2002年01月01日	12
22	恒富资本	新加坡	1986年06月01日	12
23	胜捷投资	新加坡	2004年08月01日	12
24	中非基金	北京	2007年06月26日	11
25	海通开元	上海	2008年05月01日	11
26	平安财智	广东	2008年08月01日	11
27	中金资本	上海	1997年05月01日	11
28	社保基金	北京	2000年08月01日	11
29	雅戈尔投资	上海	2007年04月20日	11
30	渣打直投	新加坡	2005年09月01日	11
31	MRC	中国香港	2006年06月01日	11
32	惠理基金	中国香港	1993年07月01日	11
33	中金	北京	1995年06月01日	10
34	国投创新投资	北京	2009年07月22日	10
35	长园盈佳投资	广东	N/A	10

续表

排序	投资机构简称	总部位置	成立时间	投资事件
36	腾讯	广东	1998年11月01日	10
37	思科	美国	1986年09月01日	10
38	艾威基金	美国	1995年09月01日	10
39	天宝富	新加坡	2007年01月05日	10
40	厚朴投资	北京	2007年11月01日	10
41	上实控股	上海	1996年01月01日	9
42	中银投资	中国香港	1984年12月01日	9
43	君丰资本	广东	2006年07月01日	9
44	国元投资	上海	2009年08月18日	9
45	邦信资产	广东	N/A	9
46	GA	美国	1980年04月01日	9
47	泰山投资	中国香港	1997年03月01日	9
48	汇发基金	中国香港	N/A	9
49	新企创投	N/A	2006年08月01日	9
50	嘉石投资	上海	N/A	8
51	黄河三角洲	北京	2009年07月01日	8
52	蜀祥投资	四川	2009年04月01日	8
53	雷曼	美国	1850年08月01日	8
54	KKR	美国	1976年05月01日	8
55	IBM	美国	2000年04月01日	8
56	安盈资本	美国	1968年01月01日	8
57	铂源资本	英国	N/A	8
58	维思资本	上海	2009年03月01日	8
59	光大资本	上海	2008年11月07日	7
60	瑞士信贷	N/A	N/A	7
61	CVC	中国香港	1999年07月01日	7
62	联宇投资	中国香港	1999年10月01日	7
63	曼达林资本	卢森堡	2007年10月01日	7
64	上海联和投资	上海	1994年09月01日	6
65	实地资本	北京	N/A	6
66	新开发创投	广东	2008年03月01日	6

第四章 活跃风险投资机构特征与IPO绩效

续表

排序	投资机构简称	总部位置	成立时间	投资事件
67	国开金融	北京	2009年09月02日	6
68	博润投资	上海	2001年08月01日	6
69	天津鼎晖	天津	2008年05月01日	6
70	GE Capital	美国	1995年09月01日	6
71	亚洲开发银行	N/A	1966年11月24日	6
72	安佰深	美国	1969年08月01日	6
73	汇丰银行	英国	1865年06月01日	6
74	摩根大通	美国	1940年07月01日	6
75	云月投资	上海	1999年06月01日	6
76	中信国际资产	中国香港	2002年02月11日	6
77	渤海基金	天津	2005年11月01日	6

表 4.22 活跃 VC/PE 机构

排序	投资机构简称	总部位置	成立时间	投资事件
1	复星谱润	上海	1999年06月01日	19
2	今日资本	上海	2005年04月01日	19
3	欧瑞	北京	2004年08月01日	19
4	凯石长江	上海	2007年09月10日	17
5	秉原秉鸿	上海	2010年10月01日	16
6	世纪方舟	北京	2007年01月01日	16
7	汉鼎亚太	美国	1985年01月01日	14
8	CVCI	美国	2001年03月01日	13
9	AIGGIG	美国	N/A	13
10	富鑫集团	中国台湾	1995年11月01日	13
11	安益资本	上海	2007年08月01日	12
12	3I Group	英国	1945年10月01日	12
13	华软投资	北京	2008年08月01日	11
14	捷鸿资本	上海	1999年01月01日	11
15	KTB	韩国	1981年03月01日	10
16	胜达国际	北京	1943年05月01日	9
17	同华投资	上海	2000年07月01日	8

续表

排序	投资机构简称	总部位置	成立时间	投资事件
18	沃脉德资本	美国	1989年05月01日	8
19	国科投资	北京	2006年01月01日	7
20	国发创投	江苏	2005年01月01日	7
21	鼎鑫资本	上海	2006年04月01日	7
22	Capitech	陕西	1999年02月02日	6
23	基石资本	广东	N/A	6
24	浩资本	美国	2005年01月01日	6

表4.23 其他活跃风险投资机构

排序	投资机构简称	总部位置	成立时间	投资事件
1	大华创投管理	新加坡	1992年09月01日	20
2	贝恩资本	美国	1984年08月01日	17
3	浦东科投	上海	1999年06月01日	11
4	慧宇投资	上海	N/A	11
5	君盛投资	广东	1992年03月01日	10
6	达泰资本	江苏	N/A	7

第五章 风险投资事件特征与 IPO 退出绩效

风险投资事件的行业、上市地点以及企业接受风险投资时所处的投资阶段、轮次、出让的持股比例、联合投资情况以及到上市之前风险投资机构的投资持有期,构成了一个投资事件的特征。这些特征和企业 IPO 退出收益率有何关系?哪些特征的投资是最有利可图的?

第一节 IPO 退出绩效概述

我们将内部收益率作为研究 IPO 退出绩效的指标。账面回报倍数是投资机构通过 IPO 所获得的回报倍数,由于其没有考虑时间因素,因此并不是实际的收益率。内部收益率是年度化的投资收益率,是投资机构真实的收益率。

在 1499 个退出事件数据中,其中有一部分账面回报倍数和内部收益率无法获得,此外,还有一部分错误数据。将错误数据剔除样本之后,研究样本中最终的有效数据为 997 个退出事件。

表 5.1 给出了 IPO 退出事件的账面回报倍数和内部收益率的统计结果。

表 5.1 IPO 事件退出绩效

	平均值	最大值	最小值	中值	标准差	方差
账面回报倍数	7.47	188.36	−0.99	4.32	14.32	205.09
内部收益率	2.84	78.50	−0.82	1.22	7.26	52.76

进一步,我们对 VC 机构的退出事件子样本进行分析。该子样本涉及 643 个投资事件;内部收益率平均值为 2.23,该值低于样本总体均值。但账面回报倍数平均值为 8.95,高于样本总体均值。

表 5.2 给出了 VC 机构的 IPO 退出事件的账面回报倍数和内部收益率的

统计结果。

表5.2 VC机构IPO事件退出绩效

	平均值	最大值	最小值	中值	标准差	方差
账面回报倍数	8.95	188.36	−0.52	5.37	15.37	236.43
内部收益率	2.23	78.50	−0.42	1.11	5.88	34.58

之所以出现这样的差异,是因为VC机构投资的企业往往需要更多的时间才能上市。因此,尽管账面回报倍数较高,但内部收益率并不高。

第二节 行业、上市地点与退出绩效的关系

一、行业

我们按照CV行业分类标准,研究997个退出事件的行业与退出绩效的关系。按照CV行业分类标准,共有IT、电信及增值、房地产、公用事业、互联网、化学工业、交通运输、教育及人力资源、金融、连锁经营、旅游业、能源及矿业、农林牧渔、汽车行业、食品饮料、文化传媒、医疗健康、制造业、建筑建材19个一级行业。这些行业所对应的子行业见表5.3。

表5.3 CV行业分类标准

一级行业	二级行业
互联网	网络广告、网络游戏、电子商务、行业网站、网络社区、网络视频、电子支付、互联网其他
电信及增值	通信设备、移动互联网、手机游戏、无线广告、移动互联网其他、电信运营及信息传输服务、电信运营、电信运营及信息传输服务其他、电信及增值其他
IT	软件产业、软件外包、应用软件、软件产业其他、硬件产业、半导体芯片、IT服务、导航电子地图、数字电视、光电科技、IT其他

续表

一级行业	二级行业
能源及矿业	能源开采与加工、能源开采、黑色金属冶炼与加工、有色金属冶炼与加工、新材料、能源开采与加工其他、清洁能源、太阳能、风能、生物能源、清洁能源其他、环保节能、污染监测与治理、节能设备与服务、资源回收与利用、废物及危险品治理、环保节能其他、电池与储能技术、能源及矿业其他
制造业	机械设备、纺织行业、造纸行业、服装鞋帽、制造业其他
化学工业	石油化工、化工原料、化学纤维、农药与化肥、化学工业其他
建筑建材	建筑材料、水泥、玻璃、建筑材料其他、建筑施工、家居建材、建筑建材其他
交通运输	交通设施建设、物流、客运、交通运输其他
汽车行业	汽车整车、汽车零部件、汽车行业其他
农林牧渔	种植及加工、畜牧及加工、农林牧渔其他
金融	金融服务、银行、证券、保险、金融其他
医疗健康	生物技术、医药行业、医疗设备、医疗服务、研发外包、医疗健康其他
连锁经营	餐饮业、百货、零售、酒店、连锁经营其他
食品饮料	食品、饮料、食品饮料其他
文化传媒	传媒出版、户外媒体、广告制作与代理、影视音乐、动漫、文化传媒其他
教育及人力资源	教育培训、人力资源服务、教育及人力资源其他
旅游业	旅游景点、旅游业其他
房地产	房地产开发、房地产其他
公用事业	供电与供热、供水、供气、公用事业其他

进一步，我们按照《高新技术企业认定管理办法》、《国家重点支持的高新技术领域》和《高新技术企业认定管理工作指引》将 CV 行业分类中的二级行业与新技术行业和非新技术行业一一对应起来，见表5.4。

表 5.4 新技术行业与非新技术行业

新技术行业	网络广告、网络游戏、电子商务、行业网站、网络社区、网络视频、电子支付、互联网其他、通信设备、移动互联网、手机游戏、无线广告、移动互联网其他、电信运营及信息传输服务、电信运营、电信运营及信息传输服务其他、电信及增值其他、软件产业、软件外包、应用软件、软件产业其他、硬件产业、半导体芯片、IT服务、导航电子地图、数字电视、光电科技、IT其他、新材料、清洁能源、太阳能、风能、生物能源、清洁能源其他、环保节能、污染监测与治理、节能设备与服务、资源回收与利用、废物及危险品治理、环保节能其他、电池与储能技术、汽车零部件、汽车行业其他、生物技术、医药行业、医疗设备、医疗服务、研发外包、医疗健康其他
非新技术行业	能源开采与加工、能源开采、黑色金属冶炼与加工、有色金属冶炼与加工、能源开采与加工其他、能源及矿业其他、机械设备、纺织行业、造纸行业、服装鞋帽、制造业其他、石油化工、化工原料、化学纤维、农药与化肥、化学工业其他、建筑材料、水泥、玻璃、建筑材料其他、建筑施工、家居建材、建筑建材其他、交通设施建设、物流、客运、交通运输其他、汽车整车、种植及加工、畜牧及加工、农林牧渔其他、金融服务、银行、证券、保险、金融其他、餐饮业、百货、零售、酒店、连锁经营其他、食品、饮料、食品饮料其他、传媒出版、户外媒体、广告制作与代理、影视音乐、动漫、文化传媒其他、教育培训、人力资源服务、教育及人力资源其他、旅游景点、旅游业其他、房地产开发、房地产其他、供电与供热、供水、供气、公用事业其他、综合

（一）IPO 退出事件投资行业分布

图 5.1 展示了 IPO 退出事件的行业分布。

按照 CV 标准，从行业上看，风险投资虽涉及多个行业，但制造业、IT、能源及矿业、医疗健康、化学工业、互联网等行业是风险资本投资的主要行业，占风险投资事件的 70% 以上。其中，制造业就有 286 家，IT 有 142 家，能源及矿业有 143 家、医疗健康有 62 家、化学工业有 53 家，互联网有 52 家；此外还包括部分旅游业、金融、连锁经营、文化传媒等新兴行业；交通运输、房地产、教育及人力资源、农林牧渔、汽车行业、建筑建材、食品饮料等只占了很小一部分。

按照表 5.4 给出的划分标准，在所有投资事件中，属于新技术行业的投资事件有 284 件，占 28.49%；非新技术行业有 713 件，占 71.51%。

第五章 风险投资事件特征与 IPO 退出绩效

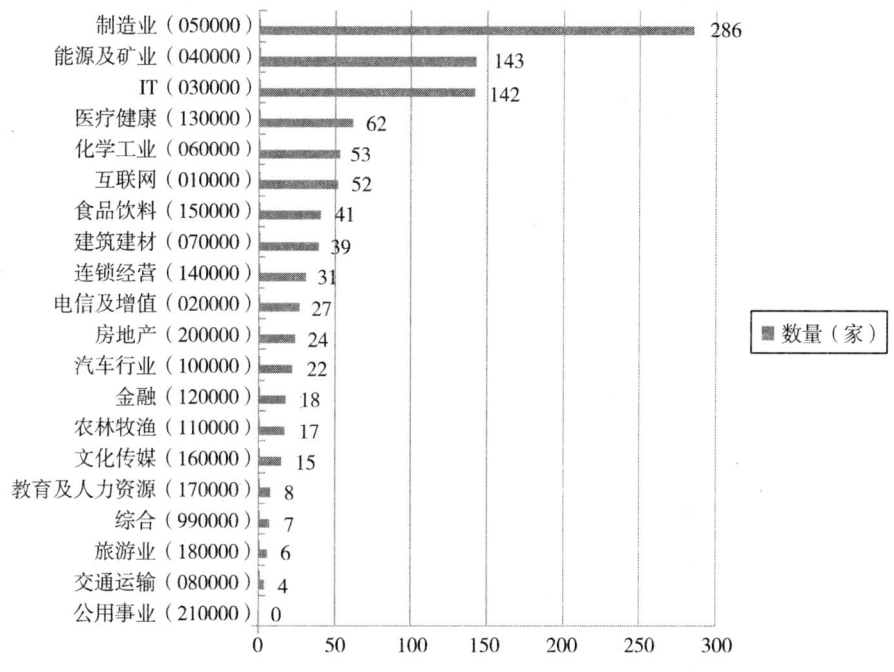

图 5.1 IPO 退出事件行业分布

(二) VC 投资 IPO 退出事件投资行业分布

图 5.2 给出了 VC 投资机构的 IPO 退出事件行业分布。制造业、IT、能源及矿业分列前三位，占了半壁江山。

按照表 5.4 给出的划分标准，VC 机构的 IPO 退出事件中，新技术行业的比例有所提高，达到了 34.37%。

(三) 新技术行业与非新技术行业间 IPO 退出绩效的差异

表 5.5 显示了新技术行业和非新技术行业间 IPO 退出绩效之间的差异。

表 5.5 IPO 退出事件新技术与传统行业绩效分布

	个数	平均值	最大值	最小值	中值	标准差	方差
新技术行业	284	3.03	78.50	-0.21	1.00	9.50	90.24
非新技术行业	713	2.73	74.81	-0.82	1.31	6.11	37.38
总计	997	2.83	78.49	-0.819	1.21	7.24	52.52

表5.5说明,高新技术企业平均账面内部收益率为3.03,传统行业为2.73,高新技术企业略高于传统行业。高新技术行业方差较大,为90.24,说明其收益率波动较大。

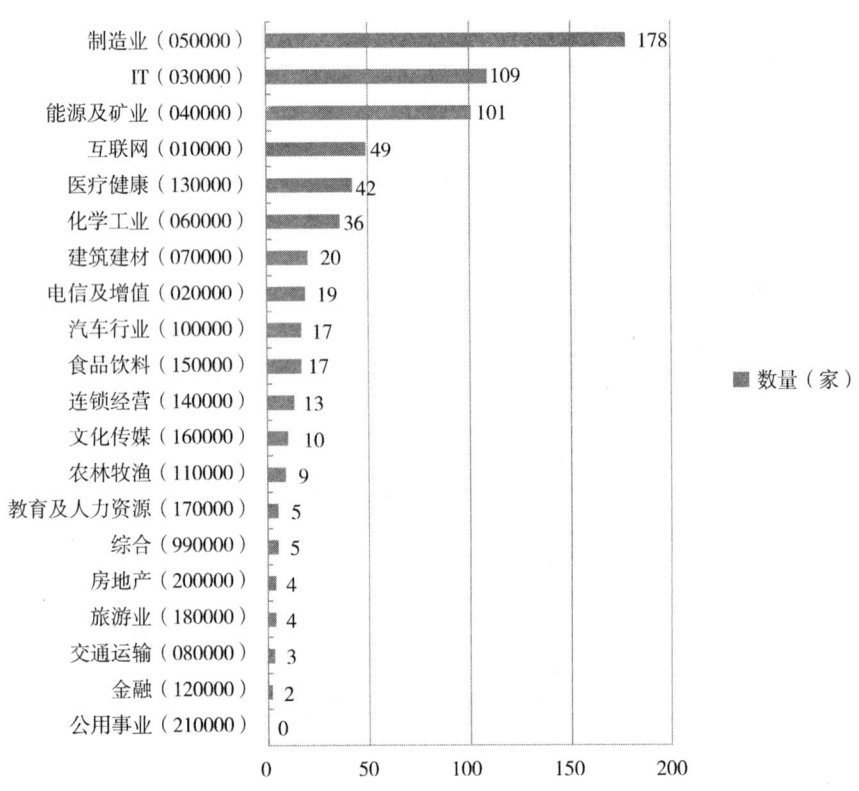

图5.2 VC投资IPO退出事件行业分布

(四) VC投资行业与IPO退出绩效

表5.6给出了VC机构投资的企业IPO退出绩效在新技术行业和非新技术行业之间的差别。

表5.6 VC风险投资投资行业与IPO退出绩效关系统计

	个数	平均值	最大值	最小值	中值	标准差	方差
新技术行业	221	2.91	78.49	−0.20	0.98	9.48	89.90

续表

	个数	平均值	最大值	最小值	中值	标准差	方差
非新技术行业	422	1.01	25.54	-0.42	0.32	1.94	3.78
总计	643	2.23	78.49	-0.42	1.11	5.88	34.58

表5.6说明，VC投资事件中高新技术退出事件的内部收益率明显高于传统行业，新技术行业内部收益率平均值为2.91，而传统行业只有1.01。但是新技术行业方差也较大，为89.90，传统行业只有3.78，说明新技术行业投资风险较大。

二、上市地点选择

本部分我们将探讨通过IPO实现退出时，上市地点选择与投资机构绩效的关系。

（一）IPO退出事件上市地点分布

表5.7给出了所有投资事件上市退出地点分布。

表5.7　IPO退出事件地点分布

上市退出地点	个数	百分比（%）
上交所	62	6.22
深交所主板和中小板	340	33.15
深交所创业板	240	23.20
纽交所	75	8.31
纳斯达克	84	8.68
香港联交所	143	14.89
香港创业板	15	1.64
新加坡股票交易所	32	3.29
其他	6	0.64
总计	997	100.00

表5.7说明，深交所主板、中小板和创业板已经成为投资机构选择上市退出的主要地点，在深圳主板和中小板上市退出的有340家，占33.15%；

在深圳创业板上市退出的有 240 家，占 23.20%。其次在香港联交所上市退出的有 143 家，占 14.89%。在美国纽交所上市退出的有 75 家，纳斯达克上市退出的有 84 家，共占 16.99%。在香港创业板上市退出的有 15 家，占 1.64%。在新加坡上市退出的有 32 家，占 3.29%。其余在欧洲、马来西亚、澳大利亚上市退出的只有 6 家，占 0.64%。

（二）VC 投资 IPO 退出事件上市地点分布

表 5.8 给出了 VC 机构投资事件上市退出地点的选择分布。在中国深交所主板和创业板上市退出的事件比例较全部投资机构在深交所上市退出的事件比例有所提高。在深圳主板上市退出的有 255 个事件，占 39.66%；在深圳创业板上市退出的有 180 个事件，占 27.99%，两者合计约占全部上市退出事件总数的 67%。美国市场仍然是有吸引力的市场，在纽交所上市的有 44 家，纳斯达克上市的有 72 家，共占 18%。

表 5.8　VC 投资 IPO 退出事件地点分布

上市退出地点	个数	百分比（%）
上交所	22	3.42
深交所主板和中小板	255	39.66
深交所创业板	180	27.99
纽交所	44	6.84
纳斯达克	72	11.20
香港联交所	38	5.91
香港创业板	12	1.87
新加坡股票交易所	18	2.80
其他	2	0.31
总计	643	100.00

（三）IPO 退出事件上市地点与 IPO 退出绩效

表 5.9 给出了各上市地点投资机构实现回报的分布情况。

表5.9 投资事件上市地点与IPO退出内部收益率

上市退出地点	平均值	最大值	最小值	中值	标准差	方差
上交所	2.77	49.28	0.23	1.52	6.54	42.79
深交所主板和中小板	1.62	33.42	-0.77	1.06	2.46	6.05
深交所创业板	3.26	74.96	-0.02	1.82	6.98	48.69
纽交所	3.03	25.54	-0.08	0.78	5.99	35.87
纳斯达克	3.22	76.42	-0.17	0.88	9.28	86.08
香港联交所	3.48	78.50	-0.82	0.83	11.35	128.80
香港创业板	2.17	32.38	-0.21	0.50	7.56	57.09
新加坡股票交易所	1.88	8.33	-0.42	1.47	2.08	4.33
其他	10.52	30.43	0.25	4.95	13.77	189.64
全部	2.84	78.50	-0.82	1.15	6.95	48.32

表5.9显示，内部回报率平均值为2.84。实现退出收益最高的依次为香港联交所、深交所创业板和纳斯达克市场。

（四）VC投资事件上市地点与IPO退出绩效

表5.10给出了各上市地点VC投资机构实现回报的分布情况。

表5.10 VC投资事件上市地点与IPO退出内部收益率统计

上市退出地点	平均值	最大值	最小值	中值	标准差	方差
SSE（中国内地）	2.75	24.75	0.25	1.52	5.15	26.57
SZSE（中国内地）	1.51	17.26	0.03	1.06	1.85	3.42
ChiNext（中国内地）	2.76	74.96	-0.02	1.60	5.99	35.89
NYSE（美国）	1.70	25.54	-0.08	0.67	3.88	15.04
NASDAQ（美国）	3.24	76.42	-0.17	0.90	10.15	102.94
HKEx（中国香港）	3.65	78.50	0.00	0.88	12.61	159.02
HKGEM（中国香港）	0.40	1.19	-0.21	0.50	0.46	0.21
SGX-ST（新加坡）	2.36	8.33	-0.42	2.06	2.60	6.78
其他（欧洲等）	0.82	0.82	0.82	0.82	0.00	0.00
全部	2.23	78.50	-0.42	1.11	5.88	34.58

表5.10说明，香港联交所、美国纳斯达克和深圳创业板是VC投资机构实现收益率最高的地方。

第三节　投资行为与IPO退出绩效

一、持股比例

风险投资持股比例是投资机构投资该企业所占的股份比例。

（一）持股比例分布

由于数据缺失，表5.11只报告了926个投资事件中机构的持股比例。

表5.11　风险投资持股比例分布

持股比例	个数	百分比（%）
低于10%	392	42.33
10%~20%	307	33.15
20%~30%	177	19.11
30%以上	50	5.40
总计	926	100.00

在926个投资事件中，投资机构占所投资企业的持股比例低于10%的有392件，占42.33%；10%~20%的有307件，占33.15%；20%~30%的有177件，占19.11%；30%以上的只有50件，只占5.40%。

（二）VC投资IPO退出事件的持股比例分布

表5.12只报告了608个VC投资事件的持股比例。有效样本中，投资机构占所投资企业的持股比例低于10%的有255件，占41.94%；10%~20%的有211件，占34.70%；20%~30%的有103件，占16.94%；30%以上的只有39件，只占6.41%。该比例和全部投资事件的比例差异不大。

表5.12　VC投资事件持股比例分布

持股比例	个数	百分比（%）
低于10%	255	41.94
10%~20%	211	34.70

续表

持股比例	个数	百分比（%）
20%~30%	103	16.94
30%以上	39	6.41
总计	608	100.00

（三）IPO 退出事件的持股比例与 IPO 退出绩效

表 5.13 给出了 926 个投资事件的内部收益率分布情况。持股比例最大和最小的两端内部收益率均值较大，方差也较大。

表 5.13　IPO 退出事件的内部收益率

	平均值	最大值	最小值	中值	标准差	方差
低于 10%	3.41	78.50	−0.82	1.36	8.60	73.89
10%~20%	2.37	74.96	−0.74	1.20	6.19	38.36
20%~30%	2.51	23.93	−0.17	1.24	4.62	21.37
30%以上	4.61	76.42	−0.27	1.05	12.01	144.15
总计	2.96	78.50	−0.82	1.26	7.48	56.01

（四）VC 投资 IPO 退出事件的持股比例与 IPO 退出绩效

表 5.14 显示，在 608 个存在 VC 参与的投资事件中，仍然是持股比例最大和最小的两个区间内部收益率最高，其中，持股比例占 30% 以上的 IPO 退出事件的内部收益率平均值最高，为 3.38，低于全部投资事件中所对应的数值 4.61。

表 5.14　VC 投资 IPO 退出事件的内部收益率

持股比例	平均值	最大值	最小值	中值	标准差	方差
低于 10%	2.63	78.50	−0.42	1.26	6.09	37.14
10%~20%	2.14	74.96	−0.17	1.11	5.70	32.50
20%~30%	1.50	7.39	−0.15	1.11	1.27	1.61
30%以上	3.38	76.42	−0.27	0.96	12.08	145.89
总计	2.32	78.50	−0.42	1.14	6.04	36.43

二、投资持有期

所谓投资持有期是指投资机构从投资该企业开始到被投资企业上市所经历的时间。

（一）IPO 退出事件投资持有期分布

表 5.15 给出了 997 个退出事件的投资持有期分布。投资持有期在三年内的有 788 件，占所有事件的 79.03%，其中投资持有期在 1~2 年的有 367 件，占 36.81%；投资持有期在三年以上的有 209 件，只占了 20.93%；投资持有期在 4 年以上的只有 95 件，占 9.50%。

表 5.15 IPO 退出事件投资持有期分布

投资持有期	个数	百分比（%）
小于 12 个月	187	18.75
12~24 个月	367	36.81
24~36 个月	234	23.47
36~48 个月	114	11.43
48 个月以上	95	9.50
总计	997	100.00

（二）VC 投资 IPO 退出事件的投资持有期分布

如表 5.16 所示，VC 投资退出事件为 643 个，与整体样本一致，投资持有期在 1~2 年的投资退出事件最多，有 225 个，占 35.05%；2~3 年中共 171 个，占 26.48%；一年以内投资持有期的仍然有 66 个，占 10.28%；投资持有期在 4 年以上的比全部事件比例高出 4 个百分点。

表 5.16 VC 投资 IPO 退出事件投资持有期分布

投资持有期	个数	百分比（%）
小于 12 个月	66	10.28
12~24 个月	225	35.05
24~36 个月	171	26.48

续表

投资持有期	个数	百分比（%）
36~48个月	92	14.33
48个月以上	89	13.86
总计	643	100.00

（三）投资持有期与IPO退出绩效

表5.17和图5.3联合给出了投资持有期与投资机构IPO退出绩效的关系。投资持有期越短，收益率越高，这解释了为什么国内投资机构热衷于后期投资。在我国，后期投资不仅风险小，而且投资收益率高。

表5.17 IPO退出事件投资持有期的内部收益率分布

投资持有期	平均值	最大值	最小值	中值	标准差	方差
小于12个月	7.25	78.50	-0.82	2.40	13.90	193.15
12~24个月	2.84	74.96	-0.77	1.92	5.22	27.24
24~36个月	1.29	7.08	-0.44	1.23	0.82	0.67
36~48个月	0.92	3.89	-0.03	0.91	0.51	0.26
48个月以上	0.51	1.56	-0.71	0.50	0.29	0.09
全部	2.84	78.50	-0.82	1.22	7.24	52.37

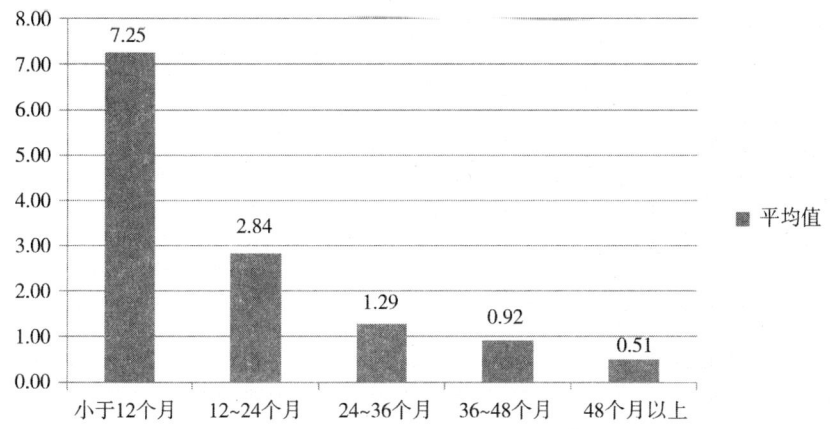

图5.3 IPO退出事件投资持有期内部收益率的平均值分布

通过使用账面回报倍数来衡量投资绩效，我们得到了如表5.18所示的结果。我们发现，投资持有期越长，平均投资回报倍数越高。

表 5.18　IPO 退出事件投资持有期与账面回报倍数均值

投资持有期	回报倍数平均值
小于 12 个月	2.50
12~24 个月	5.66
24~36 个月	8.23
36~48 个月	8.77
48 个月以上	20.86

（四）VC 机构投资持有期与 IPO 退出绩效

表 5.19 和图 5.4 联合给出了 VC 机构的投资持有期与内部收益率的关系。与样本整体一致，内部收益率随着持有期的增加而减少。

表 5.19　VC 投资 IPO 退出事件投资持有期的绩效分布

投资持有期	平均值	最大值	最小值	中值	标准差	方差
小于 12 个月	6.91	78.50	-0.42	3.67	14.04	197.17
12~24 个月	2.76	74.96	-0.27	1.74	5.67	32.10
24~36 个月	1.32	7.08	0.00	1.23	0.82	0.67
36~48 个月	0.95	2.39	-0.03	0.97	0.42	0.18
48 个月以上	0.52	1.56	-0.14	0.50	0.26	0.07
全部	2.23	78.50	-0.42	1.11	5.89	34.64

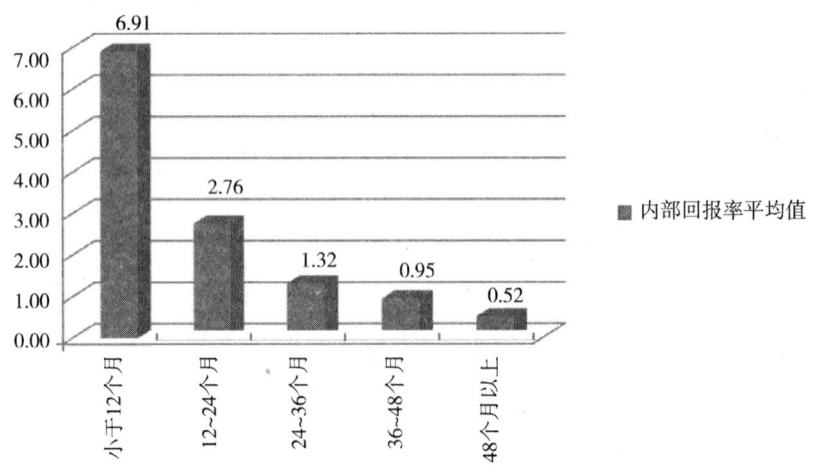

图 5.4　VC 投资 IPO 退出事件投资持有期与内部收益率

同样地,在使用账面回报倍数来衡量投资绩效之后,我们得到了如表 5.20 所示的结果。我们发现,投资持有期越长,平均投资回报倍数越高。

表 5.20　VC 投资 IPO 退出事件投资持有期的账面回报倍数分布

投资持有期	平均值
小于 12 个月	2.78
12～24 个月	6.57
24～36 个月	8.50
36～48 个月	9.66
48 个月以上	19.91

第四节　投资策略与 IPO 退出绩效

一、投资阶段

企业的发展阶段一般可以分为早期、发展期、扩张期、获利期四个阶段。投资机构对企业发展阶段的偏好形成了投资阶段选择策略。

(一) IPO 退出事件投资阶段分布

表 5.21 给出了 997 个退出事件风险投资机构在做投资的时候企业所处的发展阶段分布情况。

表 5.21　投资阶段分布

投资阶段	个数	百分比(%)
早期	21	2.11
发展期	197	19.76
扩张期	643	64.49
获利期	136	13.64
总计	997	100.00

投资扩张期的事件有 643 个,占 64.49%,占了一半以上。投资早期的只有 21 个,只占 2.11%。

(二)投资阶段与 IPO 退出绩效

表 5.22 和图 5.5 给出了各个阶段投资事件的内部收益率情况。

表 5.22 IPO 退出事件投资阶段内部收益率统计

	个数	平均值	最大值	最小值	中值	标准差	方差
总计	997	5.09	643.1195	-0.8199	1.22545	34.03197	1158.175
早期	21	0.79	3.6027	0.2999	0.5265	0.734243	0.539113
发展期	197	2.12	76.4172	-0.1415	0.9645	7.691666	59.16172
扩张期	643	3.98	399	-0.7716	1.372	21.86645	478.1417
获利期	136	15.06	643.1195	-0.8199	1.7422	77.1636	5954.221

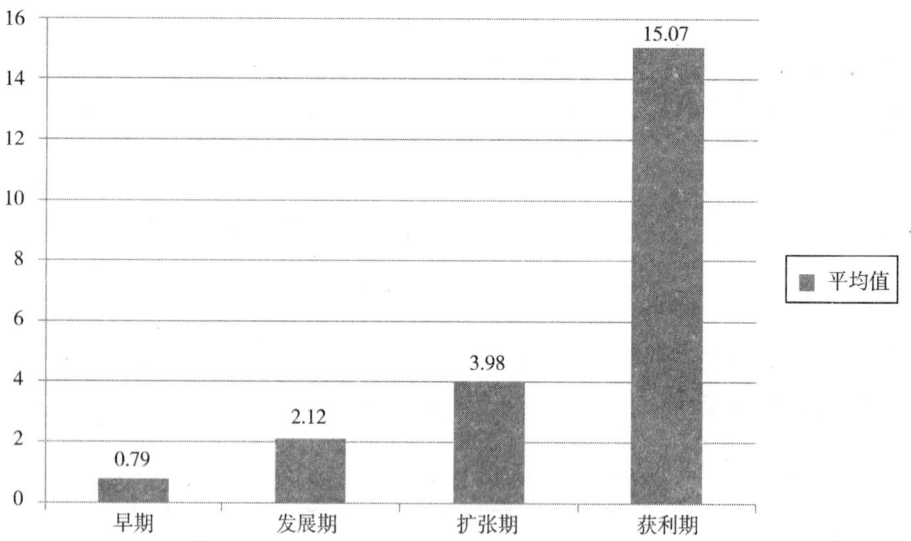

图 5.5 IPO 退出事件投资阶段与收益率

表 5.23 给出了投资阶段和平均回报倍数的关系。投资早期的账面回报倍数平均值高达 26.90 倍,远高于获利期的 4.82 倍。

表 5.23　IPO 退出事件投资阶段账面回报倍数统计

投资阶段	平均值
早期	26.90
发展期	12.00228
扩张期	6.197859
获利期	4.818088

二、投资轮次

投资轮次是针对企业的融资来说的，可以划分为 VC – Series A、VC – Series B、VC – Series C、VC – Series D、VC – Series E 等风险投资轮次以及 PE – Growth、PE – PIPE、PE – BUYOUT 等私募股权轮次。本节所指的投资轮次就是投资事件发生的时候，企业所处的融资轮次。我们希望通过本部分研究，发现不同轮次的投资事件带来的收益率的差异。

（一）IPO 退出事件投资轮次分布

表 5.24 给出了 997 个投资事件的投资轮次分布。

表 5.24　投资轮次分布

投资轮次	个数	百分比（%）
VC – Series A	475	47.64
VC – Series B	112	11.23
VC – Series C	40	4.01
VC – Series D	12	1.20
VC – Series E	4	0.40
PE – Growth	347	34.80
PE – PIPE	6	0.60
PE – BUYOUT	1	0.10
总计	997	100

（二）投资轮次与 IPO 退出绩效

表 5.25 和图 5.6 联合给出了各个投资轮次的绩效分布。

表5.25 投资轮次绩效分布

投资轮次	个数	平均值	最大值	最小值	中值	标准差	方差
VC–Series A	475	1.85	76.42	-0.42	1.11	4.12	16.99
VC–Series B	112	3.77	78.50	-0.21	1.26	10.49	109.95
VC–Series C	40	2.95	38.03	0.08	1.03	6.32	39.97
VC–Series D	12	1.13	2.71	0.30	0.65	0.89	0.80
VC–Series E	4	0.60	1.48	0.19	0.36	0.59	0.35
PE–Growth	347	3.98	74.81	-0.82	1.52	9.23	85.23
PE–PIPE	6	1.59	6.08	-0.14	0.87	2.28	5.20
PE–BUYOUT	1	0.9949	0.9949	0.9949			
总计	997	2.83	78.50	-0.82	1.22	7.25	52.53

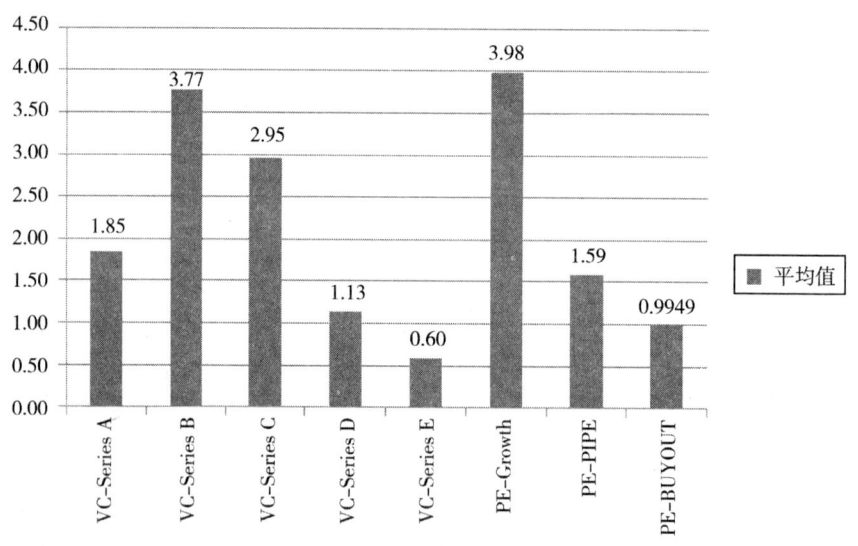

图5.6 投资轮次与平均内部收益率

数据说明，PE–Growth 轮次平均内部收益率最高，为3.98；其次是VC–Series B，为3.77；VC–Series D 和 VC–Series E 轮风险资本投资的收益率较低。

三、联合投资

联合投资是指数家风险投资机构在一个投资轮次共同投资一家企业。

（一）IPO 退出事件联合投资分布

表 5.26 给出了 303 个联合投资事件中，参与的风险投资机构家数分布情况。

表 5.26 IPO 退出事件中联合投资分布

联合投资机构家数	事件数	比例（%）
2 家	184	60.73
3 家	68	22.44
4 家	29	9.57
5 家及以上	22	7.26
总计	303	100.00

表 5.26 说明，2 家投资机构联合投资事件数量最多，为 184 件，占 60.73%；3 家联合投资事件有 68 件，占 22.44%；4 家的有 29 件，占 9.57%；5 家及以上的占比较少，只有 22 件，占 7.26%。

（二）联合投资与退出绩效

表 5.27 和图 5.7 给出了联合投资的机构家数与退出绩效的关系。

表 5.27 IPO 退出事件中联合投资与退出绩效

机构家数	平均值	最大值	最小值	中值	标准差	方差
2 家	2.40	54.20	-0.82	1.22	5.20	27.01
3 家	3.06	74.96	-0.58	1.25	9.64	92.87
4 家	1.99	10.42	-0.08	1.13	2.34	5.48
5 家及以上	2.69	23.75	-0.09	0.89	5.20	27.06
全部	2.53	74.96	-0.82	1.22	6.28	39.47

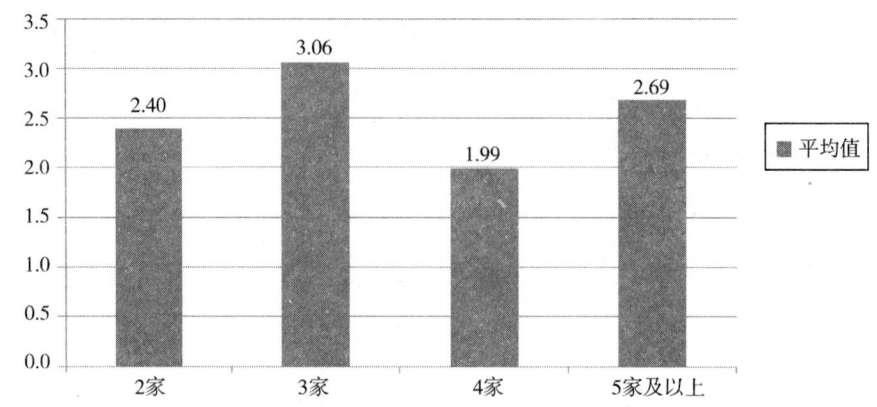

图 5.7 IPO 退出事件中联合投资退出绩效平均值统计

数据说明，联合投资 IPO 退出事件的内部收益率平均值为 2.53，低于样本整体的平均内部收益率。参与联合投资的机构家数为 3 家时，平均收益率最高。

（三）VC 投资联合投资与退出绩效

进一步，表 5.28 和图 5.8 给出了 VC 机构联合投资的内部收益率状况。

表 5.28 VC 投资 IPO 退出事件中联合投资与退出绩效

	个数	平均值	最大值	最小值	中值	标准差	方差
总计	192.00	2.13	74.96	−0.58	1.22	5.59	31.20
2 家	121.00	1.87	10.18	−0.02	1.17	1.99	3.97
3 家	43.00	3.33	74.96	−0.58	1.50	11.24	126.34
4 家	14.00	1.40	6.96	−0.08	0.85	1.81	3.27
5 家及以上	14.00	1.43	6.96	−0.09	0.66	1.94	3.77

数据仍然显示了 3 家机构联合投资时的收益率最高，而且更加明显。

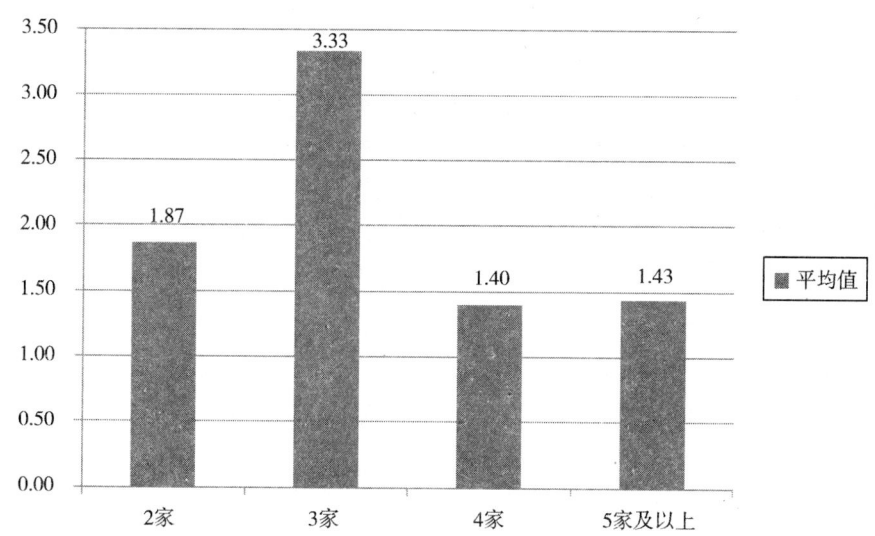

图 5.8 VC 投资 IPO 退出事件中联合投资与退出绩效

第六章　风险投资家特征与投资偏好

在整个风险投资体系中，风险投资家是风险投资的核心。在本章中，我们称那些已经作为负责人对企业进行过投资的人士为风险投资家，根据投资案例的多少，我们将投资事件大于或等于3个的风险投资家视为活跃风险投资家，将投资事件为1~2个的视为不活跃风险投资家。以此为标准，我们从CVsource股权投资数据库中分辨出了414位活跃风险投资家和618位不活跃风险投资家，并对比他们的性别、学历、专业、工作经历和海外经历等相关特征。然后，我们从行业、技术和阶段三个方面来对比不同特征的活跃风险投资家的投资偏好。

研究发现，风险投资家中绝大多数都是男性，比例高达89%；风险投资家大多是硕士学历背景和混合专业背景，进入风险投资领域之前的工作经历主要是金融及投资机构、企业高管等方面。此外，活跃的风险投资家的海外经历比例很高，为71%。

第一节　风险投资家特征概述

本节分析风险投资家的性别、学历层次、专业、工作经历、海外经历5个方面的特征。

一、风险投资家的性别分布

表6.1说明，风险投资家群体中绝大多数都是男性，不仅如此，活跃风险投资家和不活跃风险投资家两个子样本中的性别比例几乎一样。

表 6.1 风险投资家的性别分布

性别	活跃风险投资家		不活跃风险投资家	
	数量	比例（%）	数量	比例（%）
男	367	88.65	549	88.89
女	47	11.35	69	11.11

二、风险投资家的学历分布

图 6.1 给出了风险投资家的学历层次分布。

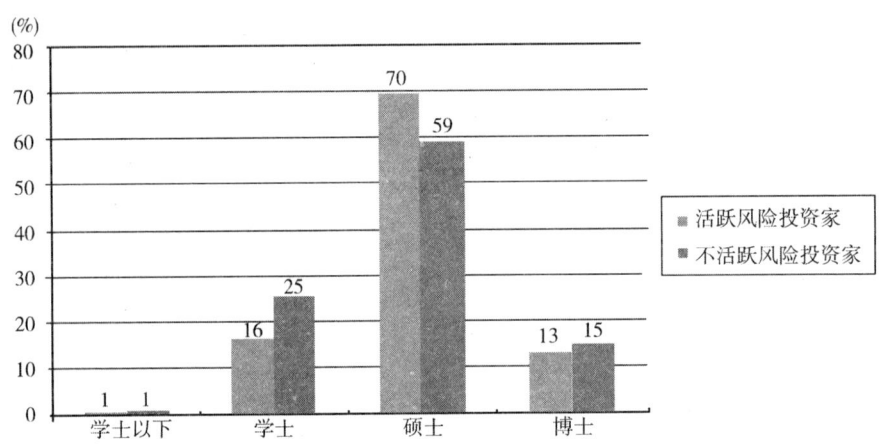

图 6.1 风险投资家的学历分布

从图 6.1 可以看出，风险投资家以硕士以上学历为主，活跃风险投资家中的硕士层次学历人数高于不活跃风险投资家。

三、风险投资家的专业背景分布

我们借鉴《中国风险投资年鉴》对风险投资家专业背景的划分方式，把风险投资家的专业背景分为"科学技术"、"企业管理"、"金融及资本运作"、"混合"（混合是指包括所列举专业两个及两个以上类别）和其他。图 6.2 表现出了风险投资家的专业背景分布情况。

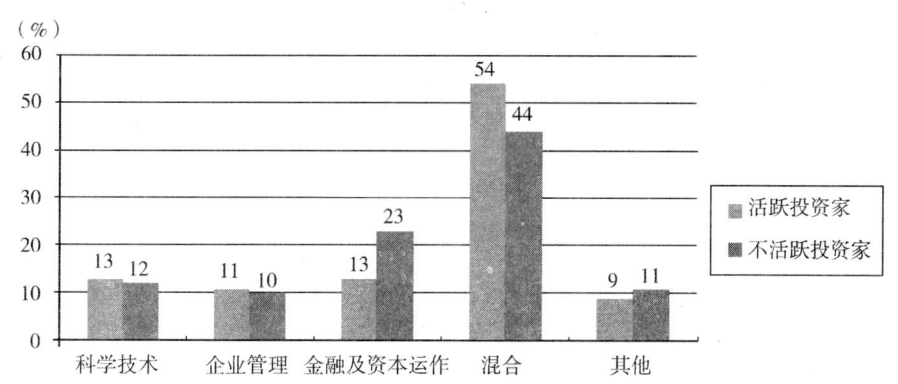

图 6.2 风险投资家的专业背景分布

图 6.2 显示，混合背景的风险投资家最多，其次是金融及资本运作背景，然后是科学技术背景。相比之下，较不活跃风险投资家子样本，活跃风险投资家中的混合背景比例更高一些。

四、风险投资家的工作经历分布特征

对活跃风险投资家工作经历我们分为如下 5 种：金融投资机构、创业家、企业高管、政府机构、混合（混合是指包括其他工作经历两个及两个以上的经历）和其他。图 6.3 给出了风险投资家的工作经历分布情况。

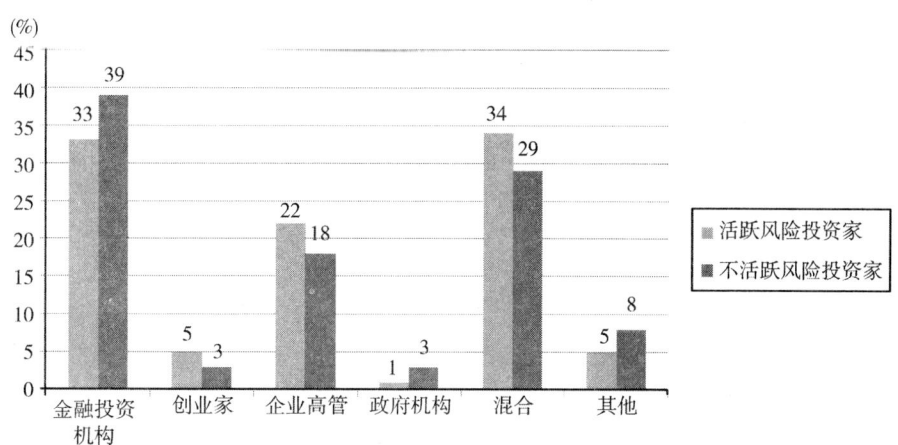

图 6.3 风险投资家工作经历分布

从图 6.3 可以看出,超过 1/3 的风险投资家具有金融投资机构的工作经历。有大约 1/3 的风险投资家具有混合工作经历。无论是活跃风险投资家样本还是不活跃风险投资家样本,创业家背景所占的比例较少,而风险投资家的创业经历对于帮助创业者成长具有重要作用。

五、风险投资家的海外经历分布特征

海外经历是指风险投资家具有海外求学或者具有海外工作经历。图 6.4 显示了风险投资家中具有海外经历的情况。

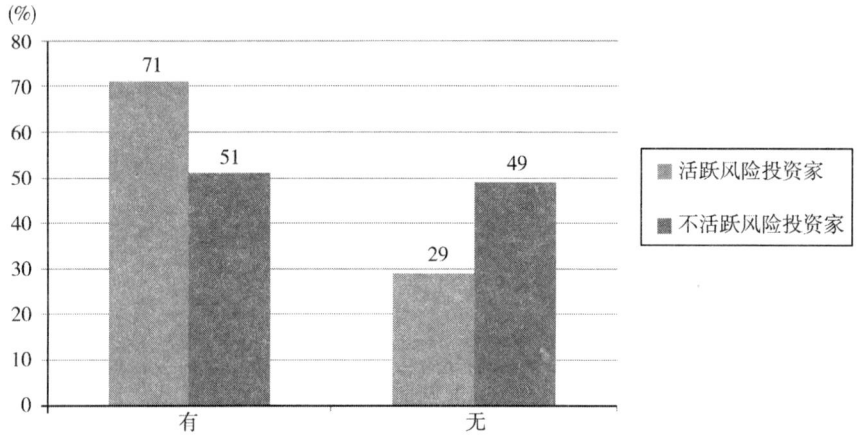

图 6.4 风险投资家的海外经历分布

图 6.4 显示,活跃风险投资家的海外经历比例很高,为 71%,而不活跃风险投资家的海外经历比例仅为 51%。

第二节 学历层次与投资偏好

本节开始,我们只以活跃风险投资家为研究对象,研究风险投资家的特征与投资偏好的关系。根据统计,414 位活跃风险投资家共发生了 2957 个投资事件,活跃风险投资家所投资的事件数量占全部投资事件数量的 80%,因此,分析活跃风险投资家的特征与投资偏好的关系更具有说服力。

与 2957 个投资事件相关的 414 位活跃风险投资家的学历分布如表 6.2 所示。

表6.2 不同学历层次下投资数量对比

学历层次	学士以下	学士	硕士	博士	总计
投资事件数量	17	367	2251	322	2957
比例（%）	0.58	12.41	76.12	10.89	100.00
人均数量	8.50	6.44	9.34	7.00	

表6.2显示，硕士学历的人均投资数量最高。

一、学历层次与行业偏好

本小节按照CV行业分类标准对所有投资事件进行分类。表6.3给出了不同学历层次风险投资家的投资行业偏好情况。

表6.3 学历层次与行业偏好

行业	学士以下（%）	学士（%）	硕士（%）	博士（%）
互联网	5.88	28.07	20.70	14.60
IT	0	17.17	19.24	16.15
制造业	23.53	9.81	9.55	10.56
电信及增值服务	0	4.90	8.62	6.52
房地产	0	0.54	0.93	0.93
化学工业	5.88	0.00	2.53	2.17
建筑建材	0	0.82	2.44	1.24
交通运输	0	0.54	0.76	1.55
教育及人力资源	0	3.54	3.07	1.86
金融	0	1.09	1.29	1.24
连锁经营	17.65	4.90	3.86	2.17
旅游业	0	0.27	0.04	0.00
能源及矿业	17.65	11.17	7.91	9.94
农林牧渔	0	2.18	2.31	1.86
汽车行业	5.88	1.63	1.42	1.55
食品饮料	0	1.63	2.35	2.80
文化传媒	5.88	6.27	4.62	5.28
医疗健康	17.65	4.63	7.33	18.94
综合	0	0.82	1.02	0.62

表6.3显示,互联网和IT业是学士以上学历风险投资家比较偏好的行业,而学士以下学历的风险投资家更加偏好制造业、连锁经营、能源及矿业等。博士学历的风险投资家对医疗健康领域的投资比例也相对较高。

二、学历层次与技术偏好

进一步,我们根据表6.3将行业分为新技术行业和非新技术行业两大类,统计结果见图6.5。

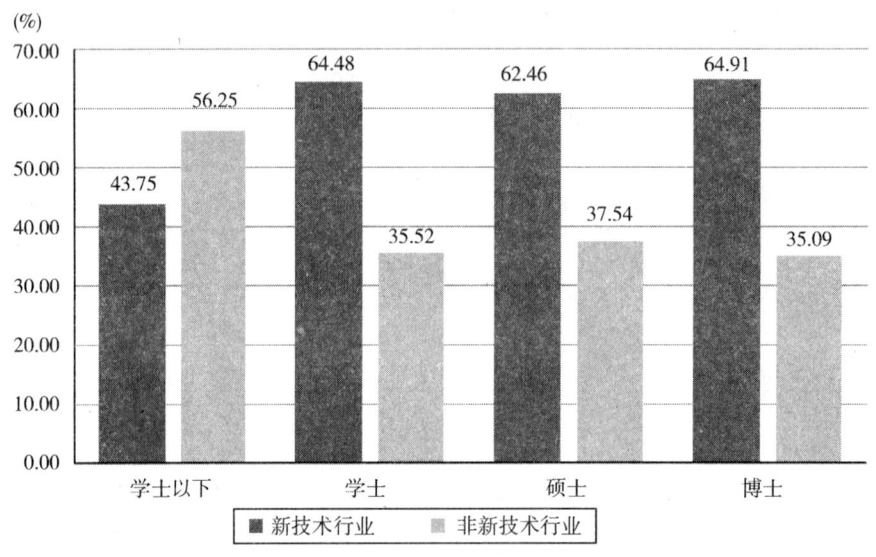

图6.5 学历层次与技术偏好

从图6.5可以看出,学士学历、硕士学历和博士学历的风险投资家对新技术行业与非新技术行业的投资偏好是大致相同的。投资于新技术行业的比例大于投资于非新技术行业的比例。而学士以下学历的风险投资家则更加偏好非新技术行业。

三、学历层次与阶段偏好

我们将风险投资事件发生时企业所处的发展阶段分为四类:早期、发展期、扩张期和成熟期。各阶段的企业特点如表6.4所示。

第六章　风险投资家特征与投资偏好

表6.4　投资阶段企业特点

阶段	特　征
早期	创业领导者建立了核心创业团队，创业团队拥有技术、产品和概念，还没建立企业或者刚刚建立企业，致力于技术和产品的商业化开发，没有进入正式的销售阶段，融资数额较小，主要用于技术产品的开发和市场开发调查
发展期	已经将其较完善的产品和服务推向市场，销售呈现快速的增长态势，没有产生盈利收入，融资数额较早期更大，主要用于产品的进一步完善、建立产品和服务的市场渠道和加强创业团队的建设
扩张期	企业已将其基本定型的产品完全推向市场，产品和服务得到广泛认可，市场快速增长，抢占市场份额是扩张期企业的首要目标，未必产生盈利收入，企业融资数额较大，主要用于市场开拓和营销能力的加强
成熟期	产品和服务已经完全被消费者接受，市场增长趋缓，市场份额已基本圈定，有较稳定的盈利收入，该阶段企业融资主要用于维持企业的市场份额、巩固竞争优势

由于学士以下学历层次的风险投资家对企业发展阶段偏好的数据缺失，这里不做统计。最终的统计结果如图6.6所示。

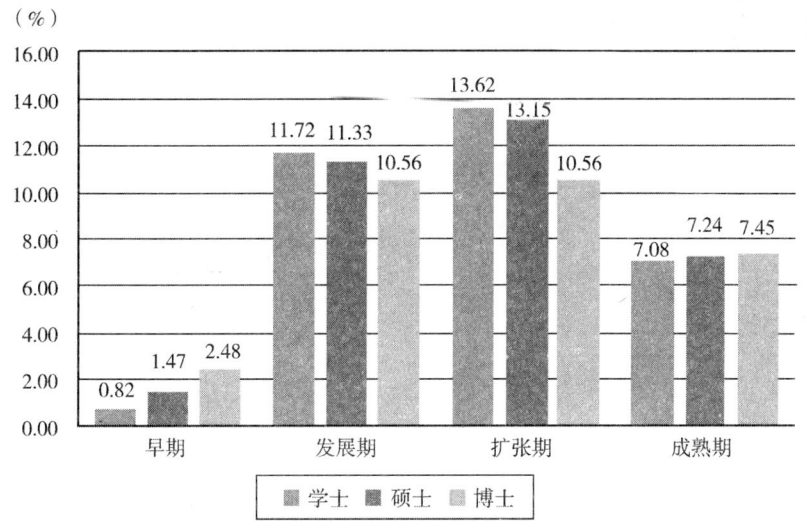

图6.6　学历层次与阶段偏好

图6.6显示，各种学历层次对发展期、扩张期和成熟期的企业的投资偏

好相差不大,而对早期企业的投资偏好差别较大,博士学历的风险投资家较学士学历和硕士学历的风险投资家做了更大比例的早期投资。

第三节 专业背景与投资偏好

414位活跃风险投资家按照专业背景分类后,各类背景的风险投资家发生的投资事件及其比例见表6.5。

表6.5 不同专业背景的活跃风险投资家投资事件数量

专业背景	科学技术	企业管理	金融及资本运作	混合	其他
投资事件数量	309	317	270	1832	228
比例(%)	10.50	10.77	9.17	62.25	7.75
人均数量	7.54	8.81	6.28	10.41	8.14

表6.5说明,具有混合专业背景的风险投资家发生的投资事件总数最多,人均数量也最多。

一、专业背景与行业偏好

表6.6给出了不同专业背景的活跃风险投资家投资行业情况。图6.7给出了对应的折线图,帮助我们理解这些数据。

表6.6 专业背景与行业偏好

行业	科学技术(%)	企业管理(%)	金融及资本运作(%)	混合(%)	其他(%)
互联网	23.30	23.03	17.04	20.41	22.81
IT	17.48	21.14	18.15	18.01	21.05
制造业	6.47	8.20	12.22	9.66	14.47
电信及增值服务	11.33	7.89	4.44	8.41	3.07
房地产	0.00	0.95	2.22	0.82	0.88
化学工业	0.32	2.84	2.22	2.46	1.75
建筑建材	1.94	4.73	1.85	1.86	0.88

续表

行业	科学技术（%）	企业管理（%）	金融及资本运作（%）	混合（%）	其他（%）
交通运输	1.62	0.00	1.11	0.76	0.88
教育及人力资源	2.27	4.42	1.85	3.17	1.75
金融	1.62	2.21	0.37	1.26	0.44
连锁经营	5.83	4.73	2.59	3.77	2.63
旅游业	0.00	0.00	0.00	0.05	0.44
能源及矿业	5.83	6.31	15.93	8.46	7.46
农林牧渔	2.59	1.89	3.33	2.18	1.32
汽车行业	1.29	1.26	2.22	1.47	1.32
食品饮料	2.27	1.89	2.22	2.46	1.75
文化传媒	4.21	5.05	4.07	5.08	5.26
医疗健康	10.68	2.21	7.78	8.73	10.96
综合	0.97	1.26	0.37	0.98	0.88
合计	100	100	100	100	100

表6.6和图6.7显示，5类专业背景的活跃风险投资家对行业的偏好大致相似，金融及资本运作专业背景的风险投资家相比其他专业背景更加偏好能源及矿业。互联网、IT、电信及增值服务以及医疗健康是各种专业背景的风险投资家都比较偏爱的行业。

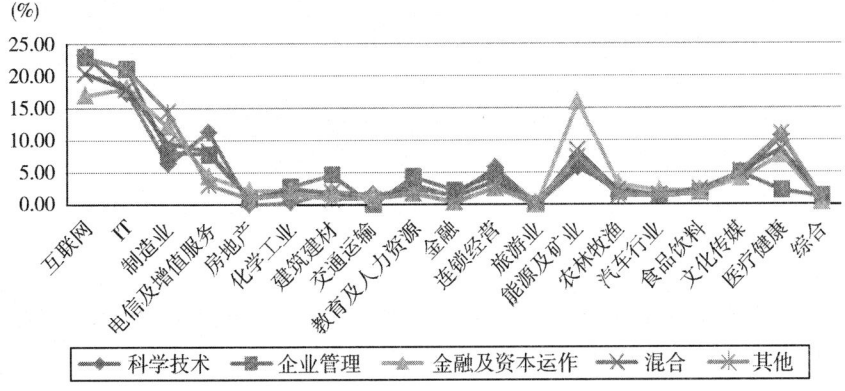

图6.7 专业背景与行业偏好

二、专业背景与技术偏好

进一步,我们统计了专业背景与技术偏好的关系,如图6.8所示。

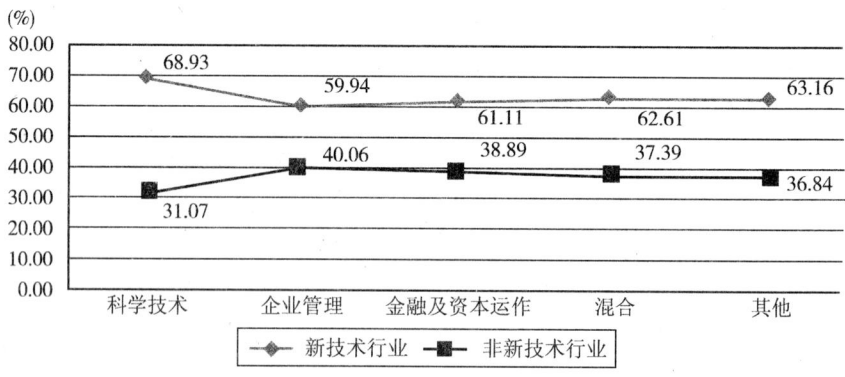

图6.8 专业背景与技术偏好

图6.8显示,企业管理背景、金融及资本运作背景和混合背景的风险投资家对新技术行业和非新技术行业的投资数量比例相差不大,而相比之下科学技术背景的风险投资家对新技术行业的投资比例更大。

三、专业背景与阶段偏好

图6.9给出了不同专业背景活跃风险投资家的投资阶段分布情况。

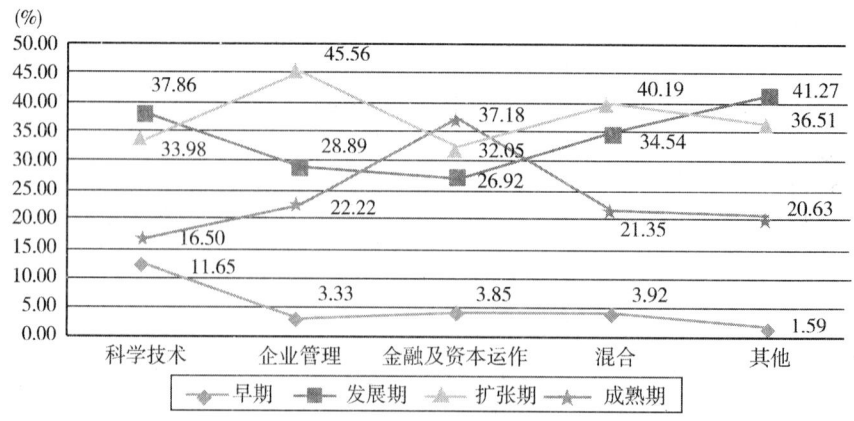

图6.9 专业背景与阶段偏好

对早期阶段投资比例最高的是科学技术背景的风险投资家。对成熟期阶段投资比例最高的是金融及资本运作背景的风险投资家,对扩张期阶段投资比例最高的是企业管理背景的风险投资家。

第四节 工作经历与投资偏好

414位活跃风险投资家按照工作经历分类后,各类背景的风险投资家发生的投资事件及其比例见表6.7。

表6.7 不同工作经历的风险投资家投资数量的对比

经历分类	金融投资机构	创业家	企业高管	政府机构	混合	其他
投资事件数量	856	176	673	28	847	144
投资比例(%)	31.42	6.46	24.71	1.03	31.09	5.29
人均投资数量	7.13	9.26	8.31	14.00	6.78	8.00

表6.7说明,具有政府机构工作经历的风险投资家的投资事件人均数量最多,其他经历的风险投资家人均投资数量相差不多。

一、工作经历与行业偏好

表6.8给出了不同工作经历的活跃风险投资家投资行业情况。图6.10给出了对应的折线图,帮助我们理解这些数据。

表6.8 工作经历与行业偏好

行业	金融投资机构(%)	创业家(%)	企业高管(%)	政府机构(%)	混合(%)	其他(%)
互联网	20.21	41.48	22.29	25.00	17.47	14.58
IT	13.08	14.77	23.48	21.43	21.13	16.67
制造业	9.93	4.55	9.81	7.14	9.68	11.81
电信及增值服务	7.71	16.48	7.73	14.29	7.56	10.42
房地产	0.82	0.00	1.34	0.00	0.24	2.08
化学工业	2.34	0.00	1.49	0.00	2.72	1.39

续表

行业	金融投资机构（%）	创业家（%）	企业高管（%）	政府机构（%）	混合（%）	其他（%）
建筑建材	2.22	0.57	3.27	0.00	1.30	2.78
交通运输	0.23	0.00	0.89	0.00	1.30	2.78
教育及人力资源	3.50	1.70	2.38	7.14	3.42	4.17
金融	1.99	0.57	0.59	0.00	1.18	0.00
连锁经营	3.86	2.84	4.31	0.00	3.54	4.86
旅游业	0.12	0.57	0.00	0.00	0.00	0.00
能源及矿业	10.98	3.98	5.20	10.71	9.68	7.64
农林牧渔	3.04	0.57	1.93	0.00	2.13	1.39
汽车行业	1.52	0.57	1.93	7.14	0.83	1.39
食品饮料	3.97	0.00	1.04	0.00	2.01	2.78
文化传媒	4.21	3.98	5.20	0.00	6.26	4.17
医疗健康	9.35	5.68	6.09	7.14	8.74	11.11
综合	0.93	1.70	1.04	0.00	0.83	0.00

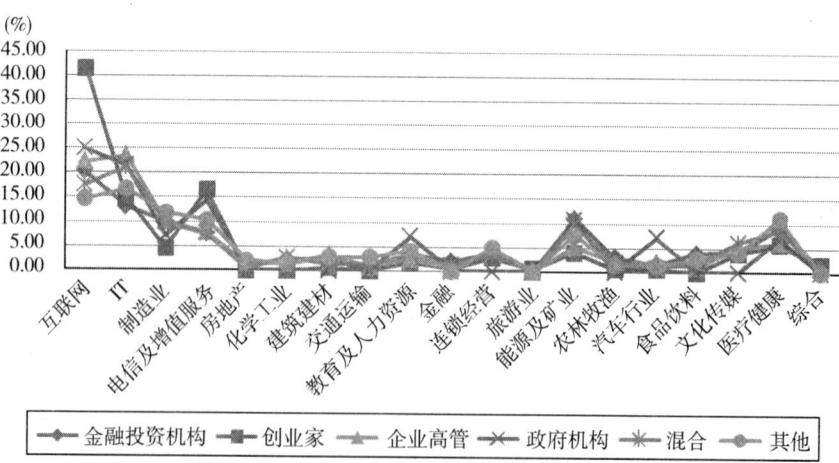

图 6.10 工作经历与投资偏好

从表 6.8 和图 6.10 中可以看出，6 类专业背景的活跃风险投资家对行业的偏好也大致相似，创业家工作经历的风险投资家相比其他工作经历更加偏好互联网。互联网、IT、电信及增值服务以及医疗健康是各种工作经历背景

第六章 风险投资家特征与投资偏好

的风险投资家都比较偏爱的行业。

二、工作经历与技术偏好

进一步，我们统计了工作经历与技术偏好的关系，如图 6.11 所示。

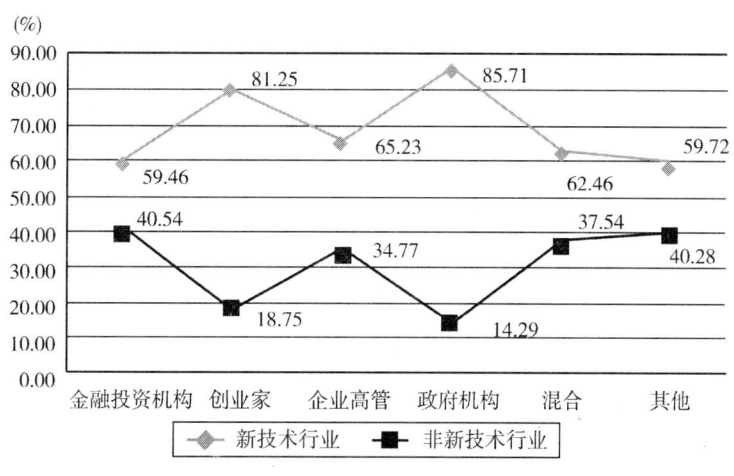

图 6.11 工作经历与技术偏好

图 6.11 显示，金融投资机构、企业高管以及混合工作经历的风险投资家对新技术行业的投资比例不相上下，而创业家和政府机构工作经历的风险投资家则较多投向了新技术行业，具有较强的技术偏好。

三、工作经历与阶段偏好

图 6.12 给出了不同工作经历的风险投资家投资阶段情况。

投资早期阶段和发展期阶段比例最高的是创业家工作经历的风险投资家，而这两个阶段的投资通常被合称为中早期投资，被视为真正的创业投资。此外，从图 6.12 可以看出，有政府机构工作经历的风险投资家则在扩张期的项目投资占了 80% 的比例，表现出了强烈的扩张期阶段偏好。

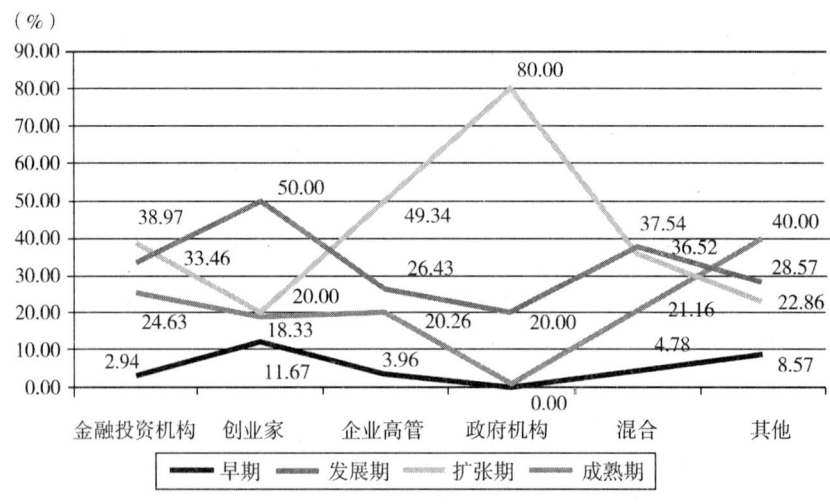

图 6.12 工作经历与阶段偏好

第五节 海外经历与投资偏好

414 位活跃风险投资家按照海外经历分类后,我们发现,有海外经历的活跃风险投资家平均投资事件数量为 7.89 个,而没有海外经历的活跃风险投资家平均投资事件数量为 6.63 个,略少于有海外经历的风险投资家。

本节探讨海外经历与投资偏好之间的关系。

一、海外经历与行业偏好

图 6.13 给出了有无海外经历的风险投资家在不同行业间的投资事件比例对比情况。

从图 6.13 可以看出,有海外经历的风险投资家在互联网、医疗健康、电信及增值服务以及文化传媒行业有更高的投资比例,在制造业、能源及矿业、连锁经营、化学工业、建筑建材、汽车行业等行业的投资比例较低。

二、海外经历与技术偏好

进一步,我们统计了海外经历与技术偏好的关系,如图 6.14 所示。

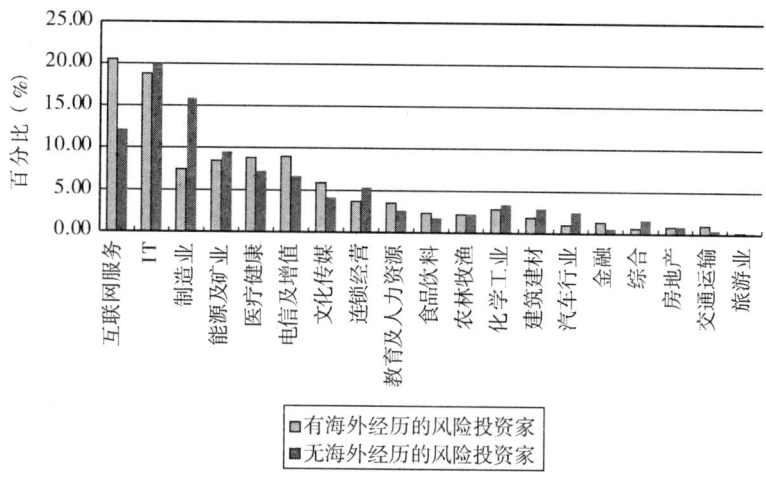

图 6.13　海外经历与行业偏好

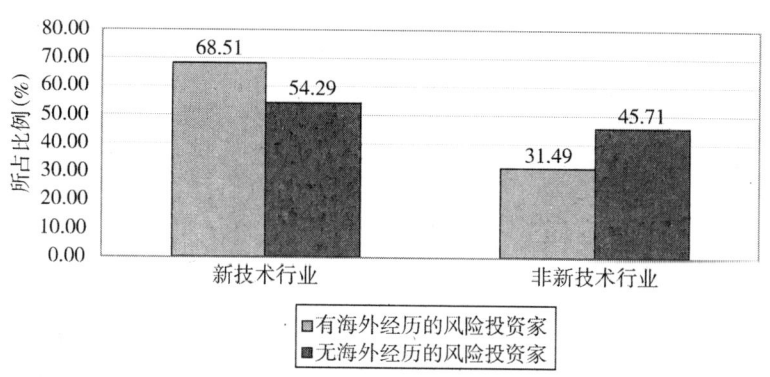

图 6.14　海外经历与技术偏好

图 6.14 显示，有海外经历的风险投资家更加偏好于新技术行业，其在新技术行业内的投资事件比例高出没有海外经历的风险投资家 14 个百分点。

三、海外经历与阶段偏好

图 6.15 给出了有无海外经历的风险投资家投资阶段对比情况。

图 6.15 显示，有海外经历的风险投资家更多地投向发展期和扩张期的企业，早期企业的投资比例两者差距不大。没有海外经历的风险投资家则更多地投向成熟期企业。

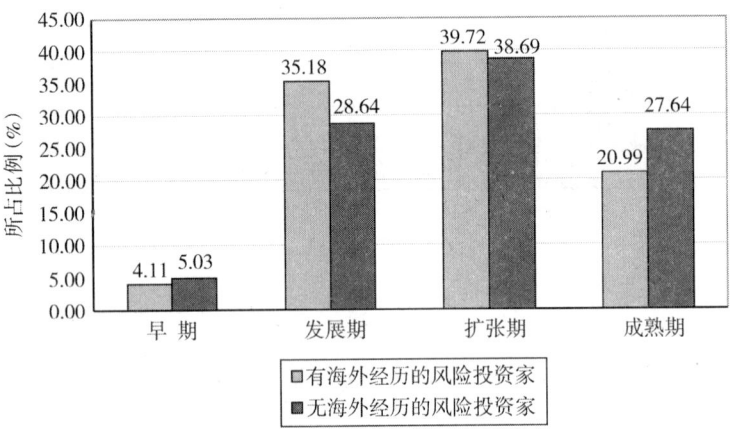

图 6.15 海外经历与阶段偏好

第七章 风险投资机构高管团队与绩效

在本章中,我们选取了 10 家有代表性的风险投资机构作为案例研究对象,从高管团队的视角,研究风险投资机构绩效的影响因素。我们试图回答如下问题:本土和海外风险投资机构的社会资本有何特点?高管团队的人力资本对社会资本的形成有何影响?高管团队的社会资本对风险投资绩效有何影响?

研究结果表明:在政府社会资本方面,本土投资机构占明显优势;要提供可靠的增值服务,技术社会资本就成为一个杀手锏;市场社会资本则各有千秋。任期越长的高管团队拥有更多的内部社会资本;高管团队的相关从业经验对其外部社会资本的沉淀有积极的促进作用;而高管团队的教育水平与其外部社会资本的关系还需进一步研究。同时,研究证实高管团队的内部社会资本和外部社会资本与投资绩效均存在正相关关系。

第一节 风险投资高管团队相关理论

一、相关文献综述

人力资本、社会资本与投资绩效三者之间的关系已经受到国内外众多学者的关注。本节结合研究问题的需要,分专题对文献进行梳理。

(一)企业社会资本理论

随着社会资本理论在社会科学中的蓬勃发展,从企业社会资本的角度来阐述企业绩效的成因成为组织研究和战略管理领域新的研究热点。Nahapiet 和 Ghoshal(1998)将社会资本定义为"嵌入于可利用的并源于个体或社会单元拥有的关系网络中的实际的和潜在的资源"[1]。相类似地，Gabbay 和 Leenders（2001）认为企业社会资本是"企业通过社会关系网络所获得的能够促进其目标实现的有形或无形资源"[2]，这一概念很显然扩大了社会资本的内涵，因为它不仅包括关系中的信任、规范、义务和期望等促进合作的无形资源，也包括企业从外部关系中所获得的其他有形或无形资源。Koka 和 Prescott（2002）专门撰文分析了社会资本的研究可以扩展到企业层次的理由，他们认为，社会资本是蕴藏在社会行为者网络关系中的一种潜在资源，而企业是一种以营利为目的的社会行为者，也有自己的关系网络，自然也拥有自身的社会资本，企业之间的关系就代表企业社会资本[3]。张方华（2004）认为，企业社会资本指的是企业建立在信任和规范基础上的各种社会关系的范围与质量，以及在此基础上获取外部资源的能力[4]。本章采用现在应用最为广泛的 Nahapiet 和 Ghoshal（1998）的资源说定义，将高管团队社会资本定义为"嵌入于高管团队外部关系网络与内部关系网络之中的实际的或潜在的资源的集合"。

（二）社会资本与绩效

社会资本的概念一提出，不同研究方向的学者围绕这一概念进行了广泛而深入的探讨。国内外直接研究社会资本对企业绩效影响的相对较少，主要是对企业经营行为的影响进行研究。周小虎（2002）认为具有丰富社会资本的企业能从网络中获取企业生存和发展所需要的关键信息，对企业及时回避经营风险和把握市场机会具有重要作用；企业内部网络成员之间的相互信任与协作是企业内部社会资本的重要组成部分，可以将企业各成员有机联合起来，形成一个团结的整体[5]。Peng（2004）指出企业社会资本可以帮助企业快速获知所需信息，节约信息搜寻成本，与网络成员的长期交往所建立的信任和合作机制可以帮助企业以相对较低的成本获取所需资源[6]。Inkpen 和 Tsang（2005）则认为企业社会资本对企业及时获取所需资源尤其是关键稀缺资源具有不可替代的作用[7]。张鹏（2009）的实证研究表明企业社会资本的结构维度、关系维度和认知维度都会对企业的技术创新绩效产生积极的影响[8]。张进华（2010）的实证研究结果显示，不论是高管团队外部社会资本还是内部社会资本对企业财务绩效都没有显著直接作用，但有明显的间接作用：高管团队外部社会资本主要通过提升企业市场绩效而间接改善财务绩效，同时也部分通过提高企业创新绩效进而促进市场绩效最终改善企业财务绩效；而高管团队内部社会资本则主要影响企业的创新绩效，并最终通过企业市场绩效来间接促进财务绩效的提高,对市场绩效和财务绩效的直接作用均不显著[9]。

(三) 人力资本与绩效

高层管理团队决策影响企业绩效的观点一直以来受到学者们的广泛认可。Hambrick 和 Mason (1984) 利用人口统计学特性来刻画高层管理团队的决策制定过程[10]。人力资本的一个重要组成部分是对于专有性知识的掌握,这种特有的知识将具有极大的竞争优势。Bottazzi 等 (2008)[11]、Patzelt (2010) 研究表明,在解释机构绩效的诸多要素中,人力资本是至关重要的一个[12]。Pennings 等 (1998)[13]、Zarutskie (2010) 通过研究认为,高层管理者的人力资本 (包括教育和经验) 影响着企业的产出[14]。Knockaert 等 (2006) 证明了人力资本变量 (包括先前顾问经历和创业经历) 对风险投资机构绩效的重要性[15]。

我国学者在对人力资本与企业绩效的研究上也得出相似的结论。例如,李嘉明 (2005) 对企业人力资本与企业绩效进行了实证分析,得出人力资本是企业持续竞争的根本源泉[16]。张绍峰 (2005) 认为风险投资绩效是风险投资家人力资本存量和质量、风险投资家人力资本产权的完整性、风险投资家的努力水平以及风险投资环境和风险投资资源禀赋共同作用的结果。风险投资家人力资本价值作用的发挥使得风险投资边际报酬递增,造就了市场的非均衡,从而获得了超额垄断利润[17]。彭正银、江岭 (2007) 运用实证模型揭示了高管团队的任期异质性、专业背景异质性和团队的平均年龄与企业绩效负相关[18]。江金龙、李创霏 (2007) 也得出了类似的结论[19]。吴斌、黄明峰 (2010) 的实证研究显示风投企业高管团队成员的受教育水平和政治背景与风险投资企业经营绩效之间显著正相关,高管团队成员的平均年龄和专业背景异质性对风险投资企业经营绩效影响不显著[20]。吴斌、刘灿辉、史建梁 (2011) 研究表明,在高管人力资本诸要素中,高管平均年龄、高管平均任期、高管平均受教育程度、高管职业经验是最重要的[21]。

总结上述文献,高管团队人力资本对企业绩效的影响按照研究思路主要分为两类:一类是考察团队成员人口特征平均水平对企业绩效的影响;另一类则是考察团队成员人口特征异质性对企业绩效的影响。从理论上来讲,人口特征平均水平反映的是整个高管团队在某一人口特征上的整体水平,考虑的是整体;而人口特征异质性则反映的是高管团队各成员在某一人口特征上的差异性,考虑的是个体。考虑到本章对社会资本的研究,以及数据资料的可获得性,本章选取团队任期、教育水平和相关从业经验作为人力资本的测量指标。

(四) 人力资本与社会资本

根据 Burt (1992) 的结构洞理论 (Structurehole), 社会资本取决于社会成员在网络中的结构位置, 而该位置至少部分取决于其人力资本因素[22]。也就是说, 社会成员可以利用自身的人力资本扩大自身的影响, 进而扩展自身的社会关系网络, 从而获取从网络中调用自身需要的资源与信息的可能。Berlin (1998) 对大量的风险投资家进行了问卷调查, 根据调查结果显示由金融机构投资经理转化而来的风险投资家, 这类风险投资家与金融业和投资银行关系密切, 在帮助企业并购转售方面发挥了较好的作用; 由创业家转化而来的风险投资家, 对于创业过程十分了解, 具有行业、技术、市场方面的经验, 也熟悉风险投资的运作, 但是缺少与金融界的关系, 一般在早期阶段企业的风险投资中发挥作用; 由科班出身年轻的职业风险投资家通常具有一个工科专业的硕士或博士学位, 同时具有名校的 MBA 学位, 受过全面的训练, 习惯于学院思维, 但缺乏对事物的综合判断力, 缺乏人际网络和合作沟通技巧, 缺乏创业管理的经验[23]。Shipilov 和 Danis (2006) 融合高阶理论与社会资本理论, 认为 TMT 成员人口特征可能不仅反映了其认知观与价值观, 同时也可以在一定程度上解释高管团队成员的社会联系网是如何形成的。陈伟民 (2007) 首次探讨了高管团队人口特征、社会资本与企业绩效三者之间的联系, 并提出以社会资本为中间变量的高管团队人口特征影响企业战略决策和经营结果的新机制[24]。

然而, 以上文献都是理论探讨, 后续研究中也没有顺此思路的实证研究, 使得这一理论的可行性存疑。本章试图弥补以上不足, 通过多重案例研究, 以探讨风险投资机构高管团队人力资本、社会资本及其投资绩效之间的内在联系。

二、高管团队社会资本测量模型

本章将借鉴 Adier 和 Won (2002) 将企业社会资本划分为外部社会资本 (Bridging Social Capital) 和内部社会资本 (Bonding Social Capital) 的分类思想, 并融合高阶理论 (Upper Echelons Theory), 将研究对象由企业家个人层次扩展至企业高管团队, 分析高管团队社会资本的定义、分类和测量方法, 据此提出假设并进行案例分析。

(一) 高管团队社会资本概念的提出

在企业界,高管团队已经取代企业家个人成为企业最高战略的制定者和执行者,负责整个企业的组织与协调,因此,企业家个人社会资本已无法代表企业社会资本。另外,将企业社会资本简化为企业家个人社会资本忽略了企业内部社会资本的作用,而只能分析企业外部社会资本对企业战略选择和经营结果的影响,在研究内容上就有失全面。针对以上问题,Shipilov 和 Danis (2006) 受高阶理论启发,首次将企业社会资本研究对象由企业家个人延伸至整个高管团队,提出了高管团队社会资本的概念[25]。Carpenter 等 (2004) 提出的高阶理论认为,高管团队而非企业家个人是企业的关键决策者,企业经营结果(如绩效、创新和战略决策)是企业高管团队成员价值观和认知观的体现[26]。用高管团队社会资本取代企业家个人社会资本来测度企业社会资本,既能避免"个体代替整体"的错误,也能通过高管团队成员内部网络而进行的信息与资源的共享及交流情况来准确衡量企业内部社会资本,因而采用高管团队社会资本概念能同时考察企业外部社会资本和内部社会资本的功效。

(二) 高管团队社会资本属性及分类

Finkelstein 和 Hambrick (1996) 研究表明从企业行为决策过程来看,企业战略的形成和执行既受到外部资源与环境因素的制约,也受到内部协作和交流机制的影响[27]。因此在考虑企业社会资本对企业多因素综合作用结果(如竞争优势、经营绩效等)的影响时,对企业社会资本的度量应兼顾内外视角。Adler 和 Kwon (2002) 在总结前人思想基础上,率先提出了外部社会资本和内部社会资本的两分方法[28]。Shipilov 和 Dains (2006) 借鉴这种分类方法,将高管团队社会资本划分为高管团队外部社会资本和高管团队内部社会资本。其中,高管团队外部社会资本指从企业与外部联系主体的弱关系 (Weakties) 中获取的中间业务、资源、信息和控制收益,在企业与外部关系网络之间扮演桥梁作用。高管团队内部社会资本则指由高管团队成员互动所形成的强关系 (Strongties) 进而形成的信任、规范、共同愿景等无形资源,体现高管团队内部团结的黏合作用。在企业战略决策过程中,高管团队外部社会资本可以帮助企业及时获取生存和发展所需的信息与资源,尤其是对企业有重大意义的关键稀缺资源,而内部社会资本则可以促进所获资源与信息在企业内部得到充分的吸收与整合,发挥出最大的效用。此外,Knight 等 (1999) 认为企业内部社会资本还可以将组织内各成员有机联合起来,形成一个高效的整体，提高企业决策效率和执行力[29]。

然而，Shipilov 和 Dains（2006）虽然对企业社会资本给出了比较科学的定性分析，但未给出具体测量方法。在此基础上陈璐等（2009）[30]的后续研究也只是理论推演。

三、高管团队社会资本的测量

（一）高管团队外部社会资本的测量

高管团队外部社会资本是将企业高管团队作为一个整体，考察其外部关系网络中实际的或潜在的资源的集合。杨鹏鹏等（2005）在研究企业家社会资本与企业绩效关系时，曾指出可以根据企业家联系对象的性质将企业家社会资本划分为企业家政府社会资本、企业家市场社会资本、企业家技术社会资本和企业家金融社会资本[31]，但没有给出具体的划分方法，更没有做相应的测量工作。韦影（2007）在此基础上进一步细化，将企业外部关系网络划分为与政府部门、银行、行业协会的联系，与高校、科研院所及技术中介组织的联系，与客户、供应商及其他企业之间的联系三类[32]。考虑到在我国风险投资机构与政府部门联系紧密与重要程度均高于其他联系对象，将风险投资机构与政府部门联系单独作为一类似乎更为合理。而且杨鹏鹏等（2005）的四分法分类更为明确和更具针对性，更有利于研究结论的获取。风险投资机构的市场社会资本主要是与资金来源和创业企业相关，因此本章把与金融机构的联系归类到市场社会资本，故本章选取的外部社会资本为政府社会资本、市场社会资本和技术社会资本。表7.1给出了外部社会资本的次级指标的解释。

表7.1 外部社会资本的次级指标解释

一级指标	次级指标	指标解释
外部社会资本	政府社会资本	高管团队曾经或正在政府的任职情况；政府政策支持；与政府的合作关系等
	市场社会资本	风险投资机构的声誉；管理基金；与行业协会、商会、创业者群体、银行等的联系
	技术社会资本	顾问团队、与科研院所、高校等技术部门的联系以及其他外部技术支持

(二) 高管团队内部社会资本的测量

高管团队内部社会资本是将高管团队成员内部互动关系作为一个网络，考察网络内的信息与资源的共享和交换情况，是一种集体层次的社会资本 (Shipilov 和 Danis, 2006)。在高管团队的决策过程中，内部社会资本可以提高组织凝聚力以及高管成员对企业的忠诚度，使团队成员保持一致的目标，促进决策信息和资源得到充分的共享，最终提高团队决策质量。Nahapiet 和 Ghoshal (1998) 在总结前人划分经验基础上，创立了从结构维、关系维和认知维三个平行维度测量企业内部社会资本的理论框架。结构维考察交互网络的结构性特点，如网络成员联系的频繁程度和密切程度以及广泛程度；关系维社会资本主要考察网络成员互动关系中的人格化特征，比如相互之间的信任程度与合作意愿等；认知维社会资本则考察互动主体间语言、价值取向和行动目标的共同情况，如是否有共同语言和相似价值取向。Nahapiet 和 Ghoshal 对企业内部社会资本虽然作了比较科学、全面的划分方法，但资料的获取缺乏可靠的途径，而且没法量化。因此借鉴 Shipilov 和 Dains (2006) 对内部社会资本的定义，即指由高管团队成员互动所形成的强关系进而形成的信任、规范、共同愿景等无形资源，体现高管团队内部团结的黏合作用。本章也选取信任、规范、共同愿景作为衡量指标。规范和共同愿景主要从机构的内部文化中获得，而信任则主要从高管团队的人物语录中提炼。表 7.2 给出了高管团队内部社会资本的次级指标解释。

表 7.2 内部社会资本的次级指标解释

一级指标	次级指标	指标解释
内部社会资本	信任	真诚的合作和团队精神，彼此尊重
	规范	高管团队投资的行为准则
	共同愿景	机构的共同愿景、使命等

第二节 人力资本、社会资本与绩效关系模型

风险投资机构所有资源的精华在于拥有一些善于进行交易且增值能力强的个体，他们就是第六章中所讲的风险投资家群体。风险投资家往往是在其

他行业积累了丰富的经验之后才进入风险投资行业。

根据前述理论综述，我们建立如图 7.1 所示的关系模型，来解释风险投资机构高管团队人力资本和社会资本对绩效的影响。

高管团队人力资本价值的发挥可对投资绩效产生直接的影响。同时，高管团队的教育背景和从业经验会增加其外部社会资本，高管团队的任期对其内部社会资本的形成有积极的促进作用。因此，形成了人力资本影响绩效的新机制，即高管团队人力资本不仅通过影响团队的认知基础和价值观来影响风险投资绩效（传统高管团队理论的核心假设），也通过影响风险投资机构的社会资本进而影响投资绩效，这个结论无疑补充了传统高管团队理论中对人力资本的绩效影响机制的认识，也给我们最终解决高管人力资本绩效影响的"黑箱"问题提供了新的思路。

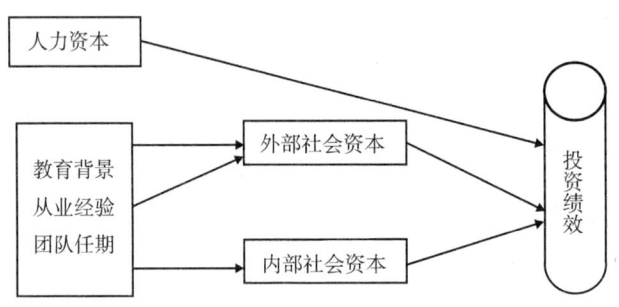

图 7.1 人力资本、社会资本与绩效关系模型

一、人力资本与社会资本关系

（一）高管团队的教育水平对社会资本形成的影响

传统高阶理论认为，教育背景影响管理者的价值观和认知基础，进而影响企业的战略决策形成和执行，最终反映到企业绩效上。本章所指的教育水平指 TMT 的最高学历。

教育水平反映了一个人的受教育程度，通常与人的信息获取能力、认知能力和决策能力高度相关，即信息的搜集、处理和决策能力。较高的教育水平表明其愿意接受新思想和有能力适应变化，同时还具有较高的获取所需信息的能力。Lin、Fu 和 Hsung（2001）研究显示受教育年限与社会资本和个人社会地位、与个人网络规模正相关。高学历人员初始从事职位较高，晋升也较快，因而容易获取高水平管理岗位，相应地从事跨界管理和交往的机会也更多，因而具有更多的外部社会资本。凭借高学历背景，高学历人员有更多的机会和动力去开拓外部网络关系，培育自身外部社会资本，随着时间累积，他们的职位和地位越来越高，网络规模和质量也都向更高层次发展，越有可能获取多样化的信息和知识。因此，做出如下假设：

假设1：由高学历人员组成的高管团队拥有更多的外部社会资本。

(二) 高管团队的任期对社会资本形成的影响

首先需要说明的是，此处所指任期是指高管成员加入现有风险投资机构的任期。严格意义上讲，任期不能算是高级管理团队的人力资本因素，但是任期的长短部分反映了高管团队成员之间的成熟度，故本章也把它作为人力资本的因素考虑。

Hambrick、Cho和Chen (1996) 研究发现，团队任期与高管团队有效运作、团队社会凝聚力正相关，以及团队任期与高管团队对团队运作程序理解程度正相关[33]。Eisenhart和Schoonhoven (1990) 提出，长时间的共同工作会让成员更加懂得如何进行沟通和合作[34]。Michel和Hambrick (1992) 认为，更长的团队任期会增加整合程度和共享管理价值判断的机会[35]。从以上研究结论可以看出，越长的团队任期越能够促进成员之间的相互交流，提高团队凝聚力，由此形成相互信任、相互合作、共同目标和共同准则，从而提升团队运作效率。团队任期主要影响的是高管团队内部社会资本，与外部社会资本没有明显关系。因此，做出如下假设：

假设2：任期越长的高管团队拥有更多的内部社会资本。

(三) 高管团队的从业经验对社会资本形成的影响

结合风险投资行业的特殊性，本章把从业经验分为一般从业经验和相关从业经验，其中相关从业经验指与投资行为密切相关的行业经验，如金融、咨询方面的经验，一般从业经验则是这些领域之外的经验。金融财务领域的从业经验多与投资交易的构建相关；咨询方面的从业经验则培养了发现受资企业存在问题以及与企业高管沟通建议的能力。这些特殊的从业经验往往为风险投资机构带来了更多更广的相关社会关系网络。Berlin (1998) 曾调查显示由金融机构投资经理转化而来的风险投资家，这类风险投资家与金融业和投资银行关系密切，在帮助企业并购转售方面发挥了较好的作用。因此，做出如下假设：

假设3：相关从业经验越丰富的高管团队拥有更多的外部社会资本。

二、社会资本与绩效差异

（一）高管团队外部社会资本对投资绩效的影响

高管团队的外部社会资本包括政府社会资本、市场社会资本、技术社会资本。Tsuietal 等（2006）的研究显示，在中国与政府官员的关系是一种特别的强网络，它凝聚了与众不同的信任、责任或义务，从而使得企业可以更方便地获取所需的政治或政策资源[36]，正如 Reed 和 Srinivasan（2009）证实企业与政府的关系可以为企业带来经营绩效的提升[37]。风险投资机构在投资的过程前后都会跟政府交涉，因此政府社会资本可以为风险投资机构带来很多便利。风险投资机构的品牌声誉可以吸引更多的投资对象，庞大的管理基金一定程度上决定了风险投资机构的投资能力，深度的市场调查可以发现更多的有潜力的受资企业。风险投资机构高管团队与高校、科研院所和顾问团队的联系则有助于其了解最新技术发展动态和市场动态，加强风险投资机构的风险规避能力和对有潜力的创业企业的辨别能力。因此，做出如下假设：

假设4：高管团队的外部社会资本与风险投资绩效有正相关关系。

（二）高管团队内部社会资本对投资绩效的影响

高管团队的内部社会资本主要从信任、规范、共同愿景三方面来衡量。当团队成员之间普遍存在信任，则成员会更愿意分享信息和资源，对其他成员提供的信息也较容易相信、接受，同时也会更放心地使用团队所提供的资源，这些都会促进团队内部的知识流动，亦会促进成员间的共享行为。团队资源的利用率提升，进而有助于提升投资绩效。规范是一个公司特有的行为准则，有行为准则的约束才会使团队成员产生一致的行为。若团队成员之间存在共享价值观，将有利于彼此沟通、交换信息。共享价值观会使互动的双方产生协调的行为，减少不必要的摩擦与自利行为，且是信任与共享愿景建立的重要基础。对团队运作而言，共享价值观的形成有利于团队目标的实现，成员因共享价值观的存在而对团队目标有共同的认识。由以上分析可知，高管团队内部社会资本会影响团队成员之间的信息与资源的交流和共享。据此，做出如下假设：

假设5：高管团队的内部社会资本与风险投资绩效有正相关关系。

第三节 多重个案研究

我们通过多重个案研究的方法，验证上节提出的 5 个假设。通过对人力资本、社会资本与投资绩效分别进行分析，验证了人力资本、社会资本与投资绩效的关系模型。

一、资料搜集及案例简介

本节选取典型投资机构作为案例研究的对象。所谓典型，即投资事件多，知名度高，影响较大。我们选取了 10 家典型投资机构，其中包括 4 家本土机构、6 家海外机构。资料的来源包括 CVSource 股权投资数据库、各大风险投资机构的官方网站、投资界、创业邦等网站上的相关资讯、报道和评论。高层管理团队成员的信息通过机构官方网站进行了核对和补充。由于各机构组织结构的差异，本章最终将高层管理团队成员调研的范围确定为：创始合伙人、普通合伙人、合伙人、董事长、执行董事、董事总经理、总裁、副总裁、总经理。十大风险投资机构简介如下：

深创投：深圳市创新投资集团有限公司，中资，于 2002 年 10 月正式成立。是以政府引导基金起家的中国本土创投企业。截至 2012 年 3 月，深创投累计投资项目已经达到了 416 个，投资总额逾 105 亿元人民币，年平均投资回报率超过 36%。目前已投项目的上市数目全国第一。样本范围内的高管团队 13 人。

天堂硅谷：浙江天堂硅谷股权投资管理集团有限公司，中资，是 2000 年 11 月由省政府牵头组建的一家专门从事股权投资和资产管理的企业，经历了十余年的实践探索后，已发展成国内知名、省内第一、获浙江省知名商号的股权投资和资产管理集团。样本范围内的高管团队 11 人。

君联资本：中资，成立于 2001 年 4 月，前身为联想投资，是联想控股旗下独立的专业风险投资机构，拥有一支包括 14 位合伙人在内的 50 余位专业人员组成的投资团队。君联资本通过资本和管理的帮助，促进企业创新与成长，推动产业进步和社会发展。样本范围的高管团队 18 人。

九鼎投资：昆吾九鼎投资管理有限公司，中资，是一家专注于股权投资及管理的专业机构。九鼎投资是在国家发展与改革委员会备案的股权投资企业，在全国 50 个地区设有分支机构。样本范围的高管团队 15 人。

海纳亚洲：海纳亚洲创投基金，外资，是海纳国际集团（SIG）在上海设立的全资境外企业，主要从事 SIG 在中国的风险投资和私募股权投资。SIG 中国团队具有完全的判断力将资金运用于投资管理活动。样本范围的高管团队 6 人。

英特尔投资：英特尔战略投资计划，是英特尔公司下设的事业部门，推动计算与通信平台发展工作的重要组成部分，主要围绕英特尔的战略发展方向，对具有创新科技的公司进行小股投资，从而推动互联网经济的发展。样本范围的高管团队 3 人。

北极光创投：北极光风险投资，外资，创立于 2005 年。北极光的投资团队在国内外都有丰富的投资、创业和管理经验，对国内外市场有深刻的了解，能够在所投资公司迅速成长的过程中提供必要的帮助。样本范围的高管团队 10 人。

IDG 资本：外资，成立于 1992 年，是最早进入中国市场的国际投资基金之一。IDG 资本深刻理解中国本土市场特点，始终追求长期价值投资，与企业家保持长期亲密的合作关系，致力于长期参与中国卓越企业的发展。样本范围的高管团队 14 人。

红杉资本：外资，成立于 2005 年。红杉中国的合伙人及投资团队兼备国际经济发展视野和本土创业企业经验。作为"创业者背后的创业者"，红杉中国团队正在帮助众多中国创业者实现他们的梦想。样本范围的高管团队 20 人。

软银中国：外资，成立于 2000 年，是软银在中国，包括中国内地、香港、澳门和台湾地区的投资机构，隶属于软银国际风险基金，是软银全球战略的重要组成部分。软银中国基金致力于在中国协助优秀的创业者共同创建世界级的高科技企业。样本范围的高管团队 6 人。

二、资料分析及结果

（一）人力资本分析

研究通过风险投资机构官网中的"管理团队"板块配合数据库采集高管团队成员信息。结合本章的研究需要及现实意义，人力资本的测量指标为高管团队的团队任期、教育水平和从业经验。

1. 团队任期

团队任期是指高管成员加入现有风险投资机构的时间长短。IDG 资本七位资深合伙人的合作时间超过 10 年,是国内风险投资行业合作时间最长的专业团队。深创投和软银中国的高管成员均具有 4~13 年的团队任期。君联资本和英特尔投资的高管成员虽然拥有相似的来源,君联资本的高管成员 99% 来自于联想集团,而英特尔投资的高管成员则全部来自于英特尔,因此,这些高管成员的投资合作时间虽然不及 IDG 资本,但却深受原来企业文化的影响,有着同样的战略目标和价值观。相反,九鼎投资在团队建设方面则做得不够好。红杉资本的高管团队中,有 3 名曾任职于九鼎投资。九鼎投资的高管成员流动性较大,很大程度上跟文化建设和员工成长相关。北极光创投高管成员的忠诚度较高,北极光创投创立于 2005 年,但大部分的高管成员具有 6 年左右的团队任期。

2. 教育水平

教育水平即高管团队成员的最高学历,分为学士及以下、硕士及 MBA、博士。在调研的样本团队中,海纳亚洲 50% 的成员均为博士学历,深创投的高管成员有 40% 为博士和双硕士,北极光创投、软银中国、九鼎投资的高管团队都拥有 1/3 左右的博士。而红杉资本、天堂硅谷和英特尔投资的高管成员中则很少有博士,但不可否认的是,所有这些风险投资机构的高管成员 99% 以上均为硕士及以上学历,可见这在一定程度上验证了学历与一个人的信息获取能力、处理能力和决策能力高度相关。

3. 从业经验

一般来说,相关从业经验越多,带来的相关社会关系网络就越宽越广,对一个机构的投资越有积极的影响。与风险投资相关的从业经验主要是金融和咨询类,其中金融方面的经验主要指公募和私募市场的所有商业、投资、商业银行、投资基金管理、财务管理方面的从业经验。正如上文所发现的,君联资本和英特尔投资的高管成员拥有相似的来源,但所不同的是,英特尔投资的 3 名高管团队全部拥有金融类相关从业经验,而君联资本的高管成员中有超过一半的人员没有相关从业经验,他们中多数是来源于联想集团的管理和技术岗位。另外,红杉资本和海纳亚洲绝大部分都有相关从业经验,而且都曾任职于跨国或海外公司。IDG 资本有 1/3 左右没有相关从业经验,但涉及的专业全面,具有互补的国内外教育及行业背景,丰富的企业管理、投资运作和资本市场经验。深创投、天堂硅谷和九鼎投资的高管成员大部分曾任职于国内企业管理高层和银行、咨询等机构,拥有丰富的企业管理和资本运作经验,带有典型的本土色彩。

4. 人力资本分析结果

以上的分析只是对有关人力资本的原始资料进行了提炼和总结,但并未面面俱到。为此，根据以上的分析思路和结果，本节对每一个典型机构的人力资本进行了评价，从而为后面验证假设做准备。在此需要说明的是，对人力资本、社会资本与投资绩效的评价均借鉴付红、肖建忠（2008）[38]对创业者学习与成长绩效的评价方法。

分析结果如表 7.3 所示：

表7.3　人力资本分析结果

风投机构	团队任期	教育水平	从业经验
深创投	＋＋＋＋	＋＋＋＋	＋＋＋
天堂硅谷	＋＋	＋＋	＋＋＋＋
君联资本	＋＋＋＋	＋＋	＋＋
九鼎投资	＋	＋＋＋	＋＋＋
海纳亚洲	＋＋＋	＋＋＋＋＋	＋＋＋
英特尔投资	＋＋＋＋	＋＋	＋＋＋＋＋
北极光创投	＋＋＋	＋＋＋	＋＋＋
IDG 资本	＋＋＋＋＋	＋＋＋	＋＋＋
红杉资本	＋＋＋＋	＋＋	＋＋＋＋
软银中国	＋＋＋＋	＋＋＋	＋＋

注："＋"只是一个符号象征，"＋"越多，所具有的相应的人力资本越多。"＋"最多为 5 个，后文同此。

（二）社会资本分析

对外部社会资本的测量指标分为政府社会资本、市场社会资本、技术社会资本，内部社会资本选取的指标为信任、规范、共同愿景。所有社会资本的信息来自于各大风险投资机构的官网以及其他相关网站的报道、资讯、人物访谈等，通过提取关键信息的方法对重要信息进行了提炼和分析。

1. 政府社会资本本土机构占明显优势

在政府社会资本方面，中资的几个风险投资机构具有明显的优势，深创投、天堂硅谷、君联资本、九鼎投资的高管团队中至少有 2 人曾经在重要政府机关任职。其中深创投已经设立了 47 个政府引导基金，天堂硅谷是由省政府牵头组建的一家专门从事股权投资和资产管理的企业，九鼎投资是在国家发展与改革委员会备案的股权投资企业。另外发现，虽然外资在与我国政府部门的联系方面不及中资,但政府社会资本几乎是每一个风险投资机构必不可少的外部社会资本。例如 IDG 资本与中国有关政府部门经常保持密切联系,并先后与国家科技部、信息产业部签署了扶植支持中国发展高新技术产业的投资合作备忘录。红杉资本中国基金的某副总裁曾任新华社记者,多年跟踪报道国内重大事件与走势,与政经学界有广泛接触,并借此对国内社会政治经济状况有深入了解。北极光创投的某董事总经理也具有广泛的政府背景,他曾多年任职于跨国贸易部门。这些隐性的政府资源都为风险投资机构进行投资及其管理带来了很多便利条件。

2. 市场社会资本各有千秋

在分析的样本机构中,英特尔投资独具一格。英特尔投资是英特尔推动计算与通信平台发展工作的重要组成部分,主要围绕英特尔的战略发展方向。因此英特尔投资拥有庞大的客户群体和世界领先品牌。英特尔投资利用客户资源,通过引见及一系列市场推广项目,帮助投资组合公司开发海外市场,扩张业务网络;利用其品牌效应每年举行英特尔投资全球 CEO 峰会,探讨技术创新、盈利模式以及合作、投资机遇等。联想本身在中国良好品牌影响力和资源优势,也给予了君联资本非常大的帮助。IDG 资本和红杉资本因为历史和品牌的沉淀,会聚了超群的资本实力,同时雄厚的管理基金又进一步提升了这些风险投资机构的投资能力。另外,IDG 资本还与中国的创业者群体保持强有力的合作关系,进行深度市场调查,并拥有广泛的海外市场资源。本土机构中,深创投、天堂硅谷和九鼎投资优秀的高管成员参与了多个行业协会和商会,这些协会和商会在把握市场动态、资源共享、规避风险、降低成本、提高效益等方面发挥了重要作用。

3. 技术社会资本,增值服务成为竞争的重要筹码

莫瑞茨表示,只要风险投资机构能够提供第一流的服务,就能获得巨大的用户群。而他没有多谈的是:所有这些机构,都拥有着广阔的提供增值服务的空间。要提供可靠的增值服务,技术社会资本就成为一个撒手锏。深创投、天堂硅谷、君联资本都拥有资深的顾问团队。另外,深创投还创立了国内创业投资行业唯一一家博士后工作站,为公司投资决策提供研究支持与人才补充。九鼎投资创建了国内首家由 PE 机构创办的已投企业高管培训交流平台——"九鼎商学院",通过整合公司员工、基金出资人、被投资企业和各类外部合作机构的资源和经验,为所投资的企业有针对性地提供战略梳理、模式优化、人才引进、管理改进、融资支持、业务拓展等方面的增值服务,帮助已投企业实现价值提升,并借此为投资者创造较高回报,实现企业和投资者共赢。IDG 资本有来自国际数据集团(IDG)和 ACCELPartners 的鼎力支

持,拥有广泛的海外市场资源及强大的网络支持。两家美国顶级风险投资公司 GreylockPartners 和 NEA 都是北极光创投的战略合作伙伴,并在策略及运营方面给予了强有力的支持。英特尔投资拥有来自英特尔强大的技术支撑,被投资企业可以在品牌建设和产品销售上利用英特尔的覆盖全球的网络和专业技术知识及渠道。海纳亚洲借助海纳国际集团的全球网络平台,海纳基金的中国团队能够随时分享、使用全球最先进的资本市场研究成果与经验,并将其运用于发现代表新兴产业的中国公司,并推进其成长发展。由此可见,对于被投企业来说,资本固然重要,但增值服务更具有吸引力。拥有强大的技术支撑的投资机构往往更具有竞争力。

4. 内部社会资本

内部社会资本的测量指标包括信任、规范和共同愿景。总结发现,在共同愿景方面,中资的几个机构主要站在机构利益的角度,而外资机构更多的是追求创业企业的成长。IDG 资本始终追求长期价值投资,与企业家保持长期亲密的合作关系;通过企业治理优化、市场合作及并购等协助公司成为世界一流企业。红杉资本中国试图确定投资的下一家小公司能够变得伟大,并以此作为投资者的成功标准,最大程度帮助创业公司活下去,成为"创业者背后的创业者"。北极光创投的企业目标不仅仅希望获得资金上的回报,更重要的是帮助中国培养出国际化的企业家和世界级的企业。英特尔投资的使命就是支持英特尔公司的长远发展战略,着眼于长远的战略目标,用他们得天独厚的资源和经验推动中国高科技产业的发展,扶植本土科技创新,培养本地创业群体。软银中国以为创业者营造一流的创业环境为己任。所不同的是,深创投希望成为具有国际竞争力的创业投资集团,跻身国际知名创业投资机构行列。君联资本则有一群志同道合的伙伴共创心仪的事业,并分享成功,致力于成为一家最有价值、最受尊敬并具有国际影响力的投资公司。在规范方面,中资机构比较严谨,而外资机构则更注重团队的信任与合作。海纳亚洲特别重视企业的管理团队,并以激发员工的创造力,鼓励员工挑战自身极限,将员工成长融入企业成长而著称。IDG 资本七位资深合伙人的合作时间超过 10 年,是国内风险投资行业合作时间最长的专业团队。红杉资本是风险投资界的一个传奇,除了依据一系列正确的方法努力走在潮流之前,让其保持竞争力的根本方式还是合伙人之间形成的互补、默契与共同成长,并且能够足够的相互信任。北极光创投能够建立真诚的合作和团队精神,彼此尊重。"我们认识北极光的初始合伙人多年,并对他们的合作和团队精神影响深刻。"某位业内人士称。

5. 社会资本分析结果

以上的分析只是对有关社会资本的原始资料进行了提炼和总结,但并未面面俱到。对每一个典型机构的社会资本的分析结果如表7.4所示。

表7.4 社会资本分析结果

风投机构	政府社会资本	市场社会资本	技术社会资本	外部社会资本评价	内部社会资本	内部社会资本评价
深创投	＋＋＋＋	＋＋＋	＋＋＋＋	High	＋＋＋	General
天堂硅谷	＋＋＋	＋＋	＋＋＋	General	＋＋	Low ＋
君联资本	＋＋＋	＋＋＋	＋＋	General	＋＋＋	General
九鼎投资	＋＋＋＋	＋＋＋	＋＋＋	High	＋＋	Low ＋
海纳亚洲	＋	＋＋＋	＋＋＋	General －	＋＋＋＋	High
英特尔投资	＋	＋＋＋＋	＋＋＋＋	General ＋	＋＋＋	General
北极光创投	＋＋＋	＋＋＋	＋＋＋	General ＋	＋＋＋	General
IDG 资本	＋＋	＋＋＋＋	＋＋＋＋	High	＋＋＋＋	High
红杉资本	＋＋	＋＋＋＋	＋＋＋＋	High	＋＋＋＋	High
软银中国	＋	＋＋	＋＋＋	Low ＋	＋＋＋	General

注：在外部社会资本评价一列,"＋"总个数在6个及其以下为Low；7~9个为General,10个及其以上为High。在内部社会资本评价一列,"＋"在2个及其以下为Low,3个为General,4个及其以上为High。此处用英文是为了右边加上"＋、－"号后美观所致。

（三）投资绩效分析

风险投资机构的绩效是在风险资本退出时实现的。风险投资的退出方式一般分为四种：IPO、回购、兼并收购和清算。对于投资者而言,IPO 代表着极具吸引力的退出机制。因此,考虑到对绩效衡量的全面性,我们主要从以下两个方面来考虑：上市退出比率和平均账面回报率,其中上市退出比率 = 上市事件数/总投资事件数；平均账面回报率 = 账面回报率总和/总的上市事件数。虽然很多机构成功退出事件比较多,但是每次退出的绩效却不一定很好,因此只有这两方面综合分析,才能比较客观的衡量机构的投资绩效。

各机构的投资事件数、退出事件数、账面回报率的详细信息均来源于 CVSource 数据库。十个投资机构的上市退出比率和平均账面回报率情况如表7.5 所示。

表 7.5　投资绩效

风投机构	投资事件数	上市事件数	上市退出比率	平均账面回报率
深创投	350	83	0.24	10.46
天堂硅谷	106	13	0.12	5.84
君联资本	140	65	0.46	21.36
九鼎投资	104	15	0.14	4.44
海纳亚洲	73	11	0.15	4.15
英特尔投资	97	15	0.15	4.90
北极光创投	78	3	0.04	1.2
IDG 资本	331	31	0.09	25.13
红杉资本	163	45	0.28	9.66
软银中国	46	3	0.07	7.43
均值			0.155	8.53

注：上市退出比率和平均账面回报率的均值为去掉最大值和最小值后的平均值。

根据以上十大投资机构的简单数据统计，本章对投资绩效的定性分析如下。表 7.5 列出了十大投资机构的投资绩效，其中上市退出比率一列，0～0.06 为"＋"，0.07～0.12 为"＋＋"，0.13～0.18 为"＋＋＋"，0.19～0.24 为"＋＋＋＋"，0.25 及以上为"＋＋＋＋＋"；平均账面回报率一列，0～3.99 为"＋"，4.00～7.99 为"＋＋"，8.00～11.99 为"＋＋＋"，12.00～15.99 为"＋＋＋＋"，16.00 及以上为"＋＋＋＋＋"，均值必须落在"＋＋＋"的区间内，"＋＋＋＋＋"为相应的最大值。编码后的投资绩效结果如表 7.6 所示：

表 7.6　投资绩效分析结果

风投机构	上市退出比率	平均账面回报率	投资绩效
深创投	＋＋＋＋	＋＋＋	High
天堂硅谷	＋＋	＋＋	Low ＋
君联资本	＋＋＋＋＋	＋＋＋＋＋	High ＋
九鼎投资	＋＋＋	＋＋	General
海纳亚洲	＋＋＋	＋＋	General
英特尔投资	＋＋＋	＋＋	General
北极光创投	＋	＋	Low

续表

风投机构	上市退出比率	平均账面回报率	投资绩效
IDG 资本	＋＋	＋＋＋＋＋	High
红杉资本	＋＋＋＋＋	＋＋＋	High
软银中国	＋＋	＋＋	Low ＋

注：在投资绩效一列，"＋"总个数在4个及其以下为Low；5～7个为General，8个及其以上为High。

(四) 人力资本与社会资本的关系分析

我们将上述分析结果汇总在表7.7、表7.8和表7.9中。

从教育水平来看，教育水平高的高管团队，相应的外部社会资本往往很高。相反，教育水平低的高管团队，外部社会资本也普遍较低，因而假设1得到印证。

从从业经验来看，相关从业经验高于一般水平的高管团队，往往拥有更多的外部社会资本，相反，从业经验少的，外部社会资本则相对较低。假设3反映了这个结论。可见，高管团队的相关从业经验对其外部社会资本的增加有积极的促进作用。

从团队任期来看，团队任期较长的，相应的内部社会资本比较多；而团队任期较短的，相应的内部社会资本也比较少。这是因为团队任期越长，成员之间相互了解的越多，越能相互信任，从而能形成共同的愿景和价值观。由此验证了假设2：团队任期长的高管团队拥有更多的内部社会资本。

表7.7 人力资本和外部社会资本

风投机构	外部社会资本	教育水平	假设1	从业经验	假设3
深创投	High	＋＋＋＋	√	＋＋＋	√
天堂硅谷	General	＋＋	√	＋＋＋＋	√
君联资本	General	＋＋	√	＋＋	√
九鼎投资	High	＋＋＋	√	＋＋＋	√
海纳亚洲	General －	＋＋＋＋＋		＋＋＋	√
英特尔投资	General ＋	＋＋		＋＋＋＋＋	√
北极光创投	General ＋	＋＋＋	√	＋＋＋	√
IDG 资本	High	＋＋＋	√	＋＋＋	√

续表

风投机构	外部社会资本	教育水平	假设1	从业经验	假设3
红杉资本	High	+ +		+ + + +	√
软银中国	Low +	+ + +	√	+ +	√

注：假设1、假设3这两列，如果某机构验证了该假设，则在后面画"√"，没有验证则不画。同时，"√"个数超过2/3则表示假设验证。后文同理。

表7.8 人力资本和内部社会资本

风投机构	团队任期	内部社会资本	假设2
深创投	+ + + +	General	√
天堂硅谷	+ +	Low +	√
君联资本	+ + + +	General	√
九鼎投资	+	Low +	√
海纳亚洲	+ + +	High	√
英特尔投资	+ + + +	General	√
北极光创投	+ + +	General	√
IDG资本	+ + + + +	High	√
红杉资本	+ + + +	High	√
软银中国	+ + + +	General	√

表7.9 社会资本和投资绩效

风投机构	投资绩效	外部社会资本	假设4	内部社会资本	假设5
深创投	High	High	√	General	√
天堂硅谷	Low +	General	√	Low +	√
君联资本	High +	General		General	
九鼎投资	General	High	√	Low +	√
海纳亚洲	General	General –	√	High	
英特尔投资	General	General +	√	General	√
北极光创投	Low	General +		General	
IDG资本	High	High	√	High	√
红杉资本	High	High	√	High	√
软银中国	Low +	Low +	√	General	√

从外部社会资本来看，外部社会资本多的投资机构往往有更好的投资绩效；相反，外部社会资本少的机构投资绩效也不是很理想。假设4得到了印证。由此可见，外部社会资本越多，对风险投资机构的绩效越有积极的促进作用。这也间接地说明了人才市场为什么往往更青睐于相关经验丰富的人。

从内部社会资本来看，内部社会资本与投资绩效存在正相关关系，内部社会资本愈多的投资机构往往拥有更好的投资绩效，这也符合假设5。这是因为内部社会资本越多，相应的团队凝聚力越强，资源共享也越多，从而对投资绩效的提升就越有积极的促进作用。

三、案例分析总结

本章通过对10个有代表性的典型案例研究发现：

第一，在政府社会资本方面，本土投资机构占明显优势。要提供可靠的增值服务，技术社会资本就成为一个杀手锏。在技术社会资本方面，本土投资机构主要偏向于成立科研院所和聘请顾问团队，而海外投资机构通常拥有庞大的技术和网络支撑。市场社会资本则各有千秋，英特尔投资和君联资本可利用原集团（英特尔和联想集团）的品牌声誉和客户资源；IDG资本和红杉资本因为历史和品牌的沉淀，会聚了超群的资本实力，并且拥有广泛的海外市场资源；本土投资机构则参与了多个行业协会和商会，带有典型的本土色彩。

第二，任期越长的高管团队拥有更多的内部社会资本，这是因为团队任期越长，成员之间相互了解的越多，越能相互信任，从而能形成共同的愿景和价值观；高管团队的相关从业经验对其外部社会资本的沉淀有积极的促进作用；由高学历人员组成的高管团队拥有更多的外部社会资本。

第三，研究证实风险投资机构高管团队的内部社会资本和外部社会资本与投资绩效均存在正相关关系。由此可见，外部社会资本越多，对风险投资机构的绩效越有积极的促进作用。这也间接地说明了人才市场为什么往往更青睐于相关经验丰富的人。同时，从业经验正向影响外部社会资本，团队任期正向影响内部社会资本，而且社会资本越多对投资绩效越有积极的促进作用，这些结论与人力资本影响投资绩效的实证研究相一致，从而基本上验证了本章的关系模型。

尽管本章在对高管团队社会资本的分析以及对人力资本、社会资本与投资绩效关系的研究思路上有所创新，但个别假设并没有得到验证，还需做进一步的实证检验。对社会资本做实证研究的难点在于，社会资本相关方面的一手资料难以获取,而且很难量化。但是本章研究证实,人力资本—社会资本—投资绩效三者之间还是有一定关系的,因此在这个方向上值得继续研究。

参考文献

[1] Nahapiet J. and Ghoshal S. Social Capitl, Intellectual Capital and the Organizational Advantage [J]. Academy of Management Review, 1998, 23 (2): 242 – 266.

[2] Gabbay S. M. and Leenders R. Social Capital of Organizations: From Social Structure to the Management of Corporate Social Capital [M]. Emerald Group Publishing, Bingley, 2001: 126 – 151.

[3] Koka B. R. and Prescott J. E. Strategic Alliances as Social Capital : A Multidimensional View [J]. Strategic Management Journal, 2002 (23): 795 – 816.

[4] 张方华. 知识型企业的社会资本与技术创新绩效的关系研究 [D]. 浙江大学博士学位论文, 2004.

[5] 周小虎. 企业家社会资本及其对企业绩效的作用 [J]. 安徽师范大学学报(人文社会科学版), 2002 (1): 1 – 6.

[6] Peng Y. Kinship Networks and Entrepreneurs in China's Transitional Economy [J]. The American Journal of Sociology, 2004, 109 (5): 1045 – 1074.

[7] Inkpen A. C. and Tsang E. Social Capital, Networks, and Knowledge Transfer. [J]. Academy of Management Review, 2005, 30 (1): 146 – 165.

[8] 张鹏. 企业社会资本、组织学习和技术创新绩效研究 [D]. 山东大学博士学位论文, 2009.

[9] 张进华. 高管团队人口特征、社会资本与企业绩效 [D]. 华中科技大学博士学位论文, 2010.

[10] Hambrick D. C., Mason P. A. Upper Echelons: The Organization as a Reflection of its Top Managers [J]. Academy of Management Review, 1984, 9 (2): 193 – 206.

[11] Bottazzi L., Rin M. D., Hellmann T. Who are the Active Investors? Evidence from Venture Capital [J]. Journal of Financial Economics, 2008, 89 (3): 488 – 512.

[12] Patzelt H. CEO Human Capital, Top Management teams, and the Acquisition of Venture Capital in new Technology Ventures: An Empirical Analysis [J]. Journal of Engineering and Technology Management, 2010, 27 (3 – 4): 131 – 147.

[13] Pennings J. M., Lee K., Witteloostuijin A. V. Human Capital, Social Capital, and firm Dissolution [J]. Academy of Management, 1998 (41): 425-440.

[14] Zarutskie R. The Role of Top Management Team Human Capital in Venture Capital Markets: Evidence from First-time Funds [J]. Journal of Business Venturing, 2010, 25 (1): 155-172.

[15] Knockaert M., et al. Do Human Capital and Fund Characteristics Drive Follow-up Behaviour of Early Stage High-tech VCs? [J]. International Journal of Technology Management, 2006, 34 (1/2): 7-27.

[16] 李嘉明. 企业人力资本与企业绩效的实证分析 [J]. 市场与人口分析, 2005 (3): 29-36.

[17] 张绍峰. 风险投资家人力资本价值与激励约束契约研究 [D]. 浙江大学硕士学位论文, 2005.

[18] 彭正银, 江岭. 高层管理团队（TMT）人力资本特征效应的实证研究——基于中国上市公司的分析 [C]. 中国管理学年会论文（组织行为与人力资源管理）, 2007.

[19] 江金龙, 李创霏. 高管人力资本、高管报酬和绩效关系的实证研究——以中部地区上市公司为例 [J]. 经济管理, 2007 (24): 33-35.

[20] 吴斌, 黄明峰. 风险投资企业高管人力资本特征与经营绩效: 来自深圳市中小板的经验数据 [J]. 山西财经大学学报, 2010 (3): 88-94.

[21] 吴斌, 刘灿辉, 史建梁. 政府背景、高管人力资本特征与风险投资企业成长能力——基于典型相关方法的中小板市场经验证据 [J]. 会计研究, 2011 (7): 78-84.

[22] Burt T. S. Structural Holes: The Social Structure of Competition. [M]. Harvard University Press: Cambridge, MA. 1992: 301-325.

[23] Berlin M. That thing Venture Capitalists do. [J]. Business Review, 1998, Jan/Feb 98: 15-27.

[24] 陈伟民. 高管团队人口特征、社会资本和企业绩效 [J]. 郑州航空工业管理学院学报, 2007 (2): 82-84.

[25] Shipilov A. and Danis W. TMT Social Capital, Strategic Choice and Firm Performance [J]. European Management Journal, 2006, 24 (1): 16-27.

[26] Carpenter M. A., Geletkanycz M. A. and Sanders W. G. Upper Echelons Research Revisited: Antecedents, Elements, and Consequences of Top Management Team Composition [J]. Journal of Management, 2004, 30 (6): 749-778.

[27] Finkelstein S. and Hambrick D. C. Strategic Leadership: Top Executives and their Effects on Organizations [M]. West Publishing Company, Saint Paul, Minnesota. 1996a: 212 – 215.

[28] Adler P. and Kwon S. W. Social Capital: Prospects for a New Concept [J]. Academy of Management Review, 2002, 27 (1): 17 – 40.

[29] Knight D., Pearce C. L. and Smith K. G. Top Management Team Diversity Group Process, and Strategic Consensus [J]. Strategic Management Journal, 1999, 20 (5): 445 – 465.

[30] 陈璐, 杨百, 井润田等. 高层管理团队内部社会资本、团队冲突和决策效果的关系——研究综述与理论分析框架 [J]. 南开管理评论, 2009 (6): 42 – 50.

[31] 杨鹏鹏, 万迪肪, 王廷丽. 企业家社会资本及其与企业绩效的关系——研究综述与理论分析框架 [J]. 当代经济科学, 2005 (4): 85 – 91.

[32] 韦影. 企业社会资本与技术创新: 基于吸收能力的实证研究 [J]. 中国工业经济, 2007b (9): 119 – 127.

[33] Hambrick D. C., Cho T. S. and Chen M. The Influence of Top Management Team Heterogeneity on Firms' Competitive Moves [J]. Administrative Science Quarterly, 1996 (41): 659 – 684.

[34] Eisenhart K. M. and Schoonhoven C. B. Organizational Growth: Linking Founding Team, Strategy, Environment, and Growth Among U. S. Semiconductor Ventures 1978 – 1988 [J]. Administrative Science Quarterly, 1990, 35 (5): 504 – 529.

[35] Michel J. G. and Hambrick D. C. Diversification Posture and Top Management Team Characteristics [J]. Academy of Management Journal, 1992 (35): 223 – 238.

[36] Tsuietal A., Farh J., Xin K., Xiao Z. Hierarchical Ties and Network Closure as Social Capital for Chinese Managers [R]. Arizona State University, 2006.

[37] Reed K. and Srinivasan N. Adapting Human and Social Capital to Impact Performance: Some Empirical Findings from the U. S. Personal Banking Sector [J]. Journal of Managerial Issues, 2009, 21 (1): 36 – 57, 6 – 7.

[38] 付红, 肖建忠. 创业学习与新创企业成长: 来自上海浦东新区创业企业的案例分析 [J]. 管理案例研究与评论, 2008, 1 (6): 48 – 59.

第八章　风险投资家如何认知新技术企业价值

价值认知是风险投资家最为重要的活动之一。学者们已经高度关注风险投资家价值认知的标准，但还没有从心理学层面上揭示价值认知的一般过程，导致混淆价值认知的输入因素和影响因素，忽视信息对价值认知的影响。本章从认知心理学出发，以战略管理文献和平衡计分卡为理论基础，利用相关实证文献的研究成果，发展了价值认知模型和多阶段评价模型，然后采用多重个案研究和调查研究等实证研究方法，历经两年艰辛的田野工作，取得了包括访谈、直接观察、参与观察、文件和档案资料、问卷调查等多方面证据，验证了价值认知模型，探索了信息对价值认知的影响。

第一节　风险投资家的价值认知活动

一、风险投资中的价值活动

风险投资的主要业务活动包括发现价值、尽职调查、交易谈判、增值服务和退出。这五个过程分别对应了 5 个价值相关的活动，即价值认知、价值验证、价值确认、价值增加和价值实现。价值认知和价值增加是风险投资机构的两大功能，也是其区别于其他金融中介的显著特点。价值验证是每一个金融中介都需要做的，为了验证新技术企业的价值是否属实。价值确认就是以合同的形式确认新技术企业的价值。价值实现使得风险投资机构可以向最终投资人提供回报，并积累声誉以募集下一轮资金。其业务活动和价值活动的对应关系如图 8.1 所示。

由图 8.1 可以看出，风险投资的业务活动是围绕价值开展的，风险投资的所有决策都是在价值的基础上进行的。例如，投资决策就是在价值实现、价值验证和确认三项价值活动的基础上做出的，每一个否定判断都将做出不投资的决策。退出决策是在价值增加之后权衡价值实现的时机做出的。

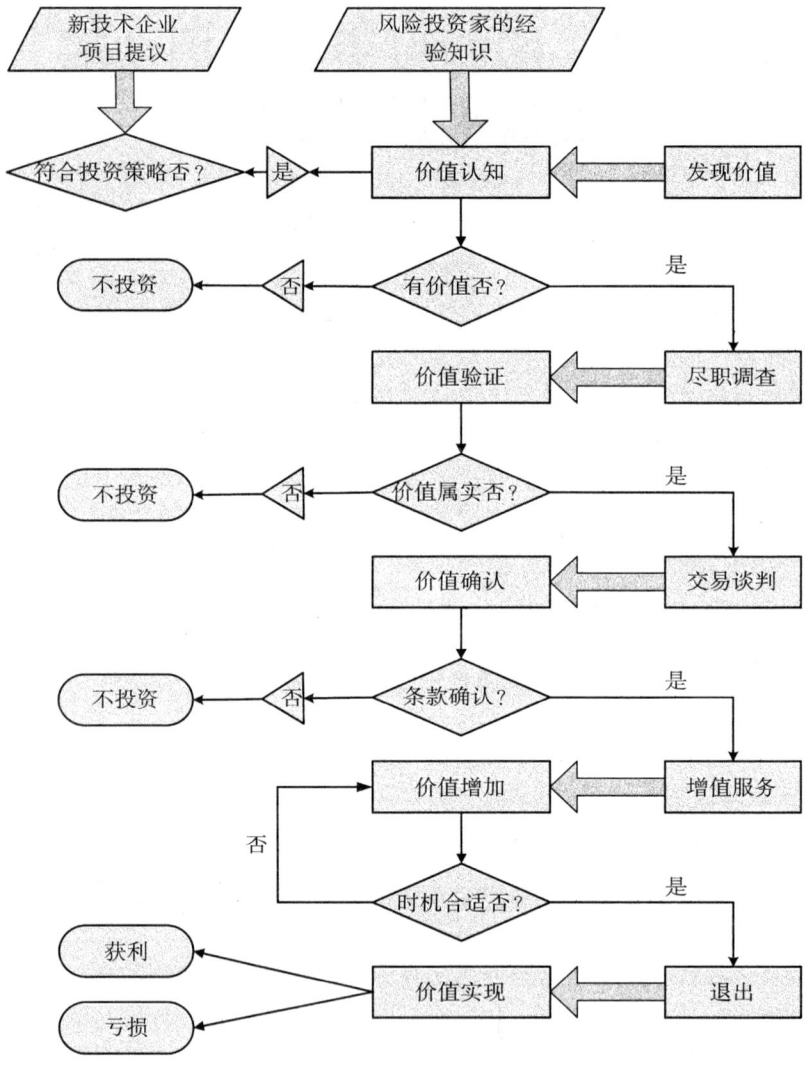

图 8.1　风险投资价值活动

在所有价值活动中，价值认知是风险投资价值活动的基础。Zacharakis 和 Meyer（2000）认为，风险投资机构的绩效是投资决策能力（包括价值认知、价值验证活动）和管理服务与建议的效果（价值增加活动）的函数[1]。风险投资的价值增加活动是基于风险投资家的经验知识，价值增加活动也需要风险投资家的经验和知识。因此，风险投资家的经验知识是风险投资机构的核心能力。一个知名风险投资家每年看过数百个甚至上千个项目，大多数项目在 5 分钟内就可以做出不投资的判断。这种专业判断需要专门训练和经验积累。

二、企业价值和认知价值

在哲学意义上，价值（Value）的概念存在巨大争论。本章无意去参与哲学概念的争论，而是直接讨论企业价值（Corporate Value）。

企业是资本的经济组织，对其价值研究始于资本价值。费雪（Fisher，1906）最早分析了资本价值的形成过程及其源泉[2]，认为任何资产的价值均来源于能产生预期货币收入的权利，可以通过对未来预期收入的折现而得到。在此基础上，莫迪尼安尼和米勒（Modigliani 和 Miller，1961）（简称 MM）完成了不确定条件下企业价值评估理论体系：企业评估价值 = 企业现有资产价值 + 预定期限内企业增长的评估价值[3]。美国著名顾问公司 Mckinsey 以 MM 理论为基础，发展了成熟公司的价值评估方法（科普兰，科勒，2002）[4]。

上述企业价值的定义体现了资金的时间价值、风险以及持续发展能力，看重企业未来创造财富的能力。但是上述传统企业价值及其创造理论未能揭示影响企业价值创造的具体因素，特别是对于新技术企业而言，该价值定义有着重要缺陷。由于新技术企业的高度不确定性，自由现金流很难被准确预测。在新技术企业的投融资活动中，股权定价往往受市场波动性的影响最大。因此，认识新技术企业的价值是不可以简单套用上述价值评估方法的。

技术创新是新技术企业积累和维持竞争优势的重要方式。Guth（1990）认为，技术创新可以提高企业产品的市场竞争力，也可以形成企业新的利润增长点，从而提高企业获取未来收入的能力[5]；Stopford（1994）认为技术创新有助于企业提升生产与经营能力，获得新的核心能力，从而促进企业成长，提高企业价值[6]；王同律（2004）认为技术创新使企业价值得到"常规增长"、"超常增长"和"持续增长"[7]。王清伟、计军恒（2006）也认为技术创新投入与其价值创造之间有一个乘数关系[8]。因此，评定新技术企业的价值需要特别考虑技术创新因素。

心理学研究的"认知价值"又称为理解价值、感受价值、察觉价值。这一概念过去主要用于对产品或者服务的价值感知上，尚未用于企业价值认知。在管理学领域，Sweeney 和 Soutar（2001）为代表的从产品的总体价值角度来分析顾客认知价值，认为顾客认知价值是"顾客对其所购产品获得的各种利益的总体评价"[9]。以 Zeithaml（1988）为代表的从价值比较角度来分析顾客认知价值，认为顾客认知价值是"顾客在所得与所失的感知基础上，对某一产品效用的总体评价"[10]。换言之，顾客感知价值就是顾客付出后所得到的东西。国内学者刘珺（2004）认为客户是在计算成本和收益的基础上认知服务价值的，付出是成本因素，质量是收益因素，共同影响服务价值的认知结果[11]。魏中龙和郭辰（2007）将顾客认知价值定义为，顾客对产品性能、质量、服务、费用等方面的总体价值的主观评价[12]。陈新跃和杨德礼（2003）认为顾客价值认知是顾客对反映产品价值的市场信号的认知[13]。

服务价值认知在学术界有不同的模型加以量化。乘数模型认为，服务价值是一个以服务质量为分子以付出为分母的比率（Zeithaml，1988）[10]；加数模型认为，服务价值认知是一个付出和得到加减后权衡的结果（Bolton 和 Drew，1991）[14]。

我们认为，新技术企业的认知价值是认知主体对新技术企业的价值创造能力的总看法，它是在详细了解企业拥有的资源、企业发展战略、所处行业、产品特性和市场特性以及企业过往绩效的基础上，认知主体对企业价值创造能力的知觉。

在本章中，价值认知实际上是一个 GO/NO - GO 决策（Hall 和 Hofer，1993）[15]。具有较高的认知价值的企业，将进入下一步的尽职调查程序，验证其价值。具有一般或者较低认知价值的企业，则会被放弃投资或者继续跟踪关注。

认知价值的基础是企业的内在价值。从价值创造原理看，"内在价值是基于企业未来现金流量和收益能力确定的，而不是企业拥有的资产的价值"（科普兰等，2006）[4]。然而，现金流量容易被操纵，且不能凭直觉就能理解。由于现金流量的驱动因素是企业（营业收入和利润）的增长率和投入资本收益率，所以，增长率和投入资本收益率实际上成了企业内在价值的驱动因素。因此，对新技术企业的价值认知就是要从所有能够反映企业质量的信息中，寻找能够证明企业成长性和获利性的证据，从而对新技术企业的价值创造能力做出判断。

三、风险投资家的价值认知

从研究文献的总结中发现，风险投资家的价值认知具有以下认知特征：

（一）自负与非系统判断

人们往往对其知识和判断过于自信，同时，自负发生的程度和判断任务的难度有关，在风险投资领域的研究也证实了这一观点。Zacharakis 和 Shepherd（2001）发现风险投资家确实自负，而且自负影响风险投资决策的精度[16]。他们认为风险投资家倾向于"可用性偏差"，那是一种自然的倾向，人们喜欢回忆过去的成功，却重复着过去曾经犯的错误。最重要的是，他们发现决策信息如果是用一种不熟悉的方式组织的，风险投资家就难以认识每一个信息意味着什么以及它们如何影响着整体的精度。换句话说，许多风险投资家是非系统的判断主义者，他们应用决策指标比较随便，前后不一致。因此，风险投资家需要以一种惯常的方式组织信息进行系统判断，以达到前后一致。

（二）分析和直觉的结合运用

许多文献都证明经理人可以使用分析和直觉一起来解决日常问题。经理们要求专家发展分析思维，同时还要有效运用直觉。Sandberg（1986）的研究说明风险投资家平均花费 8～12 分钟来评价一个商业计划，许多评价过程都是纯粹的直觉[17]。

在风险投资领域，Astebro 和 Elhedhli（2006）的研究证明了将问题分解为小问题来决策的有效性[18]。他们使用加拿大创新支持计划（IAP）真实的决策情景和真实的专家，检验了主要包括关键瑕疵和积极因素两大类指标的简单决策启发方法，结果显示简单决策启发在一个自然的和非常难以制定决策的情景下表现很好。将指标分为关键瑕疵和积极因素两大类是传统的决策思想，然而，这种分类没有考虑决定价值的前瞻性因素和滞后因素的区别。

很多学者对价值认知做了探索研究和实证检验。使用一个创建于 1998 年的包括 221 家瑞典新创企业的样本，Eckhardt、Scott 和 Frederic（2006）的实证研究发现[19]，投资家做出投资决策是基于客观的能够证实的企业发展因素，例如组织活动的完备性，营销活动和企业的年销售收入，而创业家选择创业项目是基于对于市场竞争、市场增长和雇员增长的认知。这个发现暗示，风险投资家和技术创业家在对企业价值认知方面存在模式上的差异。

价值认知的影响因素有很多。Vanacker 和 Manigart（2006）分析了风险投资家对生物技术创业企业的选择过程[20]。大多数风险投资家拒绝接受某种生物技术企业是因为政府产业政策的不确定性、市场成熟需要长期发展过程以及生物技术的不易理解特性。因此，风险投资公司对生物技术企业的财务、市场和技术的尽职调查更加彻底，投资于后期的投资者更看重管理团队的能力，而早期投资者则期望对未来职业经理人的招募产生影响。尽管生物技术投资高风险，笔者发现没有证据表明风险投资公司会设置一个更高的回报率门槛或者需要更加复杂的契约。双方不能达成协议的最重要的原因是对价值评估的不一致，这是由于缺少标准的估价工具和双方对风险的感知不同。

四、新技术企业价值认知模型

国内对新技术企业的价值认知的研究主要侧重于创新能力和创新成效，这是在资本市场不发达的情况下政府对新技术企业进行评价和激励的需要。黄鲁成和江剑（2005）研究了在组织外部，利用公开的有限信息来评价组织的技术创新能力[21]。中国国家统计局国家经济景气监测中心发布的《中国企业自主创新能力分析报告》从技术创新能力的角度提出了一个企业自主创新能力的评价指标体系，共包括4个一级指标：一是潜在技术创新资源指标，该指标包括人力资源存量和经济资源存量，主要反映某区域内的所有企业潜在的技术创新能力。二是技术创新活动评价指标，该指标可用企业在技术创新活动各个环节的经费投入来衡量。三是技术创新产出能力指标，该指标是评价企业技术创新能力最直接、最重要的指标。四是技术创新环境指标，外部环境因素可以归结为企业所处地域的信息化水平、市场竞争程度、政府部门的扶植与金融机构的支持4个方面。

高建等（2004）提出了技术创新绩效的概念，认为技术创新绩效是指企业技术创新过程的效率、产出的成果及其对商业成功的贡献，包括技术创新产出绩效和技术创新过程绩效[22]。谢丹等（2005）研究了民营企业科技竞争力的问题，民营企业科技竞争力是指一个民营企业利用所掌握的资源产出比竞争对手更多更高水平的科研成果的能力，主要体现为企业的科技资源、科研能力、科技环境和科技潜质等方面的综合表现。他们分析了民营企业科技竞争力的构成要素，并设计了民营企业科技竞争力评价指标体系[23]。

国外对新技术企业的价值认知主要是从价值视角的评价，主要原因是国外资本市场和风险投资体系的需要。国外的研究重视指标的来源和实证检验，重视评价模型的实际效果和一致性研究。

加拿大创新支撑计划（IAP）自1976年就开始使用最初由Gerald G. Udell发展的评价工具（Åstebro和Elhedhli, 2006）[18]。到2000年，他们一共评价了13000多个项目，他们使用全职的内部分析师，并且不断修订和改进他们的评价方法。他们使用的评价指标一共有37个。分析师避免与创业家接触以确保不受主管干扰。他们评价的依据就是创业家提交的文件,分析师主要从图书馆找到过去的文献以作为案例比较的基础。

在筛选阶段,风险投资家使用许多指标来评价企业(MacMillan 等,1985)[24]。从学术文献和风险投资家的实践来看,指标的来源和应用差异很大。从指标的来源来看,可以划分为两个学派:个体认知流派和企业特征流派。个体认知流派的评判标准是以风险投资家信奉的筛选标准为基础的,它基于风险投资家所声称其赞同的指标,企业特征流派则是在公司层面上的分析,研究者已经清楚地识别出那些成功企业的特征和倾向于失败的企业的特征。在筛选阶段发现增强创业企业可行性和成功概率的特征对于预测创业企业未来绩效非常关键。个体认知标准相对于客观的企业特征来说,在理解实际决策标准或者给予改善绩效的指南方面基础薄弱。

然而 Shepherd(1999)发现风险投资家实际的决策政策和他们所声称的有差异,因此风险投资家对其实际的决策政策理解力很差[25]。风险投资家可以改善他们的认识,通过调整其声称的政策以和其实际使用的政策相一致,从而缩小了两者的差距。而后者则以创业研究为基础。战略学者提出好的绩效来自企业的竞争能力和行业关键成功因素的匹配(Porter,1980)[26]。Mainprize(2004)实证研究了企业特征学派和个体认知学派两个来源的指标与新创企业绩效的关系[27]。

按照指标的来源和使用方法,可以分为非系统的判断和精算模型两类。精算模型是一种高度结构化和正式的决策支持系统,应用了正式的定量技术和规则(Zacharakis 和 Meyer,2000)[1]。这些模型使得评判者可以独立思考和评价。

使用价值评估工具可以帮助一个新手成为专家,帮助专家保持他们的地位,因为它可以纠正人类在决策过程中的前后不一致和对指标权重的错误估计,改善了人的判断的前后一致性和判断精度。Roberts(2002)综述了决策辅助工具文献[28]。从简单线性模型到复杂的专家系统,决策辅助工具都可以改善决策过程。在预言方面,正式模型即便很粗糙,也比人的非系统判断优越(Zacharakis 和 Meyer,2000)。决策辅助可以纠正人类认知的不一致性和导致错误评判的指标的错误权重赋值(Bazerman,1994)[29]。

Mainprize 和 Hindle(2005)的文章对 5 个有代表性的商业计划评估工具(BPEAs)进行严格的评价[30]。笔者首先回顾了风险投资决策方面的文献,将焦点放在投资筛选阶段,其次研究了一般商业情景下和风险投资的特定情景下的辅助决策方法的使用,再次发展了一个理论框架来对商业计划评估辅助方法分类和比较。这个框架有两个坐标轴:一是判断标准的来源;二是判断标准的应用。在风险投资决策过程中有两个判断标准来源：个体认知（经常缺少逻辑和经验基础）和客观的企业特征（基于对创业成功和失败的原因的深入研究）。对判断标准的两个不同的应用是非系统的判断和精算模型。使用客观的企业特征和精算模型的商业计划评估辅助方法具有改善投资筛选过程的最大能力。笔者最后通过分类比较发现，在 5 种评估方法中，FVRI 系统和新创企业样本两种方法最能改善投资筛选过程。通过对 5 种 BPEAs——The Venture Opportunity Screening Guide、The Bell – Mason Diagnostic、ProGrid Venture、The FVRI System 和 The New Venture Template 系统的对比，笔者证明基于成功的创业企业特征和使用精算建模的评估工具具有明显的优越性。

Hindle 和 Mainprize（2006）的研究还对 10 个原则进行区分和操作化[31]，建议 EBRAR 可以作为写和评价商业计划的指南。2005 年 3 月，《国际私人权益和风险投资估价指南》（International Private Equity and Venture Capital Valuation (IPEV) Guidelines）再版，Yves 和 Monjanel（2006）报告了 European Investment Fund（EIF）对其组合中的 200 多只基金对该指南的采用和精确应用情况[32]。在亚洲，Tseng 和 Lee 对中国台湾旅游业企业的内在价值评估的实证研究发现 Edwards – Bell – Ohlson（EBO）模型从预测能力来看是最佳的估价模型[33]。应用（EBO）模型时有必要估计投资的市场平均回报、公司平均投资回报和投资于该公司的风险资本投资体系。

第二节 价值认知心理学基础

风险投资家的价值认知是基于已经习得的价值认知结构而进行的一系列信息加工过程，包括感觉输入的编码、储存和提取、加工等过程。它是通过特征分析实现的。认知模型中包括输入因素和影响因素大两类。

一、价值认知信息加工过程模型

（一）认知心理学的两个信息加工模型

认知心理学是 20 世纪 50 年代中期在西方兴起的一种心理学思潮，20 世纪 70 年代开始成为西方心理学的一个主要研究方向。认知心理学研究人的高级心理过程，包括认知过程，如注意、知觉、表象、记忆、思维和语言等。控制论和信息论思想的渗透为认知心理学提供了重要的概念，如编码、译码、反馈调节等，形成了信息加工的研究框架。认知心理学和计算机科学的结合更是产生了模式识别技术，其方法和理论被广泛应用到决策科学中。因此，认知心理学被看作是具有理性主义色彩的心理学理论。

认知心理学将人看作是一个信息加工的系统，认为认知就是信息加工，包括感觉输入的编码、储存和提取的全过程。认知心理学认为可以用计算机来类比人的内部心理过程，计算机科学与心理学相结合，产生了人工智能。计算机接受符号输入，进行编码，对编码输入加以决策、存储、并给出符号输出。通过人工智能的应用可以有效改善人对复杂事物的认知过程。

纽威尔和西蒙对信息加工的一般原理做了说明（Newell 和 Simon，1972；Newell 1981；Simon，1981），他们认为，无论是有生命的人或者是人工的计算机，信息加工系统都是操纵符号的，符号的功能是代表、标志或者指明外部世界的事物。符号不仅可以标志外部事物，而且还可以标志信息加工的操作。信息加工系统得到某个符号就可以得到该符号代表的事物。他们认为，包括人和计算机在内，信息加工系统都是由感受器、效应器、记忆和加工器组成的。其结构见图8.2。

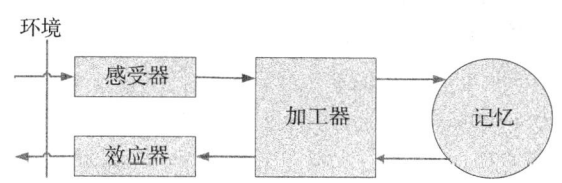

图 8.2 Newell 和 Simon 信息加工一般模型

资料来源：王甦，王圣安. 认知心理学（重排本）[M]. 北京：北京大学出版社，2008.

在这个模型中，感受器接受来自外部的信息，加工器制作和销毁符号、并短时记忆，整合加工，效应器最终做出反应，这个过程包括了信息的输入、储存、复制、建立符号结构和条件迁移等过程。

Newell 和 Simon 的信息加工模型反映了信息加工的基本原理，其以符号操纵（Symbol）为基础的信息加工系统具有对环境的适应能力，表现出目的性行为。其缺陷在于忽视了人作为智能有机体的情感因素，包括信任、目的、愿望、动机等。该模型适用于受情绪影响较少的简单的认知活动。

Norman 考虑了人的情感因素，提出了一个以调节系统为主体的信息系统结构，见图 8.3。

Norman（1981）的信息加工模型认为，认知系统是服务于调节系统的，认知系统是调节系统对智力因素的需要不断增长的结果，只有当认知系统达到一定的质量以后，它才有自己的独立存在并具有自己的功能和目的。这就指出了认知系统的习得问题，复杂事物的认知不是天生具有的，而是经过后天学习和训练逐步形成的。

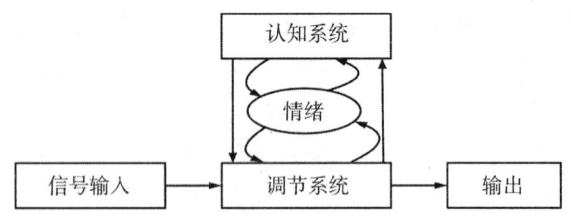

图 8.3 Norman 的信息加工模型

资料来源：王甦，王圣安．认知心理学（重排本）[M]．北京：北京大学出版社，2008.

（二）新技术企业价值认知的信息加工模型

认知心理学提出的两个模型都有其道理。前者可以解释简单认知活动，后者可以解释复杂的认知活动。对于新技术企业价值认知活动而言，Norman 的模型更加接近实际。

根据上文分析，本章基于 Norman 的模型建立新技术企业价值认知的信息加工模型，如图 8.4 所示。

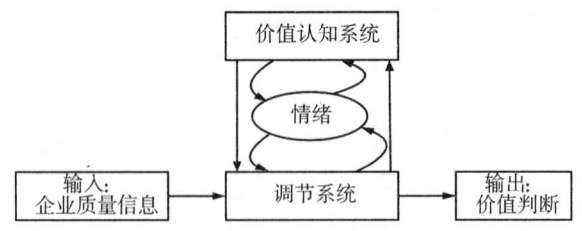

图 8.4 价值认知的信息加工模型

新技术企业价值认知实际上是基于认知主体已经习得的价值认知系统和个性特质的一系列的信息加工过程。认知主体通过对企业质量信息输入变量的考察和分析，形成对企业价值的知觉，即对企业价值的一个基本的判断。这个模型为我们研究新技术企业价值认知提供了心理学基础。

二、价值认知结构

信息加工模型告诉我们价值认知的过程是一个信息加工过程。但是，要形成一个认知模型，还必须要研究认知结构是怎样形成的。因此，需要按照认知心理学的观点，继续考察认知结构的形成。

（一）知觉理论

有两种知觉理论：一种是知觉的假设考验学说（Bruner，1957；Gregory，1970）；另一种是知觉的生态学理论（Gibson，1950，1966，1979）。假设考验学说认为，知觉是一种包含假设考验的构造过程，人通过接收信息、形成和考验假设，再接收或搜寻信息，再考验假设，直至验证某个假设，从而对感觉刺激做出正确的解释。它强调认知主体过去的经验作用。他们认为，知觉是定向、抽取特征，与记忆中的知识相对照，然后再定向、再抽取特征并再对照，如此循环，直到确定刺激的意义。而知觉的生态学理论认为知觉只具有直接性质，否认已有知识经验的作用。

显然，对于新技术企业价值认知而言，价值认知一定依赖于过去的知识经验，这是无须争论的。尽管有学者认为风险投资家有时依赖于直觉，但是，这种直觉并不是指风险投资家天生具有的能力，这种直觉需要知识经验为基础。因此，价值认知是一种假设考验的过程，风险投资家的知识经验在其中有着重要的作用。

价值认知信息加工模型中的知觉过程是对来自企业的感知信息的组织和解释，也就是获得感觉信息意义的过程，它依赖于认知主体过去的知识和经验。

（二）模式匹配

假设考验学说解释了从刺激到知觉的过程，而模式识别是形成认知结构的关键。按照认知心理学的观点，模式是刺激的组合，是由若干元素或者成分按照一定关系组成的某种刺激结构。模式识别是人的一种基本的认知能力或者智能，模式识别过程是感觉信息和长时记忆中的有关信息进行比较，并决定它与哪个长时记忆中的项目有着最佳匹配的过程。

有三种理论模型解释模式识别匹配过程的实现：模板匹配模型、原型匹配模型和特征分析模型。

模板匹配模型是一个简单的模型，它的基本思想是"刺激"与"模板"

匹配，这种匹配要求刺激和模板有最大程度的重叠。为了识别某个特定的模式，必须事先在记忆中存储与之对应的模板。在这种情况下，要得到正确识别，就要在人的记忆中存储不可计数的模板，从而极大地增加记忆的负担。这与认知主体在价值认知中表现出来的高度的灵活性是不一致的。

原型匹配模型认为在记忆中存储的不是与外部模式有一一对应关系的模板，而是原型（Prototype），原型不是某一特定模式的复本，而是一类客体的内部表征，即一个类别或范畴的所有个体的概括表征。它不要求严格的准确匹配，只需近似的匹配。当刺激与某一原型有最近似的匹配，即可将该刺激纳入原型所代表的范畴，从而得到识别。这个模型可以减轻记忆的负担，使得人的模式识别更加灵活，也更加能够适应环境的变化。但是，在企业价值认知中，不存在有价值或者没有价值企业的原型，因此，这种模型不太适应新技术企业价值认知。

适用新技术企业价值认知的模型是特征分析模型。特征分析模型认为，模式可以分解为诸特征。在长时记忆中，外部刺激是以各种特征来表征的，在模式识别中，首先对刺激的特征进行分析，即抽取刺激的有关特征，然后将这些抽取的特征加以合并，再与长时记忆中的各种刺激的特征进行比较，一旦获得最佳的匹配，外部刺激就被识别。特征的地位和作用类似于模板匹配模型中的模板，其实，它可以看作微型模板，或者局部的部件模板。模板特征化之后具有很多优势，避免了模板预加工的困难和负担，使识别有更强的适应性，并减轻了记忆的负担。最为重要的是，这种模式识别过程有更多的学习色彩，因此，特征分析模型在人工智能中得到广泛的应用。

特征分析模型是一个自下而上加工的模型，从局部到整体，也符合新技术企业价值认知主体的认知特点，因此，本章采信特征分析模型，并假定价值认知是一个局部到整体的认知过程。

我们无意否认模板匹配模型和原型匹配模型在价值认知结构形成过程中的存在。实际上，风险投资家有时拿过去成功的经验作为模板或者原型，来检验新技术企业是否匹配，尽管这种匹配的可能性非常小。就像人不可能两次踏入同一条河流，也没有两个企业会完全一样，每一个新技术企业都是复杂和独特的。因此，总体上看，模板匹配模型和原型匹配模型不适用于新技术企业价值认知。

特征匹配模型有更大的灵活性，它更加符合新技术企业价值认知的实际。成功创业的新技术企业的特征被植入到风险投资家的认知系统中，成为其长时记忆。在价值认知时，将新技术企业的信息与长时记忆中储存的特征比较，匹配较好的企业被判断为有价值，匹配不好的企业被判断为无价值。

Boocock 和 Woods（1997）研究发现，风险投资家使用相当一致的评价指标[34]。这说明，风险投资家经过学校训练和实际工作经验积累能够形成具有共性的经验知识，经验知识按照一定的方式组合加工，就形成了认知结构。这与认知的假设考验学说和特征分析模型是一致的。

第三节 价值认知模型

风险投资家价值认知的输入因素包括资源和绩效两大类，资源的指标体系依据资源基础理论建立，它是前瞻性指标，核心资源还为企业带来持续竞争优势，决定着企业盈利潜力，是企业价值的决定因素，因此，资源是关于企业质量的最重要信息。绩效的指标体系依据平衡计分卡建立，它是滞后指标，反映了企业过往经营能力，并可以使得风险投资家对新技术企业的未来表现有一个合理的预测基础，因此，绩效也是关于企业质量的重要信息。价值认知的影响因素是价值认知的调节变量，对价值认知有着重要的影响。

一、"资源"输入因素

资源是指由一个企业控制的所有的资产、能力、组织过程、公司特征、信息、知识等，它使企业能够借以构建并贯彻战略来改善经营效率和效果（Barney，1991）[35]。按照资源基础理论（RBT）的观点，资源是企业可持续竞争优势的来源，因此，资源对企业价值具有决定性作用，是风险投资家认知价值的契入点和最重要的信息来源。

（一）资源的价值

Reed 和 Defillippi（1990）认为企业的竞争优势来源于企业内部资源的"模糊性"[36]。模糊性所形成的模仿障碍，不仅可以阻止竞争者的模仿，也会阻止资源的移动，它由"内隐性"（Tacit）、"复杂性"（Complexity）、"专属性"（Specificity）三个维度度量。Barney（1991）认为竞争优势之所以能持久，是因为公司拥有异质性以及不可移动性，该观点与 Penrose（1959）认为"企业竞争优势是来自该企业所特有的异质性资源（Heterogeneous Resources）而非其他企业相近的同质性资源（Homogeneous Resources）的观点十分相似。他认为企业的资源如果带来持续的竞争优势就必须是：①有价值的；②稀缺的；③不能完全模仿的；④难以替代的。Berney（1991）提出的这种观点成为资源基础理论的主流看法。按照这四种属性，资源对企业竞争优势的影响以及和企业绩效的关系可以总结如表8.1所示[37]。

表8.1 资源指标和竞争优势、公司绩效

价值	稀缺性	不可模仿性	不可替代性	竞争形势	公司绩效
无价值	不稀缺	可模仿	可替代	处于竞争劣势	低于平均水平
有价值	不稀缺	可模仿	可替代	处于平均位置	平均水平
有价值	稀缺	不可模仿	可替代	临时竞争优势	超过平均绩效
有价值	稀缺	不可模仿	不可替代	持续竞争优势	出众的绩效

资料来源：Carmeli，2002.

因此，资源就是企业所拥有的先天禀赋，决定企业的发展潜力，为企业带来可持续竞争优势，资源是企业价值的最终决定因素，影响着新技术企业价值的认知。不同类型的资源，在价值认知中的作用也有所不同。

（二）资源的类别

对资源的分类主要参考了Galbreath（2005）的研究[38]。他将公司资源分为两大类（在公司层面上）：有形资源、无形资源。其中有形资源是那些在公司资产负债表上显示的资源，包括金融资产和实物资产；而无形资源（包括无形资产资源和技能资源）是指那些非实物也非金融的资产，基本上不在资产负债表上显示。无形资产资源主要表现为组织资产、声誉资产、知识资产。技能资源包括创业和管理团队的专业技能和专业知识（Know - how）。Hall（1992，1993）[39][40]区分了无形资产资源和能力资源，他认为二者的区别在于：无形资产资源是企业所"拥有"的，它是一项资产；而技能资源是企业所"做"的，它是一种技巧或者能力。

无论是有形资源或者是无形资源，对于新技术企业而言，都是有价值的，因此都会对新技术企业价值认知产生影响。这些我们沿用这种分类方法，结合新技术企业的实际，考虑到无形资源对企业竞争优势构建的重要作用，将新技术企业的资源划分为以下5类：

（1）技能资源（Skills and Capabilities）：包括创业团队的技术、创业和管理经历和能力；经理的经验和专业知识，研发人员的专业知识（Know - how），以及整个管理及研发团队的合理性。

（2）知识资产（Intellectual Property）（Hall，1992）：知识产权资产包括

企业的专利、技术秘密、商标、专有设计①、版权等。

（3）声誉资产（Reputation Assets）（Robert 和 Dowling，2002）[41]：包括产品/服务的声誉、公司的声誉。

（4）组织资产（Organizational Assets）（Barney，1991）：包括企业的规章制度、运营结构、与政府的契约（许可牌照）、与其他成熟企业的契约（订单）、创新文化和人力资源政策。

（5）有形资产（Tangible Assets）指能够在公司资产负债表上显示的资源，包括实物资产，如场地、厂房、生产设备，金融资产，如流动资产、股票。

上述5种资源的关系见图8.5。

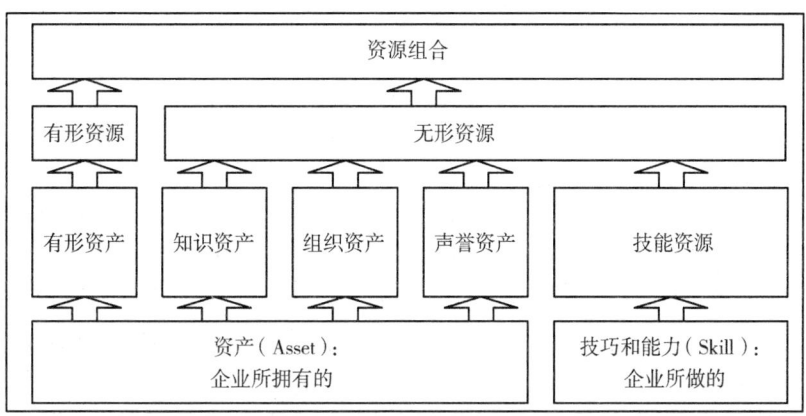

图 8.5　资源组合

二、资源与新技术企业价值认知

由于资源是本章中的潜变量，它不可以直接测量。研究资源与价值认知的关系必须将资源操作化。

（一）技能资源

技能资源最难以被模仿和复制，因此被认为是企业成功的最重要的资源（Day，1994[41]；Michalisin 等[42]，1997；Teece 等，1997[43]；Srivastava 等，

---

① 本章中专有设计是指受到专利保护的外观设计以及实用新型专利，下同。

1998[44]；Bontis 和 Fitz-enz，2002[45]）。Galbreath（2005）通过对56个企业高级经理的问卷调查发现，技能资源比所有其他资源都重要。在风险投资和技术创业领域，创业团队的能力、背景和经验也被众多学者验证过，被一致认为是新技术企业最重要的资源[38]。Feeser 和 Willard（1990）发现高成长和低成长公司的成立战略有系统性差别，其中之一就是创始人团队的规模[46]。Stuart 和 Abetti（1990）研究发现，创业家的创业经历（创业的次数和管理角色）是影响企业绩效的最显著的因素。而年龄、工作年限、管理和技术经验、创业团队经历的多样性则不显著[47]。Chandler 和 Hanks（1994）发现，创业家的能力可以调节创业机会和企业绩效的关系，创业家能力高，则可以更好地把握和利用好机会，从而企业绩效也好[48]。Jo 和 Lee（1996）发现企业的获利性和创业家在自己的创业领域内的教育和经验正相关。如果创业家关于产品的专业知识是从先前的工作经历中学到将增加这种正向作用[49]。Delmar 和 Shane（2006）发现团队的经验可以增加存活率和销售额[50]。

技能资源也是风险投资家最看重的资源。MacMillan 等（1985）发现，是创业家的质量最终决定了投资决策[24]，在风险投资家最重视的指标中，有5个与创业家的特征有关。Zacharakis 和 Shepherd（2005）发现，风险投资家偏好投资那些具有更多领导经验的创业家，特别是在企业处于竞争者多但是竞争对手的竞争力较弱的巨大市场中时，更加看重创业家的领导才能。创业团队先前的创业经历可以作为领导经历的替代变量[51]。

本章结合风险投资实际，认为技能资源表现在创业能力、管理能力和研发能力三个方面。表8.2给出了技能资源的次级指标定义和测量方法。

表8.2 技能资源的指标体系

指标	定义	测量问题
创业经验和领导力	创业家经由过去创业活动和学校训练所积累的领导才能	创业家参与多次创业吗？在过去创业经历中的地位如何？过去的创业曾取得多大程度成功？
管理经验知识	职业经理层的管理经验	是否在成熟企业或者创业企业中担任高级管理人员并取得不错的经营业绩？
研发经验知识	团队的技术经验	创业团队的技术经验如何？该技术能力是否经过学校训练并从创业过程中得到学习和增强？

第八章 风险投资家如何认知新技术企业价值

风险投资家在认知新技术企业价值时,通过对表 8.2 第三栏中问题的考察,给予技能资源次级指标一个分值。文献分析说明,这三类技能资源都正向影响企业的认知价值。

(二) 知识资产资源

Hall (1992) 认为,知识资产资源比有形资产更加难以复制。知识资产 (Intellectual Assets) 代表了新技术企业的创新能力。知识产权 (Intellectual Property) 是新技术企业的一类重要的知识资产资源,例如发明专利、实用新型专利、专有设计、版权和注册商标,由于它们受到相关法律的保护,从而阻止其他企业复制,形成新技术企业的竞争优势 (Hall, 1992)[39]。另一类知识资产,如企业的技术秘密 (Held-in-Secret Technology),尽管没有受到法律保护,但却更有价值,有时候,保密而不是申请保护是新技术企业独特战略和独特的商业模式的内在要求。因此,技术秘密是一个企业独特的、具有社会综合性和情景特殊性的资产,使得竞争者很难理解和复制 (Galbreath, 2005)[38]。由于知识资产资源要么受到法律强制保护,要么被新技术企业作为核心秘密加以保护。知识资产资源的次级指标定义和测量方法如表 8.3 所示。

表 8.3 知识资产资源的指标体系

指标	定义	测量问题
知识产权	对外公布的发明专利、专有设计、版权和商标等	企业的知识产权能在多大程度上为企业带来竞争优势?保护的范围和程度如何?
技术秘密	不对外公布的秘密技术	哪些员工掌握技术秘密?技术秘密的保护措施是否足够?技术秘密能在多大程度上为企业带来竞争优势?

风险投资家在认知新技术企业价值时,通过对表 8.3 第三栏中问题的考察,给予知识资产资源次级指标一个分值。文献分析说明,这两类知识资产资源都正向影响企业的认知价值。

(三) 组织资产资源

组织资产 (Organizational Capital, or Organizational Assets),包括企业的契约、正式组织结构、正式或者非正式的计划、控制和协调制度 (系统),

企业内非正式的关系（企业文化）以及企业与所处环境之间的非正式关系（关系网）（Barney，1991）[35]。组织资产可以阻止竞争对手的复制行为。例如，契约，包括特许协议和许可协议，可以成为一个企业最重要的资源（Hall，1992）[39]。其他组织资产，例如，企业文化、人力资源政策、组织结构、关系网也难以被复制。

上述组织资源中，新技术企业的组织结构、制度体系和人力资源政策都需要具有柔性以适应环境变化，风险投资家也会在投资之后通过价值增加活动对这三类组织资源施加影响。

契约（特许或者许可牌照），特别是在某些行业领域，当企业的经营活动需要政府相关部门的特别批准时，将成为企业的关键资源。因此，必要的契约是企业合法经营的前提条件，因此受到风险投资家的高度重视。

关系网是新技术企业及其创业团队构建的非正式的社会关系网络。关系网对于企业获得信息和拓展市场都有帮助。风险投资家会关注企业是否具有一个较大的关系网络，以帮助企业获得竞争优势。

企业文化也是风险投资家关注的组织资源。新技术企业往往会面临财务和市场困境，新技术企业如果具有以创业精神为主导的企业文化，则可以激励员工精诚合作以战胜逆境。

因此，本章构建包括契约、关系网和企业文化三个指标的组织资源指标体系，其次级指标定义和测量方法如表8.4所示。

表8.4 组织资产资源的指标体系

指标	定义	测量问题
契约	企业为了获得合法经营而必需的特许或者许可牌照	新技术企业是否需要特许或者许可才可以合法经营？是否取得相应特许或者许可？
关系网	企业及企业家所构建的非正式的社会关系网络	新技术企业的关系网是否足够支持企业的现实发展需要并带来竞争优势？
企业文化	企业非正式的文化环境	企业文化是否有利于企业发展并带来竞争优势？

风险投资家在认知新技术企业价值时，通过对表8.4第三栏中问题的考察，给予组织资产资源次级指标一个分值。文献分析说明，这三类组织资产资源都正向影响企业的认知价值。

(四) 声誉资产资源

声誉是指消费者或者是供应商,抑或是合作伙伴,对企业以及企业的产品的了解和情感(Hall,1992)[39],因此可以成为获得竞争优势的一个重要因素。声誉不可能在市场上买卖,企业最多可以买走一个企业的注册商标,但却买不到一个企业的声誉。按照 Hall(1992)的定义,企业的声誉资产包括产品/服务的声誉和企业的声誉两个方面,其含义包括企业及其产品/服务的知名度和美誉度。声誉的形成是需要时间,知名度可以通过短时间内的密集广告形成,但是美誉度却需要更长时间,而且需要客户和公众对企业在产品/服务质量上的认可。

声誉资产资源的次级指标定义和测量方法如表 8.5 所示。

表 8.5 声誉资产资源的指标体系

指标	定义	测量问题
公司的声誉	公司在行业内的知名度和美誉度	企业在行业内拥有较高的知名度吗?拥有较高的美誉度吗?
产品/服务的声誉	产品/服务在行业内的知名度和美誉度	产品/服务在行业内拥有较高的知名度吗?拥有较高的美誉度吗?

风险投资家在认知新技术企业价值时,通过对表 8.5 第三栏中问题的考察,给予声誉资产资源次级指标一个分值。文献分析说明,这两类声誉资产资源都正向影响企业的认知价值。

(五) 有形资产资源

有形资产(Tangible Resources)是那些物质的(Physical)资源,包括金融资产和实物资产(Galbreath,2005)[38]。金融资产和实物资产就像是新技术企业的血液和躯体,所有活动,包括研发、营销、生产等,都离不开有形资源。Chen(2008)检验了组织资源和创新能力对新技术企业绩效影响过程中技术商业化能力的中介作用,以及该过程中孵化器的支持和风险资本的支持的调节作用,他将有形资源分为实物资产和金融资产两类($\alpha = 0.84$)[52]。我们借用其对有形资源的测量,包括两个维度:实物资产和金融资产。

有形资产资源的次级指标定义和测量方法如表 8.6 所示。

表8.6 有形资产资源的指标体系

指标	定义	测量问题
实物资产	企业所拥有的实物形态的资产,场地、厂房、试验设备、生产设备等	实物资产充足而适于企业的发展吗?
金融资产	企业的货币或者证券形态的资产,例如流动资金、债券、股票、期权等	金融资产充足而适于企业的发展吗?

风险投资家在认知新技术企业价值时,通过对表8.6第三栏中问题的考察,给予有形资产资源次级指标一个分值。文献分析说明,这两类有形资产资源都正向影响企业的认知价值。

各种资源是企业经济活动的基础,由于各类资源均正向影响风险投资家的价值认知,因此,本章有如下假设:

H1:资源正向影响新技术企业的认知价值。相同绩效条件下,更好的资源带来更高认知价值。

三、"绩效"输入因素

资源是决定企业价值的最终因素,但是单凭对资源的认知是不足以满足风险投资家对新技术企业的价值认知需求的。由于理论界认为,企业过去的绩效不能决定企业未来的价值,学者们忽视企业绩效对价值认知的影响。但风险投资家却异常重视企业的过往绩效,因为企业的过往绩效是可以方便得到证实的价值认知输入因素。假定企业已经运行,并有相关绩效资料可供利用,则可以增加风险投资家对企业资源运用能力的认识。对绩效的评价并不限定财务绩效,平衡计分卡企业绩效评估方法可以全面地评价一个企业过去所取得的成绩,因此是风险投资家常用的工具。

平衡计分卡(BSC)从四个角度对企业进行绩效评价,通过集中于一些最为关键的指标来限制指标的数量,使得企业高级经理获得不同方面的信息的同时,最小化信息负载。BSC的这种思想与认知心理学和新技术企业价值认知是一致的。

因此,本章基于平衡计分卡,建立绩效认知的结构如图8.6所示。

下文将沿着平衡计分卡的基本思想,结合风险投资家对新技术企业价值认知的实际,发展新技术企业绩效认知的指标体系并提出研究假设。

第八章 风险投资家如何认知新技术企业价值

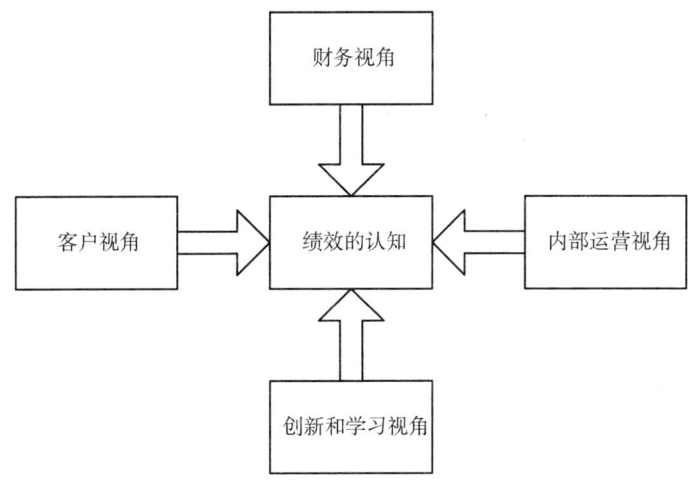

图8.6 新技术企业绩效认知结构

四、绩效与新技术企业价值认知

与资源的测量类似,由于绩效是潜变量,不可以直接测量,研究绩效与认知价值的关系必须给出其操作化定义。

(一) 客户和市场绩效

平衡计分卡把从客户和市场视角来看企业放在第一位。随着市场的成熟、外部竞争越来越激烈,客户的地位越来越重要。"客户就是上帝"对一个企业而言,客户是最权威的评价者。因此,提供高质量的产品和客户服务、培养和维护企业品牌在客户心目中的形象是新技术企业成功的关键。

按照 Kaplan 和 Norton (1992) 的观点,可以从四个指标来衡量客户和市场绩效:时间(Time)、质量(Quality)、性能和服务(Performance and Service)以及售价(Cost)[53]。时间对于新技术企业有多个方面的含义:对于现有产品而言,意味着订货提前期,就是企业接到客户订单之后交付产品或者服务到客户的时间。对于新产品而言,意味着开发新产品的时间,是从产品定义到产品面市的时间。质量也有两层含义:一是准时交货的能力;二是客户察觉到的产品的瑕疵。性能和服务测量是企业的产品或者服务为客户创造的价值。售价是客户考虑的一个方面因素,在信息不对称的情况下,价格将是影响客户的购买决策的重要因素。实际上客户会根据性能和售价综合考虑性价比来做出购买决策。

在对新技术企业价值认知时,风险投资家最为关心的事情是,企业的产品或者服务是否满足了客户的需求?满足客户对时间、质量、性能和服务需求的程度可以用客户满意度来衡量。客户满意度反映了客户对企业所提供的产品或服务的评价,风险投资家可以通过客户访谈来了解客户满意度,从而评价企业的客户绩效。

风险投资家非常关注的客户指标是市场占有率的变化情况。和竞争对手相比,企业的市场份额增加更多,则表明企业获得了更好的客户绩效。市场占有率可以使用绝对市场占有率和相对市场占有率来表示,当不易统计全部细分市场的销售总额时,常用相对市场占有率来代替。

风险投资家也可以从企业销售部门获得关于客户变化的数据,从而了解企业在客户保持和新客户获得方面的绩效。客户变化情况可以用新客户销售比率的变动来度量。

客户和市场绩效的次级指标定义和测量方法如表8.7所示。

表8.7 客户和市场绩效的指标体系

指标	定义	测量问题
客户满意度	客户对交货时间、质量、性能和服务以及售价的满意程度的度量	客户满意企业的交货时间和新产品开发速度吗?客户发现产品有瑕疵吗?是否按照客户的要求准时交货?产品或者服务为客户创造的价值多大程度上满足客户的需求?售价对客户是否具有吸引力?
市场占有率变动	细分市场中该企业产品的销售额占全部细分市场销售额的百分比的变动	市场占有率在增加吗?增加的幅度有多大?主要竞争对手的市场占有率的变化情况怎样?客户绩效比竞争对手更好吗?
新客户销售比率变动	来自新客户的销售收入占全部销售收入的百分比的变动	新客户数量在逐渐增加吗?从新客户获得的销售收入在增加吗?增加的比例有多少?

风险投资家在认知新技术企业价值时,通过对表8.7第三栏中问题的考察,给予客户和市场绩效次级指标一个分值。这三类绩效都正向影响企业的认知价值。

(二)内部运营绩效

按照平衡计分卡的观点,对客户需求的认知需要转化为对内部运营的改善行动,内部运营活动的改善将导致企业财务绩效的改善。因此,从内部运营的视角来评价企业的绩效可以帮助风险投资家认知新技术企业的价值。

内部运营活动的目标是缩短生产周期,提高优良率和生产率以及改善。对于新技术企业而言,提高产品的稳定性和质量,缩短生产周期,提高生产率以及售后服务都至关重要。Kaplan 和 Norton(1992)认为测量内部运营绩效要从最能影响顾客满意度的内部运营活动着手进行[53]。

按照价值链理论,内部运营活动包括 9 项:5 项基本活动与 4 项辅助活动(波特,2007)[54],如图 8.7 所示。

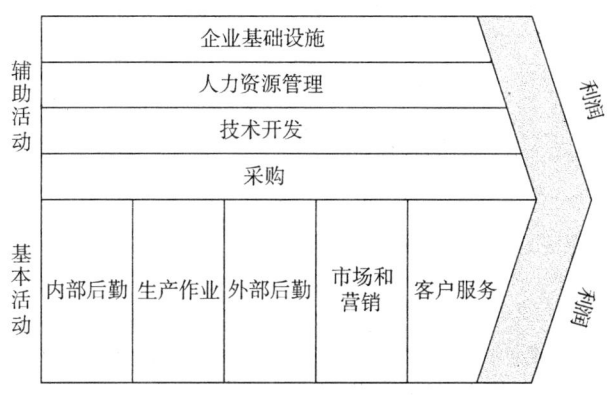

图 8.7 价值链模型

企业价值链是九种活动(内部后勤、生产作业、外部后勤、市场和营销、客户服务五种基本活动以及采购、技术开发、人力资源管理、企业基础设施四种辅助活动)的特定方式联结,不同企业之间价值链的差异形成企业的竞争优势。

对于新技术企业来说,技术开发、生产作业活动、外部物流和服务活动是整个价值链的核心。因此,考虑风险投资对新技术企业价值认知的实际,本章选取新产品开发速度来代替技术开发绩效,选取产品优良率来代替生产运作绩效,选取客户服务响应速度来代替服务部门绩效,三者共同表示了新技术企业的内部运营绩效。

内部运营的指标还有生产率、生产周期、成本、合格品率、出勤率等,但对于新技术企业的价值认知而言,产品优良率、准时交货率和客户服务响应速度三个指标是最为关键的。

内部运营绩效的次级指标定义和测量方法如表 8.8 所示。

表 8.8　内部运营绩效的指标体系

指标	定义	测量问题
优良率	一批产品中优良产品的占比	产品的优良率是否得到改善并超过竞争对手？
准时交货率	企业对客户准时交货需求的满足比率	企业能按照客户的需要准时交货吗？
客户服务响应速度	响应客户服务需求的最短时间规定	响应速度是否能够满足客户需求？

风险投资家在认知新技术企业价值时，通过对表 8.8 第三栏中问题的考察，给予内部运营绩效次级指标一个分值。这三类绩效都正向影响企业的认知价值。

（三）创新和学习绩效

创新和学习是企业获得竞争优势的根本来源。新技术企业成功的指标是不断变化的，激烈的全球竞争要求企业不断改进现有产品和工艺，引入新产品，才能适应激烈的市场竞争（Kaplan 和 Norton，1992）[53]。因此，学习和成长是与公司价值直接相连的，只有不断地学习新技术和新知识，开发新产品，为顾客提供更多价值，提高经营效率，公司才能开拓新市场，增加收入和利润，才能发展壮大，从而增加股东价值。

员工满意度是创新和学习绩效的最重要的指标。风险投资家会关注新技术企业员工的满意度。员工满意度包括对工作背景的满意程度、对工作群体的满意程度和对企业的满意程度。企业需要在创新和学习方面，改善软硬件条件，健全激励制度，倡导合作的企业文化，增进员工对企业决策的参与程度等方面做出努力来改善员工满意度。员工满意度的提高会最终影响企业的绩效，因此，它是风险投资家非常看重的创新和学习绩效方面的指标。

此外，新产品开发速度和新产品销售率也能够反映新技术企业创新和学习绩效（Kaplan 和 Norton，1992）[53]，它们也是风险投资家对新技术企业价值认知最常用的指标之一。因此，创新和学习绩效的次级指标定义和测量方法如表 8.9 所示。

表8.9 创新和学习绩效的指标体系

指标	定义	测量问题
员工满意度	员工接受企业的实际感受与他期望值比较的程度	员工是否满足工作回报？是否满意工作背景？和群体是否积极交流？是否积极参与？员工意见被及时采纳了吗？
新产品开发速度	从创意到推出试用新产品/服务的时间	相对于竞争对手以及相对于行业需求特点而言，企业的新产品开发速度如何？
新产品销售率	销售收入中从新产品销售中取得的收入百分比	企业新产品销售率高吗？高于主要竞争对手吗？

风险投资家在认知新技术企业价值时，通过对表8.9第三栏中问题的考察，给予创新和学习绩效次级指标一个分值。这三类绩效都正向影响企业的认知价值。

（四）财务绩效

财务绩效分析是证券分析师最常用的手段。财务指标种类很多，也最容易获得数据，例如营业收入、资本报酬率、经济增加值、每股收益、应收账款周转率、现金流量、股东权益收益率等。

新技术企业往往成长迅速，但在发展的早期经常是亏损。因此，风险投资家并不关注利润、股东权益收益率等经营成果的指标，而关注销售毛利率、经营活动现金净流入和营业收入增长率三个指标。对销售毛利率的分析，可以使得风险投资家了解新技术企业产品的盈利能力。经营活动现金净流入反映了企业经营活动取得现金流入的能力，能否获得发展取决于能否从经营活动中获得净现金流入用于再投资。从营业收入增长率可以预测企业的未来发展趋势。

因此，本章选择销售毛利率、经营活动净现金流和营业收入增长率三个指标。按照Kaplan和Norton（1992）的观点，前两个指标对于企业生存至关重要，而营业收入增长率反映了企业发展和兴盛的可能性[53]。这三个指标是风险投资家最为关注的指标，财务绩效指标的次级指标定义和测量方法如表8.10所示。

表 8.10 财务绩效的指标体系

指标	定义	测量问题
销售毛利率	毛利占销售收入的百分比	销售毛利率是否高于同行业其他企业？高出多少？
经营活动净现金流	一段时间内企业经营活动现金流入和流出的差	经营活动现金净流入多大程度上能够满足企业生产和发展的需要？
营业收入增长率	销售商品和提供劳务等营业活动产生的收入的增长率	企业营业收入相对于行业平均水平和主要竞争对手来说，增长得更快吗？

风险投资家对在认知新技术企业价值时，通过对表 8.10 第三栏中问题的考察，给予财务绩效次级指标一个分值。这三类绩效都正向影响企业的认知价值。

无论是客户和市场绩效、内部运营绩效、创新和学习绩效还是财务绩效，它们都正向影响风险投资家的价值认知。因此，本章有如下假设：

H2：绩效正向影响新技术企业的认知价值。相同资源条件下，更好的绩效带来更高价值认知。

五、价值认知的影响因素

（一）经济环境

经济环境越好，对新技术企业价值认知越好，经济环境好会导致风险投资家过于高估企业的价值。风险投资家无法改变宏观经济环境，在某一时刻，新技术企业面临的环境都是确定的。当经济环境对新技术企业的发展有利的时候，风险投资家给予一个较高的认知价值，否则，风险投资家会给其较低的认知价值。

风险投资家常采用如下问题评估新技术企业所处的经济环境：

经济环境有利于新技术企业的发展吗？企业所处行业受国家政策支持吗？

由于风险投资是长期的投资，因此，风险投资家对新技术企业的价值认知会受到经济环境的强烈影响。因此，本章有如下假设：

H3：经济环境正向调节风险投资家的价值认知。

（二）行业竞争状况

行业竞争状况是风险投资家对行业竞争水平的主观感知。作为战略理论关注的重点之一,竞争状况被认为是创业成功的重要影响因素,它包括竞争地位和竞争强度(Competitive Intensity)。

竞争地位是企业在行业中与其他竞争对手相比的位次。具有较高竞争地位的新技术企业会得到风险投资家的追捧,因此,竞争地位会正向影响风险投资家的价值认知。

竞争强度高会降低整个行业的获利能力(Porter,1980[26]),高强度的竞争可以快速消除技术先行者的领先优势,导致价格下降,并进而导致行业盈利能力下降。相反,如果竞争强度较低,先行优势将更加稳定。因此,行业竞争强度会负向影响风险投资家的价值认知。

风险投资家在评价行业竞争状况时,常采用如下问题:

行业内有很多竞争对手吗?项目公司的竞争地位如何?

学术界对于竞争状况对企业价值的影响有较一致的看法,因此,本章有如下假设:

H4:竞争状况调节风险投资家的价值认知。相同条件下,在行业中竞争地位高的新技术企业获得较高的价值认知;相同条件下,竞争强度低的行业中的新技术企业获得较高的认知价值。

(三) 新技术企业的战略匹配度

风险投资家关注的新技术企业战略主要是市场进入战略,包括进入市场的时机选择、范围选择和进入楔入点选择。按照产业组织(Industry Organization)的观点,进入市场的时机是新技术企业成功的关键因素(Porter, M. E., 1981[55];Lieberman 和 Montgomery, 1998[56];Mitchell, 1991[57];Lambkin, 1988[58])。学术界比较一致地认为,尽管早期进入者失败的风险更大,但是可以比后进入者有更高的收益(Schumpeter, 1975[59];MacMillan 等,1985[24];DeCastro 和 Chrisman, 1995[60])。

对风险投资家评估新技术企业战略和盈利性之间关系的研究(Shepherd、Ettenson、Crouch, 2000)发现,进入时机的作用受到关键成功因素稳定性的调节[61]。当关键成功因素比较稳定时,越早进入市场,风险投资家估计的企业获利性越高。当关键成功因素不稳定的时候,越早进入市场,风险投资家估计的企业获利性越低。

本章认为,进入时机是一把"双刃剑",先行者需要承担市场开拓的巨大费用,所以,进入时机是对市场开拓费用和先期进入的收益的权衡。在一个客户集中的市场类型中,市场开拓费用较低,则先行者将越早将技术或者产品推向市场,将越能获利。而在一个客户分散的市场类型中,进入时机的作用受到关键成功因素的调节。因此,总体上看,技术领先对于认知价值是一个正向影响。进入战略作为企业可控变量,给技术创业家提供了时机选择的空间。进入时机合适,认知价值就高。

先行者最好通过知识产权保护战略来增强其关键成功因素的稳定性。因此,知识产权保护战略越有效,则风险投资家的认知价值越高。

其他战略,包括范围选择和进入契入点的选择战略在产业组织文献中尚存较大的争议。无论何种战略,都需要让风险投资家认为是一个合适的战略,因此,风险投资家对战略匹配度的感知会正向调节风险投资家的价值认知。

风险投资家在评价企业战略匹配度时,可以采用如下测量问题:

新技术企业的市场进入时机是否有利?市场范围选择是否符合新技术企业发展的要求?进入契入点选择是否恰当?

和竞争状况一样,企业战略因素得到了战略学者的广泛关注,并且也具有一致的看法,但这些研究关注战略对企业未来绩效的影响,本章侧重研究战略匹配度对风险投资家价值认知的影响。由于战略可以影响企业未来绩效,所以,也必影响风险投资家的价值认知。因此,本章有如下假设:

H5:新技术企业战略匹配度正向调节风险投资家的价值认知。

(四)技术创业家的决心

创业家的决心可以影响其工作努力程度,并从而对新技术企业的绩效产生重大影响。如果创业家有其他创业项目或者兼职,而且,其他项目或者兼职对创业家而言更加重要,那么创业家就不会投入100%的精力。如果创业家为了创业项目变卖自己的全部房产,那么他必然会倾尽全力去工作。中国香港著名风险投资家、今日资本总裁徐新投资网易时,要求丁磊以个人所有的房产做抵押取得贷款然后投进网易公司。

中国有句古话:置之死地而后生。创业家要有破釜沉舟的决心。美国游骑兵学院的毕业生退役后在商界取得了巨大的成功,是因为他们有这样的理念:"为了完成目标,其实需要动用的资源比至理名言所建议的要少得多。你唯一不能缺少的就是决心。要想败中取胜,你必须投入全部,永不放弃。"Duchesneau 和 Gartner(1990)对 13 个成功的创业企业和 13 个不成功的初创企业做了对比,发现成功企业的创业家有更宽广的商业主意,每日工作时间较长,在公司具有个人投资的股份,并且是良好的沟通者[62]。因此,风险投资家在评价技术创业家的决心时,可以采用如下测量问题:

创业家在创业项目中投入资金占自己个人资产的比例有多大?

决心影响创业家的努力程度,并进而影响新技术企业的绩效。创业家的决心将正向影响风险投资家的价值认知。因此，本章有如下假设：

H6：创业家决心正向调节风险投资家的价值认知。

（五）技术创业家的动机

创业家的动机会影响新技术企业创业的成功。具有坚定的信念、执著地追求理想的技术创业家将有更大的可能性实现他们的目标。尽管有研究表明，没有证据说明创业家的个性特征和创业成功有直接联系，但风险投资家相信，对市场和技术的野心是技术创业家创造财富的力量源泉。风险投资家希望技术创业家将"为股东创造财富"这一理念和其创业愿景结合。

风险投资家在评价技术创业家的动机时，可以采用如下测量问题：

企业的重大政策是否考虑了全体股东的利益？企业家是否具有将技术商业化和造就一个庞大产业的野心？创业家为了工作能否夜以继日不知疲惫？

为股东创造财富的理念和造就庞大产业的野心将正向影响创业家的工作努力程度，从而影响新技术企业的绩效。因此，创业家具有良好动机将正向影响风险投资家的价值认知。本章有如下假设：

H7：创业家的动机正向调节风险投资家的价值认知。

（六）信息

关于信息对价值认知影响的研究文献还很贫乏，这是由于信息对价值认知的影响是通过认知主体产生的。过去的文献往往只关注企业的绩效，而不是关注风险投资家的认知过程。由于信息不对称，风险投资家和技术创业家之间会存在认知差异，而且，不同阶段新技术企业的信息可获得性不同，造成风险投资家对资源和绩效两个方面的信息的权重的差异。显然，信息方面的差异会影响价值认知的结果和认知指标的权重。

由于技术创业家比风险投资家拥有关于自己企业的更多的信息，风险投资家希望能够利用客观绩效信息对企业的价值进行判断。而不同阶段的新技术企业可以提供的客观绩效信息具有差异。随着企业阶段由早期到后期发展，信息可获得性越来越好。风险投资家会根据企业发展阶段的不同而调整指标权重。因此，本章有如下两个假设：

H8：信息可获得性影响风险投资家价值认知中对资源和绩效的权重分配。

H9：信息不对称性造成风险投资家和技术创业家的认知差异。

六、假设汇总

表 8.11 总结了本章根据相关理论做出的 9 个研究假设。

表 8.11 研究假设

序号	假设内容
H1	资源正向影响新技术企业的认知价值。相同绩效条件下,更好的资源带来更高价值认知
H2	绩效正向影响新技术企业的认知价值。相同资源条件下,更好的绩效带来更高价值认知
H3	经济环境正向调节风险投资家的价值认知
H4	竞争状况调节风险投资家的价值认知。相同条件下,在行业中竞争地位高的新技术企业获得较高的价值认知;相同条件下,竞争强度低的行业中的新技术企业获得较高的认知价值
H5	新技术企业战略匹配度正向调节风险投资家的价值认知
H6	创业家决心正向调节风险投资家的价值认知
H7	创业家的动机正向调节风险投资家的价值认知
H8	信息可获得性影响风险投资家价值认知中对资源和绩效的权重分配
H9	信息不对称性造成风险投资家和技术创业家的认知差异

在上述研究假设的基础上,本章建立新技术企业价值认知模型如图 8.8 所示。

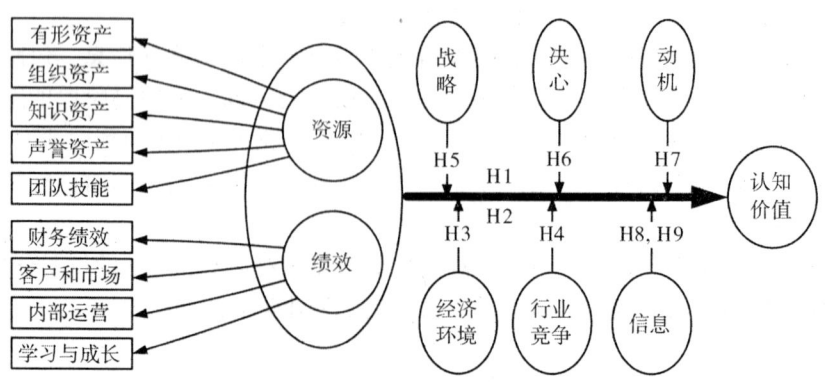

图 8.8 新技术企业价值认知模型

第四节 多重个案研究

为多重个案研究所进行的田野工作分为两个阶段，持续了2年多的时间，收集了来自访谈、参与观察、直接观察、文献和文件资料等多方面的证据，验证了新技术企业价值认知模型。

一、田野工作和研究对象描述

个案研究是在实际生活背景中对事件的研究，个案研究的结论是由一个或几个案例归纳得出，因此，必须掌握与人沟通的技巧和田野工作的一般方法。风险投资家是工作相对比较繁忙的高脑力劳动的群体，其工作内容相对保密，而且难以观察，因此，对其研究必须得到他们的认同和支持。笔者为了获得访谈对象的支持，融入到风险投资的实际情景中，做了包括以下两个阶段的辛苦而细致的田野工作：

阶段一：与潜在的访谈对象建立良好的关系，然后以朋友的身份向许多著名的风险投资家请教价值认知问题，使得被访者在不经意中回答了笔者的问题，为研究提供了无偏的研究素材。

本章的访谈对象主要来自几个国内排在前列的风险投资机构，他们均有丰富的投资经验。我们选择不同地域、专业背景、性别的风险投资家作为访谈对象，以增强本章的外部效度。四位访谈对象的简要情况见表8.12。

表8.12　主要访谈个案情况

代号	性别	专业背景	简要描述
J	男	机械	工作30余年，风险投资从业10余年，某风险投资公司董事长
Z	男	自动化	工作20余年，风险投资从业10余年，某风险投资机构合伙人
M	男	管理	工作30余年，风险投资从业10余年，某风险投资公司董事长
L	女	电子	工作20余年，风险投资从业8年，某风险投资公司总经理

研究者和各位接受访谈者都建立了良好的关系，在访谈后又多次见面，包括一些正式场合、研究目的的场合以及其他私人场合的会见，这其中包括2007年实证研究过程中的问卷调查，他们还为本书第七章确定权重做了烦琐

的成对比较。对本章的研究结论他们表示认可，并且认为研究很有价值。

阶段二：为了能够直接观察和参与观察以获得进一步的证据，笔者还和某投资机构建立了合作关系，以方便做个案研究。该机构是国内风险投资企业50强名录中的机构，成立以来先后投资过20多个新技术企业。

在这个阶段，笔者可以与该机构的所有投资经理自由交流，还可以参加该投资机构的全部投资项目讨论会，同时，笔者还能够阅读部分该机构的机密资料，例如投资决策委员会的决议档案。与投资经理们之间的日常讨论式的参与式观察、项目讨论会中的直接观察以及该机构的有关档案资料和文件资料为本章提供了有力证据。

为了验证价值认知的输入因素和影响因素与认知价值的关系，本章综合运用访谈、观察、档案文献以及文件资料获得的数据进行语义分析，然后对数据进行类型对比。

个案研究中，田野工作者的一个痛苦就是将这些数据资料展现在研究者和被研究者之外的第三方群体时的道德拷问。为了避免对被研究者的无意伤害，本章采用了回避被研究者真实姓名和工作单位的办法，以免无意对其个人及其工作单位带来任何感情伤害或者其他损失。

二、新技术企业价值认知的输入因素

（一）资源

访谈发现，所有接受访谈的风险投资家都会关注人的因素。包括技能资源中涉及的团队创业经历、管理经验、研发经验。"风险投资投的就是人，第一是人，第二是人，第三还是人"；"团队的创业经验非常宝贵，如果他曾经失败过，那么下一次他就有更大可能成功"；"我很欣赏跌倒了爬起来重整旗鼓的人，欣赏史玉柱式的人物"；"管理经验和研发经验同样重要"；"技术就是生产力"；"技术必须是适用市场的技术"。"如果有两个项目，一个是二流的项目和一流的团队，另一个是一流的项目和二流的团队，那么我们宁愿投前者。"

通过直接观察和间接观察，笔者注意到风险投资经理非常重视对人的判断。在正式或者非正式的项目讨论的时候，投资经理会说，"**董事长是技术出身，本人就是技术专家，同时还受过MBA教育，有过大型企业的管理经验，因此，企业能够把握技术方向，能够和市场相结合"。这种话语在讨论项目的时候非常常见。

第八章 风险投资家如何认知新技术企业价值

对数份文件和档案分析发现，投资建议书中有专门的章节陈述团队的背景和能力，在投资决议书中，也会在短短的项目描述中提到团队技能。这说明了在价值认知中，风险投资家极为关注团队技能资源，技能资源和认知价值正相关。

关于新技术企业的知识资产资源，访谈对象也都非常重视。"需要专利保护而没有去申请专利，我们会建议企业要尽早着手实施专利保护。……企业如果能够以技术秘密的形式进行保护的技术，我们不会要求企业去申请专利，作为秘密对企业可能更有利"；"拥有多项专利，对企业的核心技术层层保护，是新技术企业的典型特征，借此优势，企业可以获得先行者的竞争优势，取得市场垄断地位……但是也并不是说专利越多越好，只有有价值的专利才对企业的发展起到促进作用，很多专利可能是垃圾"；"对于IT行业来说，技术更新速度非常快，因此，IT企业需要靠技术秘密来对企业技术加以保护。此时，如果企业内部人员流动性过大，技术秘密就很容易泄露出去。因此，我们投这类企业会非常小心……我们投的IT企业，核心技术一般掌握在少数股东手中，或者掌握在跟企业签了永久服务合同的员工手中。"

在对项目论证的过程中，投资经理经常会登录国家知识产权局的网站，检索相关的专利，并征询技术专家的意见，在项目讨论会上，投资经理会着重强调技术的市场潜力。此外，对文件资料分析发现，"项目技术"在商业计划书和投资建议书中都单独成章，足以体现风险投资家对新技术企业价值认知过程中对知识资产的重视。不仅如此，投资建议书还有技术专家意见作为附件。在投资决议中，也会着重强调新技术企业在技术上的领先地位和市场前景。

关于组织资产资源，风险投资家着重强调许可的取得、创业家的关系网络和企业文化。"有些领域，必须得到官方许可才可以进入，获得许可就是企业的关键资源。在医疗服务的特殊领域，每个省市只会批准一家，谁有条件拿到许可，谁就可以拥有垄断地位"；"创业家需要扩张自己的关系网络。无论是西方还是东方，关系都是一个必不可少的资源。""企业必须有不服输跌倒了再来的创业精神。企业文化中必须有团结一致拼搏进取的成分。""看员工的精神面貌和厂容厂貌就可以粗略判断企业是否有竞争力以及企业家是否具有组织管理才能。一个厂区杂乱无章，办公室到处都是灰尘的企业我们绝无兴趣投资。……为了看到企业真实的文化，你必须微服私访，和普通员工交谈。"尽管在访谈中，风险投资家对组织资产资源非常重视，但是，在投资建议书中并无很多提及，除非新技术企业有特殊的行业管制，组织资产才被提及。其原因一方面可能是风险投资家对组织资源的默认，另一方面可能是风险投资家认为自己有能力通过投资后的价值增加活动对企业组织资源改进。

在访谈中，风险投资家也非常重视企业声誉。但是他们坦然承认"在当前的资本市场条件下，找到已经建立良好公司声誉的企业实在太难了，名声在外的企业一方面可以得到银行贷款，另一方面有很多投资机构盯着"。风险投资家会对新技术企业的客户、供应商和合作伙伴进行访谈，"我们需要从客户那里了解企业的产品是否性能良好、是否性价比突出，企业是否存在信誉方面的不良记录等"。档案资料和文件中对于声誉资产的情况同组织资产资源，如果产品已经成熟，那么将会提及客户对产品的评价，但篇幅很小。在投资决议中研究者没有发现有关企业或者产品声誉的内容。

关于有形资产，访谈中，风险投资家都认为必不可少，但是并不是他们看企业的重点。"有形资产不足，我们可以为其投资，如果有形资产非常充足的话，企业就没有必要去找投资，只需要请一家咨询公司就可以了"，"很多有形资产良好的企业，我们很难进入（指对企业进行投资），只有那些有形资产不足的企业我们才有机会。""其他条件都相同的情况下，我们当然会选择有形资产更好的企业。这样的企业发展会更加快一些，……风险投资很多时候是锦上添花。"

在档案资料和文件资料的查阅中，我们发现，商业计划书和投资建议书都会较大篇幅提及有形资产。在投资决议中会提到注册资本、总资产、流动资产、所有者权益等有形资产的数据。即便是对种子期的企业，也会有相应的注册资本的描述。这说明，尽管有形资产不是风险投资家认知新技术企业价值的重要因素，但却是一个不可缺少的因素。

资料分析结论：无论是访谈和观察结果，还是档案及文件资料分析，都表明各种资源对价值认知的正向影响的存在，资源对价值认知的正向影响是明显的，印证了战略管理文献中关于资源与绩效之间的正向关系。因此，本章的第一个假设H1成立。

（二）绩效与价值认知的关系

访谈发现，风险投资家对于新技术企业财务、客户市场、内部运营、创新和学习等各个方面绩效的兴趣不亚于对于资源的兴趣。如果企业已经有一段历史，那么企业财务、客户市场等方面的绩效信息将成为风险投资家的信息采集重点。"财务报表记载了企业过去的经营活动。在对财务报表做适当的调整之后，基本上可以看出一个团队的经营能力"；"客户和市场绩效非常重要。在互联网企业中,我们不但以客户发展速度作为企业成功与否的标志,而且还在投资后为企业制定了客户和市场方面的详细指标。……我们有时不强调利润,而强调市场份额。"风险投资家的观点在对待财务绩效和其他绩效上非常类似,更加强调先行绩效指标。"尽管大家投资偏好不同,但根本一点不会变,就是要获利。因此不能盈利的企业或者看不出有盈利潜力的企业很难得到投资。""市场必须足够大,在这个大的市场中,你(新技术企业)必须不断扩展市场份额";"新技术企业要有强大的技术研发能力才可以,而新产品开发速度和新产品销售率就是最好的反映"。"企业的内部经营必须逐步规范。我们希望看到企业是精益求精的,看到企业的优良率在不断上升,成本在不断下降,客户服务在越来越好。"

对项目讨论的直接观察和参与观察发现,财务绩效是投资经理关注的焦点。这可能是因为财务数据的客观性是好的。财务收益是企业的最终目标,因此,财务数据最有说服力。投资经理也十分关注内部运营绩效、创新和学习绩效以及客户和市场绩效,通过对这三个方面的分析,找到财务绩效和同类公司相比出类拔萃或者有差距的原因,从而为证明企业价值提供证据。

档案和文件资料中有大量关于绩效的论述。对于中后期企业,财务绩效数据是风险投资家关注的焦点。投资建议书中详细列出近三年的三大财务报表,分析关键财务指标,与同类上市公司对比。对市场绩效的表述也是投资建议书中必不可少的。"企业在细分市场领域是全国第几"之类的语句常常出现在投资建议书对市场的专门论述章节中。如果企业处于早期,投资建议书会侧重描述企业的客户和市场绩效、创新和学习绩效以及内部运营绩效。在投资决议中,也必有关于绩效的描述,它们就像投资建议书中对绩效描述的摘要。内部运营绩效以及创新和学习绩效也经常出现在投资建议书中,但较少出现在投资决议中。

资料分析结论:多种资料来源的证据都表明绩效对价值认知的正向影响的存在。拥有好的过往绩效有利于获得风险投资家的注意,并能够得到一个较高的股权定价。因此,本章的第二个假设 H2 成立。

研究还发现,尽管平衡计分卡的思想强调各种绩效的联系,但是,这种联系并未完全被反映在投资建议书中。各种绩效之间是一种分离的关系,它们分布在投资建议书的不同章节。

三、新技术企业价值认知的影响因素

（一）经济环境

访谈发现，风险投资家极为重视国家政策导向，同时受到资本市场形势的影响。如果新技术企业不受政策支持，将很难获得投资。"政策支持对新技术企业而言就是一个很好的指挥棒。""出口企业的退税政策变化将对新技术企业具有重要影响"，"新型能源企业得到大发展，是与政策导向分不开的。我们很关注政府政策的变化，……新技术企业必须随着政策导向的变化而调整发展战略"。"在前几年（2000~2005年），做VC是很舒服的。企业多，VC少。做VC是一盘大餐……给企业的（股权）定价只有5倍以内的市盈率。而现在，市盈率已经高达10倍以上。"

观察发现，经济环境对价值认知的调节作用是明显的。2006年二级市场行情趋好，导致风险投资的定价达到了10倍以上市盈率，而2008年，二级市场下跌惨重，风险投资的定价也相应下跌到8倍以内。

文件和档案资料分析发现，在各种文本中，包括项目建议书和投资决议，都会提到"该项目受国家政策支持"，在项目建议书中会详细提及相应的政策以及政策支持的具体内容。

资料分析结论：无论是访谈和观察结果，还是档案及文件资料分析，都提供了经济环境对新技术企业价值认知正向调节的证据。因此，本章的第三个假设H3成立。

（二）行业竞争状况

访谈发现，风险投资家希望新技术企业具有市场领先的竞争优势地位，希望行业具有低的市场竞争强度。"我们希望企业是行业细分领域的龙头企业，或者是在不久即可能成为行业前三名的企业。""市场竞争是不可避免的，现在没有完全垄断的行业……新技术企业可以通过市场先行获得暂时垄断地位"；"市场竞争激烈的行业，企业想取得超额利润是很困难的。新兴的市场比成熟市场蕴藏着更大的机会……但并不是说我们就给竞争激烈行业中的新技术企业较低的估值，对竞争不激烈行业中的新技术企业较高的估值。这个（竞争激烈程度和价值之间）没有必然联系"；"风险投资喜欢在新领域中寻宝，就像探矿，总是到没有人去过的领域"；"新创建的技术企业如无相当的实力是不容易在竞争激烈的市场中站稳脚跟的。而在竞争不激烈的市场中，新技术企业更容易成长和壮大";"有些新兴市场可以成长起来，而有些市场还没有成熟之前就被替代技术或者产品所冲击，因此对市场的分析判断十分重要，市场必须是有增长潜力的……新技术企业要寻找有潜力的新兴市场"。"竞争强度低的行业中，企业的竞争优势更容易突出出来，因此，尽管不影响估值，但我们确实希望新技术企业能够在新兴市场这样的低竞争强度市场中取得快速发展。"

文件和档案资料显示，在投资建议书中，有专门的章节描述市场竞争状况，包括详细到对竞争对手的分析，有些建议书还利用SWOT模型分析企业的竞争优势，可见竞争状况对风险投资家价值认知有很大影响。在投资决议书中，也会对竞争状况做简要的描述。

对项目讨论会的观察发现，投资经理投入相当多的时间用来论证市场竞争状况和企业的竞争地位。如果一些行业中已经有很多企业且竞争十分激烈，那么投资经理就要给出充分的证据来说明拟投资企业的竞争优势。

资料分析结论：上述证据说明，行业竞争状况对价值认知具有重大的影响，竞争状况调节风险投资家的价值认知。竞争地位高的新技术企业必然更加受到风险投资家的追捧。但对于竞争强度而言，调节作用并不明显。在竞争强度低的行业，新技术企业容易获得风险投资家的认同，但没有充分证据证明竞争强度低的行业中，新技术企业获得较高的认知价值。因此，本章的第四个假设H4仅被部分支持。

（三）战略匹配度

访谈发现，风险投资家对新技术企业的价值认知受到战略匹配度的影响。"不考虑市场实际的战略只能将公司推向危险的边缘。例如，作为技术先行者的企业在对进入时机的选择上，如果太早，市场还太稚嫩，如果太晚，后来者已经开始模仿。所以进入时机就成为企业成功的关键决策。我们有句古话说得好，'欲速则不达'，以及'来得早不如来得巧'……还有范围选择战略和楔入点选择战略，如果选择不好，会给企业带来致命的损伤。合适的战略导致企业成功。……有些企业是碰对了运气，有些企业则是借助专家的力量，包括行业专家和管理专家，这些企业非常善于学习，善于借鉴他人的力量。""合适的战略当然会带来更好的估值，因为这体现了创业家的谋略，体现了创业家的大智慧。"对此，其他风险投资家也都持有类似看法，例如，"进入时机、范围选择以及契入点选择都是一种权衡，是一种谋略。《孙子兵法》讲究'上兵伐谋'，'不战而屈人之兵'，有勇无谋，像无头苍蝇，必会在市场竞争中到处碰壁。新技术企业必须在战略选择上考虑市场的特点和企业的优势，确立合适的发展战略，谋划好发展大计。""……技术创业家在战略上定位准确，确实可以使投资者放心，战略摇摆不定的企业我们不会对其投资"。"市场先行者必须想办法通过一些战略举措保护自己的先行优势，别让先行优势被竞争者的后发优势超越。我们在投资前会和创业家在新技术企业发展战略上达成一致，否则，我们不会进入。但这不意味着我们要亲自去经营企业，他们（新技术企业的创始人团队）比我们更加了解自己，决策应该由他们做出，但是我们要发表自己的看法。只有在战略上达成一致，投资才能谈成。……企业要做什么，该怎么做，必须事前讲好，规则确定了，事情就好办了"；"什么是合适的战略？其实战略这个东西，没有最好，只有更好。合适的战略是建立在对市场的充分了解和对自己企业的充分了解上。所谓'知己知彼，百战不殆'。"上述访谈资料说明了风险投资家对企业新技术企业战略的高度关注，战略匹配度越高，新技术企业就越容易被风险投资家认识到其价值。这些资料也证实了战略匹配度可以提高风险投资家对新技术企业的认知价值。

来自观察的资料也证实了风险投资家在价值认知时对战略的关注。在有创业家团队参与的项目讨论会上，投资经理和创业家经常就企业的战略进行激烈的讨论。某企业战略定位不清晰，总想在两个不太相干的市场领域都有所扩展，但是企业的资金和人力资源都不能满足这种战略要求。因此，尽管团队很优秀，投资协议还是很久没有达成。另一家企业的创业团队在和风险投资家交流的过程中不断修正企业的战略，很快就获得了投资，并得到了较高的股权定价。

文件和档案资料显示，在投资建议书中有专门的章节描述公司战略的部分，在投资决议书中，也会对公司战略做简要的描述。

资料分析结论：无论是访谈和观察结果，还是档案及文件资料分析，都表明各种战略匹配度对价值认知具有正向调节作用。印证了战略管理文献中关于战略定位和企业绩效之间的正向关系。因此，本章的第五个假设 H5 成立。

（四）决心

访谈发现，风险投资家会关注创业家是否具有必胜的决心。"创业家必须全身心投入到创业中来。如果创业家还有其他职业，我们会非常小心谨慎"；"对于脱胎于高校或者研究机构的企业，我们会关注团队是否已经和原机构脱离关系。……如果没有脱离关系，我们会关注是否具有一个职业的经理团队，以及这个团队是否得到充足授权。如果新技术企业的控制权仍在高校或者科研机构手中,关键经理层都需要上级任命的话,我们不会对其投资","我们欣赏那些放弃优厚待遇和从容生活而投入到创业的技术专家们,只要他们有勇气和决心面对一切困难,我们就会和他们一起来开创事业","我们会看创业家是否将大部分身家都放在了企业中。我们不喜欢狡兔三窟的人,总是为自己想了很多退路,随时准备撤退。对于那些破釜沉舟的人,我们会全力支持他,即使他失败了,下次创业我们还会支持他"。

在对项目讨论会的观察中,投资经理会强调团队的股份比例,以及团队的机会成本和为创业做出的牺牲。"××科技公司的董事长在创业之初,总是从家里拿钱来维持企业的生存,而没有往家里拿过钱,该公司的高级管理层都知道。"对投资建议书的分析发现,尽管没有技术创业家决心的文字表述,但在股权结构中都详细描述了团队的股份比例和变化情况,在团队的履历中也都表述了团队的成员背景,显示了创始人团队的创业决心。

资料分析结论:以上各种资料均证实,决心确实正向调节风险投资家对新技术企业的价值认知。因此,本章的第六个假设 H6 成立。

(五) 动机

动机会影响创业的成功。访谈发现,风险投资家喜欢从侧面了解创业家的创业动机。"动机是创业家从事创业的原始动力。有的创业家创业是为了自由自在,为了自己说了算。这种自由的信念或者说是一种对自由的占有欲望并不是好的创业动机。创业家要有回报社会的良好愿望,要有野心去开创雄伟事业。创业家必须合作,要有和别人分享财富的想法。""创业家必须秉承为全体股东创造财富的信念。再高尚的企业愿景也需要得到股东的认可。……创办企业不是创办福利,企业做好了,对社会自然就有更大的贡献","我们欣赏有野心的创业家。创业家必须有要成就大事业的野心。……只有创业成功,创业家才可以谈回报社会";"创业家如果具有良好的动机,他就可以以公司利益为出发点,从而保证股东的利益。……具有良好动机的创业家,可以为了公司而不知疲惫夜以继日的工作。"

资料分析结论:尽管不能从项目建议书和其他档案资料中发现证据证明动机对价值认知的影响,但是来自访谈的资料可以证明,得到风险投资家的认可和赞赏的动机有利于获得风险投资,技术创业家的良好动机正向调节风险投资家对新技术企业的价值认知。因此,基于访谈资料,我们可以认为本章的第七个假设 H7 成立,动机正向调节风险投资家的价值认知。

（六）信息

通过访谈发现，风险投资家对不同阶段新技术企业的价值认知有不同看法。"我们当然不会把一套标准应用到不同发展阶段的新技术企业的评价上。对于早期企业，我们重视对企业资源的评价，而对于中后期企业，我们更加重视对其绩效的评价"；"早期企业的价值认知主要是凭着对团队和项目的感觉。定价的主动权也在我们手中。由于没有太多客观信息证明早期新技术企业有较大的概率成功，我们会出较低的股权定价；对于中后期的企业，凭借着企业过去的表现，基本上可以对企业能否成功判断个八九不离十，投资的中后期企业即使不能取得巨大成功，也不会很快就失败，风险相对较小"；"我们对不同阶段的企业有不同的评价标准。对早期企业我们只能更加重视他们的资源和能力，而后期企业，我们则通过其业绩来分析其价值，到了成熟期的企业，我们的分析模式和对上市公司的分析模式差不多。""企业表现出来的绩效更加有说服力，但是，当企业处于早期的时候，我们不得不对资源做彻底的分析，迫使自己身临创业家的处境来考虑问题。实际上，如果一旦对早期阶段的企业投资，我们还要投入很大的精力来帮助企业成长"。

对项目讨论会的观察发现，风险投资家认知早期新技术企业的价值时，确实更加重视团队技能和知识资产资源，而对后期的企业，则将主要精力投入到对过往绩效的分析上。对投资建议书的分析也证实了这一点。因此，本章认为信息可获得性影响风险投资家价值认知中对资源和绩效的权重分配，本章的第八个假设 H8 成立。

关于信息不对称问题，风险投资家坦诚承认他们和技术创业家的信息地位的差异。"买家没有卖家聪明，这就是信息不对称问题。没有创业家对自己的项目没有信心。如果他没有，我们就更加没有信心了。另外，创业家看问题的角度会和我们有所差异，他们认为的好项目，我们不一定认为是好项目。"另一位风险投资家认为："技术创业家对信息掌握情况肯定比我们好，我们处于信息弱势地位。所以，我们喜欢使用那些客观的能够证实的信息……当有充足的绩效信息的时候，我们更加重视绩效信息"；"有些技术创业家在寻求风险投资的时候，无法证明其资源优势，也没有证据显示他们可以做好，所以，尽管这些创业家坚信项目会成功，但却迟迟得不到投资。这就是信息不对称，只有充分解决了信息不对称问题，投融资双方才可以达成一致。""对中后期新技术企业的价值比较容易判断，因为信息比较充分。因此比较容易达成一致。早期的企业则比较麻烦。特别是一些早期企业的创业家，他们不能让我们充分了解和相信他们，这样就不好判断他们的价值。

……在选择企业的时候,如果不长一双火眼金睛,风险投资家就容易被技术创业家所蛊惑。"

对有技术创业家参与的项目讨论会的观察发现,风险投资家和技术创业家的信息不对称问题是二者难以一致的原因。技术创业家需要花很大的精力为风险投资家讲清楚技术,技术创业家基于对资源信息的掌握而有充足的信心相信项目会成功,但风险投资家却希望有更加客观地以绩效为基础的证据支撑。正是这个原因,早期的企业往往有一个比较痛苦的寻求风险投资的过程,因为,风险投资家会要求他们出示一些能够证明产品可以或者已经被市场接受的证据。

基于对上述分析,本章认为信息不对称确实造成了风险投资家和技术创业家的认知差异,因此,本章的第九个假设 H9 成立。

第五节 价值认知中信息差异的影响

本节基于多重个案研究的成果,进一步实证探索信息对价值认知的影响,解释新技术企业价值认知的阶段特征,探索风险投资家和技术创业家二者的认知差异。

在新技术企业价值认知的所有 6 个影响因素中,宏观环境、行业竞争状况、企业战略、决心和动机都通过影响企业价值(即直接作用于价值认知客体新技术企业)而影响价值认知,这 5 个因素对企业价值的影响都被学者验证过。信息因素通过影响价值认知的主体,而影响价值认知。就笔者所知,信息对价值认知的影响还未被学者验证过。新技术企业发展的阶段特点显著。不同发展阶段的企业能够提供的信息质量是不同的,越往后期的新技术企业,其能够提供的绩效方面的信息就越详细,风险投资家会更加依赖绩效方面的信息。本章要解决的第一个问题是,基于不同发展阶段的信息差异会怎样影响价值认知?

Hsu(2004)认为新技术企业的价值是通过"谈判"谈出来的,而不是精确计算出来的,尤其是对于那些处于早期阶段的新技术企业[63]。在风险资本市场上,作为风险资本的需方,创业家对自己企业的价值有自己的看法。尽管他们的看法被学术界忽略,但是,却严重影响投融资谈判,特别是在二级市场市场行情趋好、风险资本供给旺盛的时候,新技术企业处于买方市场,对股权定价具有很大的话语权。在融资谈判过程中,一般情况下,企业家认为自己的企业值更多的钱,而风险投资家则不这么认为。由此推测,由于信息不对称而造成的风险投资家和技术创业家对新技术企业价值认知的差异可能是他们难以达成一致的原因。本章要解决的第二个问题是，信息不对称和信息可获得性对技术创业家和风险投资家对新技术企业的价值认知差异影响有多大？

一、变量设计

针对本章的两个研究问题，设计了资源相对绩效的重要性（IROP）变量，并以"阶段"变量代替信息可获得性，以"身份"变量代替信息不对称，来达到研究信息对价值认知影响的目的。

（一）信息可获得性与"发展阶段"变量

新技术企业和任何企业一样具有自己的生命周期，不同阶段的新技术企业的信息可获得性不同。从开创企业或者成立创业团队开始，到企业成熟，可以分为种子期、初创期、扩张期和成熟期四个阶段①（蒂蒙斯和斯皮内利，2005）[64]。

对各个阶段新技术企业的特点和信息可获得性有着巨大差异：

种子期：成立一年以内或者企业还没有注册但已经有了创始人团队，没有销售收入或者销售收入很少，员工人数10人左右，创始人既是经理又是员工。这个阶段的绩效信息最不完全，信息可获得性差。

初创期：成立一年以上，三到四年以内，年销售收入不足400万元，员工人数在20~25人，研发团队和管理团队开始分化。这个阶段的绩效信息仍不完全，信息可获得性仍较差。

扩张期：成立三年以上，十年以内，年销售收入在400万元以上，4000万~1亿元，销售收入呈增长趋势，员工人数在25~75人，内部管理走上正轨，有职业经理人。这个阶段信息可获得性比较好。

成熟期：成立五到十年以上，年销售收入在4000万元以上，并且销售收入基本稳定，员工人数在25~75人，出现了职业经理阶层。这个阶段信息可获得性是四个阶段中最好的。

由于信息可获得性和发展阶段的一一对应关系，本章使用"阶段"这个变量作为独立变量，代理信息可获得性，以研究信息对价值认知的影响。

---

① 通常，种子期和初创期也被称为早期，扩张期也被称为中期，成熟期也被称为后期。本章为了方便在表述清楚的前提下也使用早期和中后期的概念。

阶段（Stage）：按照风险投资实践中的4阶段划分方法，该变量赋值及其代表的意义如下：1：代表新技术企业的种子期阶段；2：代表新技术企业的初创期阶段；3：代表新技术企业的扩张期阶段；4：代表新技术企业的成熟期阶段。

伴随着新技术企业发展阶段由早期向后期的过渡，信息可获得性得到改善。在种子期，新技术企业没有绩效指标可以提供。在初创期，新技术企业绩效指标很少，在扩张期，新技术企业的绩效指标尽管不算稳定，但已经可以满足风险投资家的需要，而到了成熟期，新技术企业的绩效指标会比较详细和稳定，风险投资家可以借以预测企业未来绩效。

（二）信息不对称与"身份"变量

风险投资家和技术创业家的信息地位不同，二者在投融资谈判中对新技术企业的价值有各自的看法（Eckhardt、Scott和Frederic，2006）[17]。信息不对称导致风险投资家和技术创业家之间价值认知的差异。处于信息优势地位的技术创业家相信自己对市场的知觉和对核心资源能力的掌握，而处于信息劣势地位的风险投资家喜欢使用绩效方面的客观数据。这种认知差异是他们难以达成一致的原因。

为研究信息不对称对价值认知的影响，本章引入"身份"变量代表信息不对称。研究中，选择技术创业家和风险投资家两个群体，通过研究他们对各个阶段新技术企业价值认知的差异来了解信息不对称对价值认知的影响。

身份（Status）：1：代表风险投资家；2：代表技术创业家。

（三）价值认知与"资源相对绩效的重要性"变量

本章的价值认知模型只包括两个一级指标：资源和绩效。借助于层次分析法的思路，本章要求认知主体评价资源相当于绩效在价值认知时的重要程度。这种方法比较精确，在指标数量较少时非常有效。因此，本章中，价值认知差异就体现在资源相对绩效重要性的差异上。基于此，本章利用层次分析法（AHP）中使用的评判相对重要性的方法[65]，构造了"资源相对于绩效的重要性"（IROP）这个变量作为研究价值认知差异的切入点。

资源相对于绩效的重要性（Importance of Resource Over Performance，IROP）是指在企业价值认知时，资源相对于绩效来说，重要程度如何。换句话说，风险投资家在认知企业的价值时，重视资源指标的程度相比重视绩效指标的程度的倍数。

风险投资家在认知企业价值的时候，会权衡资源和绩效指标的相对重要程度，从而对企业价值做综合评价。因此，资源相对绩效的重要性作为研究的因变量具有其认知的实践基础，是便于操作的一个变量，可以按照 Likert 量表来测量。

借助于 AHP 方法，可以直接采用 Likert 5 分量表测量 IROP。回答者被要求首先选出资源和绩效哪个更加重要，然后选择 0、1、2、3、4 几个数字，其中 0 代表两者同等重要，1 代表所选择的相对重要的指标比另一个指标稍微重要一点，2 代表所选择的相对重要的指标比另一个指标明显重要，3 代表所选择的相对重要的指标比另一个指标非常重要，4 代表所选择的相对重要的指标比另一个指标极端重要。在编码时，当资源相对重要的时候，记为原值，都是正数，表示资源相对重要，而当绩效相对重要时，记为其相反数。当二者同等重要时，则记为 0。因此，这个变量将有 9 个取值：4，3，2，1，0，-1，-2，-3，-4。

二、研究假设

（一）阶段与资源相对于绩效的重要性

在早期阶段，新技术企业拥有较多的无形资源和较少的有形资源，这些无形资源带来了长期的竞争优势[39][40]。早期阶段的企业没有多少绩效信息可供查询，当新技术企业到了扩张期之后，市场占有率逐渐扩大，销售收入开始直线上升，内部运作逐步规范，此时可以使用绩效指标来判断企业的价值。

从创业家角度看，尽管他们对企业的前景信心十足，但要想真正正确判断企业的价值，也必须通过企业的不断发展和市场对企业产品的接受来增加对自己企业价值的认识。

当没有绩效指标来证明企业的价值的时候，有形资产资源、知识资产资源和团队能力等资源指标是认知企业价值的最重要的指标。随着企业由种子期向成熟期发展，所能用来判断企业价值的"绩效"信息越来越多，这些信息越来越容易被投融资双方所认识并达成一致。因此，我们提出第一组假设：

H10a：随着新技术企业由种子期到成熟期发展，在评估企业价值的时候，风险投资家认识到的资源相对于绩效的重要程度逐渐降低。

H10b：随着新技术企业由种子期到成熟期发展，在评估企业价值的时候，创业家认识到的资源相对于绩效的重要程度逐渐降低。

（二） 身份与资源相对于绩效的重要性

在新技术企业投融资过程中，创业家拥有信息优势，他们更加了解企业的价值。创业家为了吸引风险投资和获得一个不错的股权价格，他们还可能会过分夸大资源的作用，特别是夸大企业拥有的能够带来持续竞争优势的战略性资源的作用。中后期的企业在面临困难时，创业家往往将经营状况不好的原因归因于市场不确定因素，而执着地相信一旦市场形势转好，企业将有很好的发展。与之相对的是，对于风险投资家而言，企业表现出来的绩效更有说服力。因此，我们提出第二组假设：

H11a：对于种子期新技术企业，在评估其价值时风险投资家认识到的资源相对于绩效的重要程度低于企业家所认识到的资源相当于绩效的重要程度。

H11b：对于初创期新技术企业，在评估其价值时风险投资家认识到的资源相对于绩效的重要程度低于企业家所认识到的资源相当于绩效的重要程度。

H11c：对于扩张期新技术企业，在评估其价值时风险投资家认识到的资源相对于绩效的重要程度低于企业家所认识到的资源相当于绩效的重要程度。

H11d：对于成熟期新技术企业，在评估其价值时风险投资家认识到的资源相对于绩效的重要程度低于企业家所认识到的资源相当于绩效的重要程度。

三、方法和数据

我们采用面对面问卷调查方法开展研究。在确信被访者了解我们的评价指标体系以及阶段的含义之后，我们要求创业家和风险投资家报告在各阶段新技术企业评价时对资源相对于绩效的重要性的主观认知。由于只有两个指标，得出的相对重要性的评判必然可以通过一致性检验。

我们的调查对象是投资经理以上的风险投资专业人员和新技术企业创始团队成员。为了保证被调查者能够充分理解问卷中的术语，我们采用面对面的调查，并且在问卷中详细说明了新技术企业发展的四个阶段，详细解释了"资源"和"绩效"的含义，列表说明了资源和绩效的衡量方法。问卷开始填写前，我们的调查人员会确认被调查者对这两个概念是否真正理解。我们还设置了"最熟悉（或者从事）的行业"选项，以确保被调查者是技术创业家或者是专注于新技术企业投资的风险投资人士。

最后，一共得到了72份问卷，由于有部分被访者不愿意透露自己的信息，导致一些问卷作废，最后的有效问卷是60份，有效率为83.3%。60份问卷中有33份来自创业家，其他27份来自风险投资家。

四、描述统计

(一) 资源相对于绩效的重要性 (IROP)

风险投资家和技术创业家对四个阶段新技术企业价值认知时资源相对于绩效的重要程度的打分情况见表8.13。

表8.13 资源相对于绩效的重要程度 (IROP) 描述统计

	样本整体			风险投资家			技术创业家		
	均值	N	标准差	均值	N	标准差	均值	N	标准差
种子期 IROP	2.68	60	1.14	2.59	27	1.15	2.76	33	1.15
初创期 IROP	0.88	60	1.78	0.67	27	1.71	1.06	33	1.84
扩张期 IROP	-0.93	60	1.76	-1.44	27	1.37	-0.52	33	1.94
成熟期 IROP	-1.85	60	1.35	-2.26	27	1.16	-1.52	33	1.42

(二) 行业和被访者的人口统计学特征分析

我们在研究中考虑了行业变量和被访者的人口统计学特征。变量的名称、定义和取值以及描述统计见表8.14。

表8.14分组对比了样本中风险投资家和技术创业家两组的行业和人口统计学特征。风险投资家一组和创业家一组在行业、性别、年龄、专业等特征上比较匹配，而在从业经历和学历层次上稍有差异。

表8.14 行业和人口统计学特征描述统计

变量、取值及其代表的意义	风险投资家(N=27)		技术创业家(N=33)	
	频数	百分比(%)	频数	百分比(%)
行业(Industry):被访者从事的行业(对创业家)或者熟悉的领域(对风险投资家)				
1 = IT硬件和服务	5	18.51852	6	18.18182
2 = 软件和服务	7	25.92593	16	48.48485
3 = 新材料能源环保	9	33.33333	10	30.30303
4 = 医药和生物技术	6	22.22222	1	3.030303

续表

变量、取值及其代表的意义	风险投资家(N=27)		技术创业家(N=33)	
	频数	百分比(%)	频数	百分比(%)
5=通信服务	0	0	0	0
6=其他	0	0	0	0
合计	27	100	33	100
性别(Gender):被访者的性别				
1=男	21	77.77778	29	87.87879
2=女	6	22.22222	4	12.12121
合计	27	100	33	100
年龄(Age):被访者的年龄段				
1=29岁(含29)以下	6	22.22222	5	15.15152
2=30(含30)~44(含44)岁	19	70.37037	22	66.66667
3=45(含45)~59(含59)岁	2	7.407407	5	15.15152
4=60(含60)岁以上	0	0	1	3.030303
合计	27	100	33	100
教育(Edu):被访者的受教育程度				
1=大学本科及以下	5	18.51852	19	57.57576
2=硕士研究生	20	74.07407	14	42.42424
3=博士研究生	2	7.407407	0	0
合计	27	100	33	100
专业(Major):被访者的专业背景				
1=科学技术背景	2	7.407407	8	24.24242
2=企业管理或者金融背景	14	51.85185	14	42.42424
3=复合背景	11	40.74074	11	33.33333
合计	27	100	33	100
经历(Experience):被访者的风险投资从业时间(对风险投资家)或者创业经历(对创业家)				
1=3年以下	13	48.14815	9	27.27273
2=3(含)~6年	8	29.62963	12	36.36364
3=6(含)~10年	5	18.51852	8	24.24242
4=10(含)年及以上	1	3.703704	4	12.12121
合计	27	100	33	100

表 8.14 显示，风险投资家从业时间比较短的比例比较大，这与我国风险投资家很多是来自企业有关，他们在进入风险投资业之前一般都有企业工作经验。风险投资家具有更高比例的高学历者，这些特征和现实情况相符合。

五、结果分析

表 8.15 是所有变量的两两相关系数和显著性。

表 8.15　相关分析

	(1)	(2)	(3)	(4)	(5)	(6)	(7)	(8)	(9)
IROP (1)	1.00								
阶段 (2)	-0.75***	1.00							
身份 (3)	0.12*	0.00	1.00						
行业 (4)	0.02	0.00	-0.22***	1.00					
性别 (5)	0.06	0.00	-0.12**	0.16**	1.00				
年龄 (6)	0.01	0.00	0.16**	0.08	-0.20***	1.00			
教育 (7)	-0.04	0.00	-0.42***	0.08	-0.19***	0.04	1.00		
专业 (8)	-0.07	0.00	-0.16**	0.12	-0.10	0.20***	0.28***	1.00	
经历 (9)	0.01	0.00	0.23***	0.06	-0.04	0.32***	0.19***	0.30***	1.00

注：$N=240$（60 个观测个体，每个个体要做四次评价）。

使用 Spearman Rank 检验，因为有非定量型变量。

*：$p<0.1$；**：$p<0.05$；***：$p<0.01$。

由表 8.15 我们发现，变量"资源相对于绩效的重要性"与变量"阶段"的相关性非常显著，相关系数为 -0.75，p 值为 0.000。变量"资源相对于绩效的重要性"与变量"身份"的相关性也比较显著，p 值为 0.066。

图 8.9 直观地反映了新技术企业价值认知的特点，从图 8.9 可以看出随着阶段的变化，资源相对于绩效的重要程度有一个明显的下降趋势，同时还可以看到在扩张期和成熟期，风险投资家与技术创业家之间有一个明显的认知差异。

第八章　风险投资家如何认知新技术企业价值

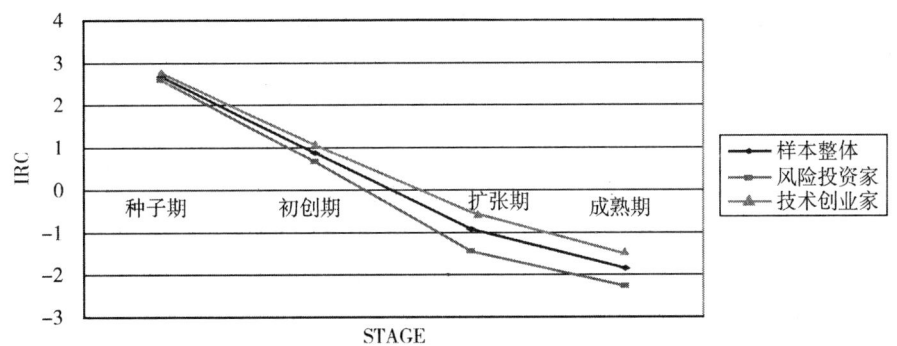

图 8.9　资源相对于绩效的重要性均值

我们采用单因素方差分析的方法来验证资源相对于绩效的重要性和阶段的关系。为此,我们首先对两组数据以及样本整体都做了方差齐次检验,结果见表 8.16。

表 8.16　方差齐次检验

	Levene Statistic	df1	df2	Sig.
风险投资家	3.416**	3	104	0.014
技术创业家	3.261**	3	128	0.020
样本整体	4.924***	3	236	0.002

注：*：$p<0.1$；**：$p<0.05$；***：$p<0.01$。

表 8.16 显示所有 Sig 值均小于 0.05,说明均为方差不齐。所以,在事后比较检验对各个阶段的数据两两比较时,我们采用 Games – Howell 度量方法。其结果见表 8.17。

表 8.17　事后比较检验

阶段（I）	阶段（J）	样本整体（N=60）		风险投资家（N=27）		技术创业家（N=33）	
		差异均值	Sig.	差异均值	Sig.	差异均值	Sig.
种子期	初创期	1.80***	0.000	1.93***	0.000	1.70***	0.000
	扩张期	3.62***	0.000	4.04***	0.000	3.27***	0.000
	成熟期	4.53***	0.000	4.85***	0.000	4.27***	0.000

续表

阶段（I）	阶段（J）	样本整体（N=60）		风险投资家（N=27）		技术创业家（N=33）	
		差异均值	Sig.	差异均值	Sig.	差异均值	Sig.
初创期	种子期	-1.80***	0.000	-1.93***	0.000	-1.70***	0.000
	扩张期	1.82***	0.000	2.11***	0.000	1.58***	0.006
	成熟期	2.73***	0.000	2.93***	0.000	2.58***	0.000
扩张期	种子期	-3.62***	0.000	-4.04***	0.000	-3.27***	0.000
	初创期	-1.82***	0.000	-2.11***	0.000	-1.58***	0.006
	成熟期	0.92***	0.009	0.81*	0.099	1.00*	0.090
成熟期	种子期	-4.53***	0.000	-4.85***	0.000	-4.27***	0.000
	初创期	-2.73***	0.000	-2.93***	0.000	-2.58***	0.000
	扩张期	-0.92***	0.009	-0.81*	0.099	-1.00*	0.090

注：*：$p<0.1$；**：$p<0.05$；***：$p<0.01$。

从表 8.17 看出，就样本整体而言，不同阶段之间 IROP 的差异非常显著（$p<0.01$）。而对风险投资家和技术创业家两组来说，种子期以及初创期和其他阶段的 IROP 差异非常显著（$p<0.01$），而扩张期和成熟期两个阶段的 IROP 也比较显著（$p<0.1$）。因此，我们可以认为无论对于风险投资家或者是技术创业家，他们对新技术企业的价值认知具有阶段性特点，随着新技术企业由早期到后期的发展，他们越来越看重绩效指标。

为了验证第二组假设，我们对数据按照四个阶段分开，然后使用独立样本 t 检验验证每个阶段风险投资家和技术创业家两组 IROP 的均值是否显著不同。其结果见表 8.18。

表 8.18 独立样本 t 检验

		方差齐次检验		独立样本 t 检验				
		F	Sig.	t	df	Sig.（2-tailed）	差异均值	差异标准差
种子期	方差齐次	0.04	0.948	-0.55	58	0.582	-0.16	0.30
	方差不齐			-0.55	55.56	0.582	-0.16	0.30
初创期	方差齐次	0.04	0.842	-0.85	58	0.397	-0.39	0.46
	方差不齐			-0.86	56.99	0.394	-0.39	0.46
扩张期	方差齐次	4.38	0.041	-2.10	58	0.040	-0.93**	0.44
	方差不齐			-2.17	56.88	0.034	-0.93**	0.43

续表

		方差齐次检验		独立样本 t 检验				
		F	Sig.	t	df	Sig. (2 - tailed)	差异均值	差异标准差
成熟期	方差齐次	3.72	0.059	-2.19	58	0.033	-0.74**	0.34
	方差不齐			-2.23	58.00	0.029	-0.74**	0.33

注：*：$p<0.1$；**：$p<0.05$；***：$p<0.01$。

检验结果说明，在种子期和初创期，风险投资家和技术创业家两组的 IROP 均值差异并不显著，而在扩张期和成熟期，两组的 IROP 均值差异显著。这说明只有在扩张期和成熟期风险投资家比技术创业家更加看重绩效指标。因此，第二组假设只得到部分支持。这是因为在早期阶段，由于缺乏绩效指标是风险投资家和技术创业家的共同知识，所以在估价时风险投资家和创业家都不依赖于绩效指标，因此二者的认知差异不大。而在后期阶段，由于有了可以利用的绩效信息，为了防止创业家为获得较高的股权定价而夸大企业资源优势，他们更加依赖于绩效指标。

六、结论与讨论

研究结果证实了新技术企业价值认知时资源相对于绩效的重要性随着发展阶段由早期到后期而逐渐降低，风险投资家和技术创业家对早期企业价值认知并无显著差异，而对中后期企业价值认知差异显著。

研究结果暗示，由于信息不对称，风险投资家希望利用一些绩效信息来帮助他们判断企业的价值，特别是对于中后期企业，利用绩效信息是风险投资家克服信息不对称问题的重要手段。对于早期企业，二者的认知差异较小是因为缺少绩效信息是二者的共同知识，风险投资家不期望获得绩效信息来帮助其认知企业的价值，在对早期阶段的投资中，风险投资家通过复杂的投资契约设计来规避风险，早期技术创业家也容易接受这些相对苛刻的条款。

参考文献

[1] Zacharakis A L, Meyer G. D. The Potential of Actuarial Decision Models [J]. Journal of Business Venturing, 2000, 15 (4): 323 - 346.

[2] Fisher I. The Nature of Capital and Income [M]. New York: Macmil-

lan,1906.

[3] Miller M and Modigliani F. Dividend Policy, Growth and the Valuation of shares [J]. The Journal of Business, 1961, 34 (4): 411 - 433.

[4] 汤姆·科普兰, 蒂姆·科勒. 价值评估——公司价值的衡量与管理 [M]. 郝绍伦译. 北京: 电子工业出版社, 2002.

[5] Guth W D, Ginsberg A. Guest Editor's Introduction: Corporate Entrepreneurship [J]. Strategic Management Journal, 1990, 11 (4): 5 - 15.

[6] Stopford J, Baden F C. Creating Corporate Entrepreneurship [J]. Strategic Management Journal, 1994, 15 (7): 521 - 536.

[7] 王同律. 技术创新与企业价值增长 [J]. 中南财经政法大学学报, 2004 (2): 126 - 130.

[8] 王清伟, 计军恒. 论技术创新及激励与企业价值 [J]. 经济问题, 2006 (11): 11 - 13.

[9] Sweeney C J and Soutar N G. Consumer Perceived Value: The Development of a Multiple Item Scale [J]. Journal of Consumer Research, 2001, 77 (2): 203 - 220.

[10] Zeithaml V A. Consumer Perceptions of Price, Quality, and Value: A Means - end Model and Synthesis of Evidence [J]. Journal of Marketing, 1988, 52 (7): 2 - 21.

[11] 刘珺. 服务价值认知及相关因素的关联性: 中外资银行客户的比较实证分析 [J]. 经济研究, 2004 (1): 16 - 24.

[12] 魏中龙, 郭辰. 基于顾客认知价值分析的产品定价策略研究 [J]. 管理世界, 2007 (4): 162 - 163.

[13] 陈新跃, 杨德礼. 顾客价值认知与市场信号应用研究 [J]. 大连理工大学学报 (社会科学版), 2003 (1): 42 - 45.

[14] Bolton R N, Drew J H. A Multistage Model of Customers' Assessment of Service Quality and Value [J]. Journal of Consumer Research, 1991, 17 (3): 375 - 384.

[15] Hall J, Hofer W. Venture Capitalists' Decision Criteria in New Venture Evaluation [J]. Journal of Business Venturing, 1993, 8 (1): 25 - 42.

[16] Zacharakis A L, Shepherd D A. The Nature of Information and Overconfidence on Venture Capitalists' Decision Making [J]. Journal of Business Venturing, 2001, 16 (4): 311 - 332.

[17] Sandberg W R, Hofer C W. Improving New Venture Performance: The

Role of Strategy, Industry Structure, and the Entrepreneur [J]. Journal of Business Venturing, 1987, 2 (1): 5 - 28.

[18] Åstebro T, Elhedhli S. The Effectiveness of Simple Decision Heuristics: Forecasting Commercial Success for Early - Stage Ventures [J]. Management Science, 2006, 52 (3): 395 - 409.

[19] Eckhardt J T, Scott S, Frederic D. Multistage Selection and the Financing of New Venture [J]. Management Science, 2006, 52 (2): 220 - 232.

[20] Vanacker T, Manigart S. Venture Capitalists' Selection Process: the Case of Biotechnology Proposals [J]. International Journal of Technology Management, 2006, 34 (1/2): 28 - 46.

[21] 黄鲁成, 江剑. 关于开展上市公司技术创新能力评价的思考 [J]. 科学学与科学技术管理, 2005 (5): 85 - 89.

[22] 高建, 汪剑飞, 魏平. 企业技术创新绩效指标: 现状、问题和新概念模型 [J]. 科研管理, 2004 (S1): 14 - 22.

[23] 谢丹, 侯俊东, 吕军. 民营企业科技竞争力内涵及指标体系研究 [J]. 经济与管理, 2005 (11): 27 - 30.

[24] MacMillan I C, et al. Criteria Used by Venture Capitalists to Evaluate New Venture Proposals [J]. Journal of Business Venturing, 1985, 1 (1): 119 - 128.

[25] Shepherd D A. Venture Capitalists' Introspection: A Comparison of 'In Use' and 'Espoused' Decision Policies [J]. Journal of Small Business Management, 1999, 37 (2): 76 - 87.

[26] Porter ME. Competitive Strategy [M]. New York: Free Press, 1980.

[27] Mainprize B. The Relationships between Entrepreneurial Business Planning, Private Equity Investment Evaluation and New Venture Performance: General Principles and Specific Evidence [D]. Unpublished Dissertation, Swinburne University of Technology, Melbourne, Australia, 2004.

[28] Roberts F D. The Effects of Decision Aid Recommendations on Users' Cognitive Processes, Memories, and Judgments [M]. Knoxville, 2002.

[29] Bazerman, M. H. Judgment in Managerial Decision Making [M]. New York, 1994.

[30] Mainprize B, Hindle K. Assessing the Efficacy and Standardization Potential of Five Competing Venture Capital Investment Evaluation Approaches [J]. The Journal of Private Equity, 2005, 9 (1): 6 - 21.

[31] Hindle K, Mainprize B. A Systematic Approach to Writing and Rating Entrepreneurial Business Plans [J]. The Journal of Private Equity, 2006, 9 (3): 7-23.

[32] Yves M, Monjanel G. Valuation Guidelines for Private Equity and Venture Capital Funds: A Survey [J]. The Journal of Alternative Investments, 2006, 9 (2): 59-72.

[33] Tseng Nan-Juen, Lee Yao-Hsien. Comparing Equity Valuation Models with Forecasting Capability: A Case of Taiwan's Tourism Industry [J]. The Business Review, Cambridge, 2006, 5 (2): 100-103.

[34] Boocock G, Woods M. The Evaluation Criteria used by Venture Capitalists: Evidence from a UK Venture Fund [J]. International Small Business Journal, 1997, 16 (1): 36-57.

[35] Barney J. Firm Resources and Sustained Competitive Advantage [J]. Journal of Management, 1991, 17 (1): 99-120.

[36] Reed R, DeFillippi R J. Causal Ambiguity, Barriers to Imitation, and Sustainable Competitive Advantage [J]. Academy of Management Review, 1990, 15 (1): 88-102.

[37] Carmeli A. Assessing Core Intangible Resources [J]. European Management Journal, 2004, 22 (1): 110-122.

[38] Galbreath J. Which Resources Matter the Most to Firm Success? An Exploratory Study of Resource-based Theory [J]. Technovation, 2005, 25 (9): 979-987.

[39] Hall R. The Strategic Analysis of Intangible Resources [J]. Strategic Management Journal, 1992, 13 (2): 135-144.

[40] Hall R. A Framework Linking Intangible Resources and Capabilities to Sustainable Competitive Advantage [J]. Strategic Management Journal, 1993, 14 (8): 607-618.

[41] Day G S. The Capabilities of Market-driven Organizations [J]. Journal of Marketing, 1994, 58 (4): 37-52.

[42] Michalisin M D, Smith R D, Kline D M. In Search of Strategic Assets [J]. The International Journal of Organizational Analysis, 1997, 5 (4): 360-387.

[43] Teece D, Pisano J G., Shuen A. Dynamic Capabilities and Strategic Management [J]. Strategic Management Journal, 1997, 18 (7): 509-533.

[44] Srivastava R K, Shervani T A, Fahey L. Market-based Assets and

Shareholder Value: a Framework for Analysis [J]. Journal of Marketing, 1998, 62 (1): 2 - 18.

[45] Bontis N, Fitzenz J. Intellectual capital ROI: a Causal Map of Human Capital Antecedents and Consequences [J]. Journal of Intellectual Capital, 2002, 3 (2): 223 - 247.

[46] Feeser H R, Willard G E. Founding Strategy and Performance: A Comparison of High and Low Growth High Tech Firms [J]. Strategic Management Journal, 1990, 11 (2): 87 - 98.

[47] Stuart R W, Abetti P A. Impact of Entrepreneurial and Management Experience on Early Performance [J]. Journal of Business Venturing, 1990, 5 (3): 151 - 162.

[48] Chandler G N, Hanks S H. Founder Competence, the Environment, and Venture Performance [J]. Entrepreneurship Theory and Practice, 1994, 18 (3): 77 - 89.

[49] Jo H, Lee J. The Relationship between an Entrepreneur's Background and Performance in a New Venture [J]. Technovation, 1996, 16 (4): 161 - 171.

[50] Delmar F, Shane S. Does Experience Matter? The Effect of Founding Team Experience on the Survival and Sales of Newly Founded Ventures [J]. Strategic Organization, 2006, 4 (3): 215 - 247.

[51] Zacharakis A, Shepherd D A. A non - additive Decision - aid for Venture Capitalists' Investment Decisions [J]. European Journal of Operational Research, 2005, 162 (3): 673 - 689.

[52] Chen C J. Technology Commercialization, Incubator and Venture Capital, and New Venture Performance [J]. Journal of Business Research, In Press, Corrected Proof, Available Online 13 February 2008.

[53] Kaplan R S, Norton D R. The Balanced Scorecard - measures that Drive Performance [J]. Harvard Business Review. 1992, 70 (1): 71 - 79.

[54] 迈克尔·波特. 竞争优势 [M]. 陈小悦译. 北京: 华夏出版社, 2007: 33 - 43.

[55] Porter M E. The Contributions of Industrial Organization to Strategic Management [J]. Academy of Management Review, 1981, 6 (4): 609 - 620.

[56] Lieberman M B, and Montgomery D B. First - mover (dis) Advantages: Retrospective and Link with the Resource - based View [J]. Strategic Management Journal, 1998, 19 (12): 1111 - 1125.

[57] Mitchell W. Dual Clocks: Entry Order Influences on Incumbent and Newcomer Market Share and Survival when Specialized Assets Retain Their Value [J]. Strategic Management Journal, 1991, 12 (2): 85 - 100.

[58] Lambkin M. Order of Entry and Performance in New Markets [J]. Strategic Management Journal, 1988, 9 (2): 127 - 140.

[59] Schumpeter J. Capitalism, Socialism and Democracy [M]. New York: Harper and Row, 1975.

[60] DeCastro J O, and Chrisman J J. Order of Market Entry, Competitive Strategy and Financial Performance [J]. Journal of Business Research, 1995, 33 (2): 165 - 177.

[61] Shepherd D A, Ettenson R, Crouch A. New Venture Strategy and Profitability: A Venture Capitalist's Assessment [J]. Journal of Business Venturing, 2000, 15 (5 - 6): 449 - 467.

[62] Duchesneau D A, Gartner W B. A Profile of New Venture Success and Failure in an Emerging Industry [J]. Journal of Business Venturing, 1990, 5 (5): 297 - 312.

[63] Hsu D H. What do Entrepreneurs Pay for Venture Capital Affiliation? [J], Journal of Finance, 2004, 59 (4): 1805 - 1844.

[64] 杰弗里·蒂蒙斯, 小斯蒂芬·斯皮内利. 创业学（第六版）[M]. 周伟民, 吕长春译. 北京: 人民邮电出版社, 2005: 178 - 179.

[65] Saaty T. L. The Analytic Hierarchy Process [M]. New York: McGraw - Hill, 1980.

第九章 创业板上市公司与风险投资

经过10年的准备,2009年9月23日我国创业板正式开板,截至2011年3月底,已有201家公司上市。本章统计分析这201家创业板上市公司的基本特征、创始人团队、获得风险投资情况等信息,使读者了解创业板上市公司的基本情况。

第一节 创业板概述

一、创业板的功能与定位

创业板市场在国外又称"二板市场",是一个与主板市场相对的概念,一般都是在主板市场发展到一定规模和达到相当成熟度之后才出现的。要正确理解创业板市场涵盖的范围,我们必须从证券市场的结构谈起。证券市场分为发行市场和流通市场,发行市场又称一级市场或初级市场,是新股发行市场的简称。股票流通市场,也称二级市场。在本书中所指的创业板市场,一般定义为狭义的创业板市场,即股票流通市场。一般而言,传统证券交易所的上市条件较为严格,只有那些具有较长经营历史、规模大、业绩好的成熟公司才有资格上市。严格的审批程序和上市条件,一方面有利于筛选出质地优良的上市公司资源,保证市场上股票质量;另一方面有利于降低市场风险,保障市场对资金的吸引力。但是,尽管严格的上市条件有利于市场上风险的控制,但对于有良好发展前景、真正需要从证券市场上筹集创业初期发展资金的中小型企业而言,十分不利。这不能充分体现证券市场发挥其资源配置的功能。因此自20世纪70年代初以来,世界各国的大多数证券交易所都陆续建立了上市标准低于传统交易市场,但是监管更为严格,旨在满足中小企业融资需要的交易市场,这些市场被命名为创业板市场、新市场或第二板市场,而传统的交易市场则被称为主板市场以示区别。此外,近年来各国证券市场的发展趋势是,各国范围内交易所的分工日益明确,小型证券交易所为避免与国内主要证券交易所的市场定位重复,通过合并及改制,对其市场重新定位,变为专门针对处于初创期的成长型中小企业与高科技企业的交易所。这类证券交易所也被认为是创业板的一部分。

综上所述,创业板市场是泛指那些上市标准低于传统交易所主板市场,主要以处于初创期、规模小,但成长性好的中小企业和高科技企业为服务对象的证券市场。创业板市场除包括由证券交易所设立的狭义的第二板市场,还涵盖了柜台交易市场中有组织的集中报价与交易系统以及主要为高成长性的中小企业与高科技企业服务的证券交易所。

二、创业板市场上市标准

表 9.1 比较了我国创业板与主板上市条件。

表 9.1 我国创业板与主板上市条件

	主板	创业板
主体资格	依法设立且合法存续的股份有限公司	依法设立且合法存续的股份有限公司
经营年限	持续经营时间应当在 3 年以上(有限公司按原账面净资产值折股整体变更为股份公司可连续计算)	持续经营时间应当在 3 年以上(有限公司按原账面净资产值折股整体变更为股份公司可连续计算)
盈利要求	(1) 最近 3 个会计年度净利润均为正数且累计超过人民币 3000 万元,净利润以扣除非经常性损益前后较低者为计算依据 (2) 最近 3 个会计年度经营活动产生的现金流量净额累计超过人民币 5000 万元;或者最近 3 个会计年度营业收入累计超过人民币 3 亿元 (3) 最近一期不存在未弥补亏损	最近 2 年连续盈利,最近 2 年净利润累计不少于人民币 1000 万元,且持续增长 最近一年盈利,且净利润不少于人民币 500 万元,最近一年营业收入不少于人民币 5000 万元,最近 2 年营业收入增长率均不低于 30% 净利润以扣除非经常性损益前后孰低者为计算依据
资产要求	最近一期末无形资产(扣除土地使用权、水面养殖权和采矿权等后)占净资产的比例不高于 20%	最近一期末净资产不少于 2000 万元,且不存在未弥补亏损
股本要求	发行前股本总额不少于人民币 5000 万	发行后股本总额不少于人民币 3000 万

对比创业板与主板的上市要求后可以发现，国内创业板的上市要求还是比较严格的。通过分析创业板的上市规则，我们可以看到一个明显的指导思想，即求新、求稳定。求新是创业板设立的初衷，为新兴高成长产业提供融资服务是创业板的核心功能之一；求稳定是我国建设资本市场体系的实际需要，在摸索中成长的中国资本市场需要从源头上控制上市公司的质量，塑造高品质市场的形象，为此我国创业板在上市公司的控制上虽然较之主板灵活，但要求其实并不低。

第二节 创业板上市公司基本特征

一、地区分布

在地域分布上，201家创业板上市公司分布在27个省（自治区、直辖市），主要集中在北京及长三角、珠三角地带。创业板公司的区域分布充分体现了我国区域经济发展特征，经济发达地区的公司占据了大部分创业板市场。广东省以45家创业板公司居全国首位，这当中深圳就占到了24家；北京市也有30家创业板上市公司，这两地的创业板上市公司就占到创业板上市公司总数的37.31%；浙江省、江苏省分别以18家、17家创业股追随；上海、福建、山东等省紧随其后；贵州、青海、广西、西藏、宁夏等地尚无创业板上市记录。创业板上市公司地区分布见表9.2。

表9.2 创业板上市公司地区分布

单位：家

省份	北京	深圳	广东	浙江	江苏	上海	福建	山东	四川
数量	30	24	21	18	17	14	9	8	6
省份	陕西	湖北	湖南	河南	天津	河北	安徽	辽宁	重庆
数量	6	6	5	5	4	4	4	4	3
省份	新疆	江西	海南	甘肃	云南	陕西	内蒙古	吉林	黑龙江
数量	2	2	2	2	1	1	1	1	1

注：①样本数量为201，时间截至2011年3月底；②表内数据来源于201家创业板上市公司的首次公开发行并在创业板上市的招股说明书。

二、行业分布

表 9.3 给出了按照国民经济行业分类标准（国标）对创业板上市公司行业划分的结果。

表 9.3 创业板上市公司行业分布（国标）

类别	数量（家）	比例（%）
制造业	151	75.1
信息传输、计算机服务和软件业	22	10.9
水利、环境和公共设施管理业	5	2.5
农、林、牧、渔业	5	2.5
文化、体育和娱乐业	4	2.0
科学研究、技术服务和地质勘查业	3	1.5
批发零售业	3	1.5
建筑业	3	1.5
交通运输、仓储和邮政业	1	0.5
卫生、社会保障和社会福利业	1	0.5
金融业	1	0.5
租赁和商务服务业	1	0.5
采矿业	1	0.5

注：①样本数量为 201，时间截至 2011 年 3 月底；②表内数据来源于 201 家创业板上市公司的首次公开发行并在创业板上市的招股说明书。

由表 9.3 看出，按照国标行业分类标准，创业板上市公司所属行业为制造业的就有 151 家，占 75% 以上。其次，信息传输、计算机服务和软件业占到 22 家，水利、环境和公共设施管理业以及农、林、牧、渔业等行业都各在 10 家以下。此外，还包括部分传媒娱乐、环保行业、现代农业等新兴行业。

为了进一步了解企业的行业分布情况，对制造业做了二级行业细分，结果见表 9.4。

表9.4 创业板上市公司制造业细分行业分布（国标）

类别	数量（家）	比例（%）
通信设备、计算机及其他电子设备制造业	26	17.2
专用设备制造业	21	13.9
医药制造业	19	12.6
化学原料及化学制品制造业	15	9.9
电气机械及器材制造业	15	9.9
非金属矿物制品业	11	7.3
通信设备制造业	10	6.6
仪器仪表及文化、办公用机械制造业	10	6.6
交通运输设备制造业	6	4.0
塑料制品业	4	2.6
食品制造业	3	2.0
金属制品业	3	2.0
农副食品加工业	1	0.7
纺织业	1	0.7
造纸及纸制品业	1	0.7
文教体育用品制造业	1	0.7
石油加工、炼焦及核燃料加工业	1	0.7
橡胶制品业	1	0.7
有色金属冶炼及压延加工业	1	0.7
工艺品及其他制造业	1	0.7

注：①样本数量为201，时间截至2011年3月底；②表内数据来源于201家创业板上市公司的首次公开发行并在创业板上市的招股说明书。

从表9.4看出，通信设备、计算机及其他电子设备制造业占到26家，专用设备制造业占到21家，医药制造业占到19家，化学原料及化学制品制造业占到15家，电气机械及器材制造业占到15家。

为了更好地看出创业板上市公司行业分布特征，笔者采用CV行业分类标准重新做了分类。分类结果见表9.5。

表9.5 创业板上市公司行业分布（CV 行业分类标准）

行业	数量（家）	比例（%）
制造业	65	32.3
IT 业	33	16.4
能源及矿业	23	11.4
医疗健康	20	10.0
化学工业	15	7.5
电信及增值	7	3.5
农、林、牧、渔业	7	3.5
互联网	5	2.5
综合	5	2.5
建筑建材	4	2.0
连锁经营	4	2.0
文化传媒	4	2.0
汽车行业	3	1.5
食品饮料	3	1.5
交通运输	1	0.5
金融	1	0.5
旅游业	1	0.5

注：①样本数量为201，时间截至2011年3月底；②表内数据来源于201家创业板上市公司的首次公开发行并在创业板上市的招股说明书。

表9.5显示，制造业、IT 业、能源及矿业、医疗健康、化学工业居前五位，这5个行业的创业板上市公司总数占到创业板上市公司70%以上。

三、科技含量

（一）高新技术企业认定情况

2008年，科技部、财政部、税务总局联合下发了《高新技术企业认定管理办法》，自此取消了以前的省市国家等级的高新技术企业划分，统一为国家高新技术企业,由各省市科技部门、财政部门、国税、地税共同评审。也就是说,新的国家高新技术企业证书是由四个部门(各省市科技部门、财政部门、国税、地税)联合认定。此外,只有是国家高新技术企业的公司,才有资格申请成为火炬计划重点高新技术企业。

依据上市公司的招股说明书,共有158家企业披露是高新技术企业,其中27家为火炬重点高新技术企业。

(二) 核心技术和专利

从科技含量看,一批拥有核心技术和专利以及正在积极申请的企业开始大量涌现,在核心技术上,位居前列的新疆新研股份公司拥有159项,上海科泰电源公司拥有75项,北京神州泰岳公司拥有54项,此外深圳长盈精密、西安启源装备等紧随其后,创业板上市公司平均每家拥有核心技术12项。

专利方面,位居前列的上海康耐德公司拥有135项,湖北回天胶业公司161项,安徽盛运股份公司拥有83项,此外新疆新研股份、湖南太阳鸟紧随其后,平均每家创业板上市公司拥有专利14项。

表9.6是按照数量划分区间后,创业板上市公司拥有核心技术和专利的分布情况。

表9.6 创业板上市公司拥有的核心技术和专利分布情况

单位:家

	5项以下	5~10项	10~20项	20~50项	50项以上
核心技术	39	75	48	27	3
专利	61	47	34	35	9

注:披露核心技术数量的公司为192家,披露专利数量的公司为186家。

(三) 研发和技术人员占比

创业板上市公司研发和技术人员占公司员工比例平均值是34.15%,研发和技术人员占比超过80%的有上海汉得信息、北京东方国信、浙江华星创业、上海佳豪船舶、北京神州泰岳、河南豫金刚石、深圳银之杰、北京捷成股份、汕头万顺股份、北京碧水源、浙江南都电源、上海康耐德。具体分布情况见表9.7。

表9.7 创业板上市公司研发和技术人员占公司员工比例分布

	小于20%	20%~40%	40%~60%	60%~80%	80%以上
样本数（家）	78	55	20	30	12

注：6家上市公司未披露该项信息，有效样本公司数为195家。

四、募集资金用途

表9.8给出了创业板上市公司募集资金的用途分布情况。从募集资金用途看，声称用于研发、生产和市场的分别有120家、190家和54家，用于生产的居首位，主要用途包括原有产品、系统、设备的技术改造和扩大产能、开发新的生产线和新技术；其次是研发，主要用途是建造技术研发中心等；最后是市场，主要用途包括营销网络、仓储及物流中心、电子商务平台的建设及改造等。

表9.8 募集资金用途

	研发	生产	市场
数量（家）	120	190	54
比例（%）	59.7	94.5	26.9

注：有效样本数为201家。

由于募集资金用途可能有多种，我们进一步统计各种用途组合。同时用于研发和生产的公司最多，有73家，占到36.32%；只用于生产的公司有65家，占到32.34%；同时，研发、生产和市场的公司有37家，占到18.41%。图9.1直观地给出了各种用途的组合情况。

五、发行情况

从发行价格看，201家创业板上市公司平均发行价格为34.80元，其中，发行价格最高的是汤臣倍健，发行价为110.00元/股，最低的是四川金亚科技，发行价为11.30元/股。

从发行股本看，平均发行股本2497.30万股，其中，发行规模最大的是广东南方风机，发行24000万股，最小的是河南新开源，发行900万股。

从募集资金看，平均实际募集资金2.437亿元，其中，最大的是北京碧

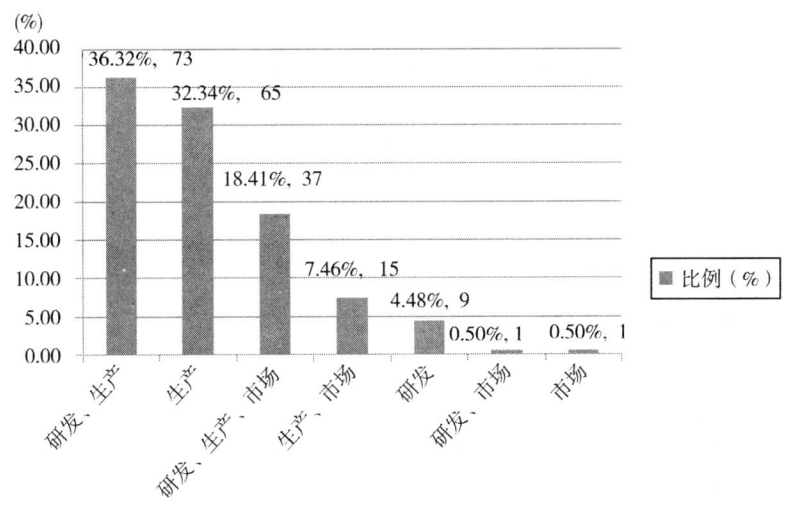

图 9.1 募集资金用途细分

水源,募集 18.32 亿元,最小的是华星创业,募集 1.77 亿元。

从发行市盈率看,平均发行市盈率 68.87 倍,其中,发行市盈率最高的是新疆新研股份,发行市盈率为 150.82 倍,最低的是华伍股份,发行市盈率为 36.98 倍。

六、从成立到上市的时间分布

表 9.9 给出了创业板上市公司自成立到上市所经历的时间分布。对创业板上市公司而言,从公司成立到上市经历时间大多集中在 6~10 年,有 106 家;其次是 11~15 年,有 46 家;再次是 5 年以下的,有 31 家;最后是 16~21 年,有 17 家。

表 9.9 创业板上市公司自成立到上市经历时间分布

	5 年以下	6~10 年	11~15 年	16~21 年
数量(家)	31	106	46	17
比例(%)	15.5	53.0	23.0	8.5

注:有效样本容量为 200 家。

第三节 核心团队

一、创始人团队

本章所称创始人团队是指有限公司成立时的创建者,而非上市前的股份公司发起人。为此,本章剔除2家国有独资公司,研究样本中仅包括199家由自然人创建的上市公司。

（一）团队规模

将创业板上市公司创始人团队成员分成3人以下、3（含）~5人、5（含）~7人、7（含）~9人和9（含）人以上5个区间,数据显示,团队规模大多在3人以下,数量和比例详见图9.2。

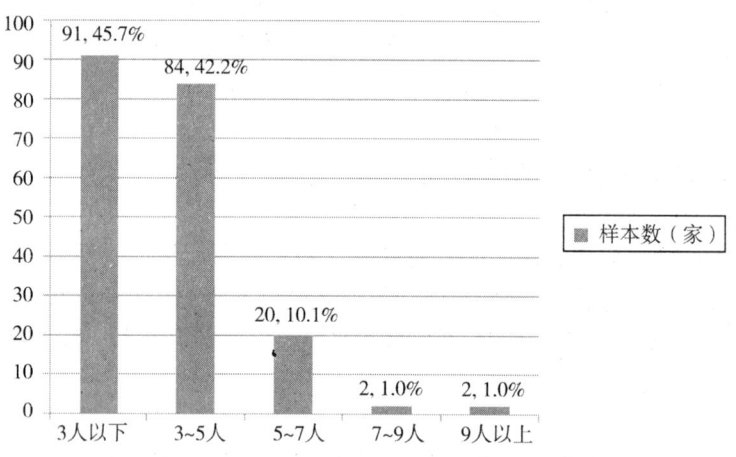

图9.2 创始人团队成员个数分布

（二）年龄分布

我们将创业板上市公司创始人团队年龄分成20岁以下、20（含）~30岁、30（含）~40岁、40（含）~50岁和50岁（含）以上5个区间。数据表明,558 位创始人团队成员年龄大多在 40(含)~50 岁,有 321 人,占 57.5%;其次是 50 岁(含)以上,有 154 人,占 27.6%;最后是 30(含)~40 岁,有 71 人,占 12.7%,其余年龄段不足 5%。具体分布情况见图 9.3。

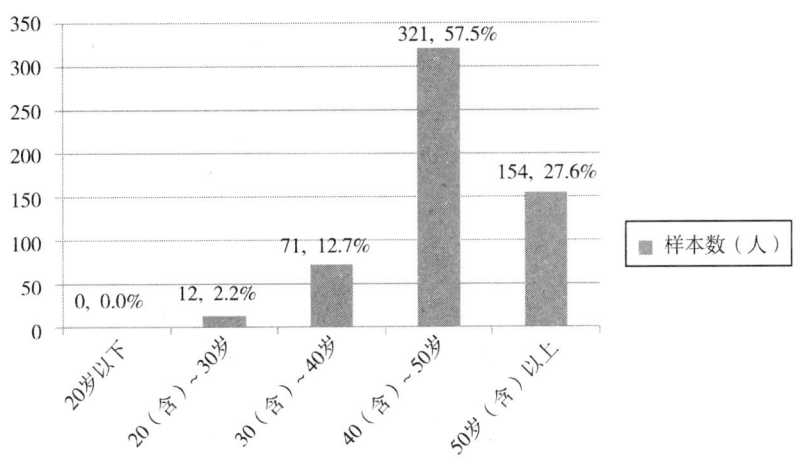

图 9.3 创始人团队年龄分布

(三) 受教育程度

将创业板上市公司创始人团队成员受教育程度分为学士以下、学士、硕士和博士以上 4 类。数据显示,受教育程度分布占比最多的是学士,有 189 人,占 36.1%;其次是硕士,有 182 人,占 34.7%;最后是学士以下,有 120 人,占 22.9%,博士以上不足 7%。具体分布见图 9.4。

二、董事会

(一) 规模

创业板上市公司董事会成员个数有 5、6、7、8、9、11、12 和 13 这 8 种情况,最多的是 9 人这种情况,有 118 家,占 59.3%;其次是 7 人,有 38 家,占 19.1%;最后是 11 人,有 15 家,占 7.5%。详细分布如图 9.5 所示。

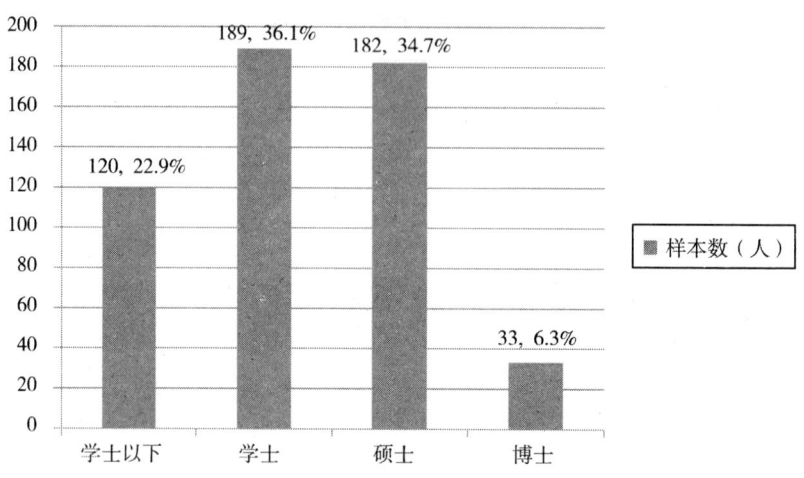

图9.4 创始人团队受教育程度分布

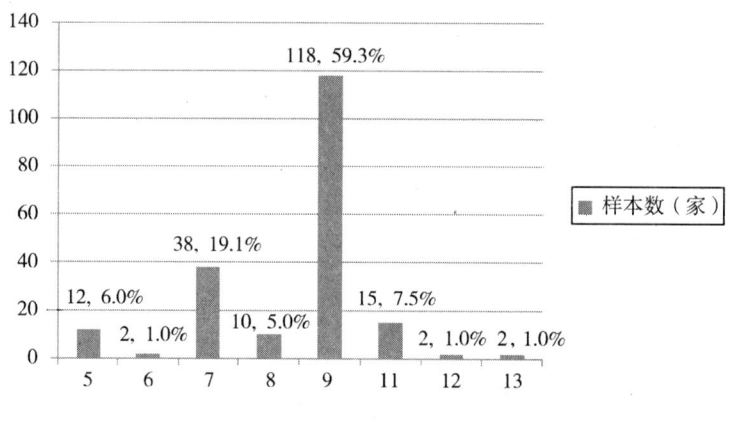

图9.5 董事会规模

(二) 独立董事个数

创业板上市公司独立董事最少为2人，最多为5人。其分布如图9.6所示。图9.6说明，独立董事人数在3人的占了绝大多数，有162家创业板上市公司独立董事人数为3人。

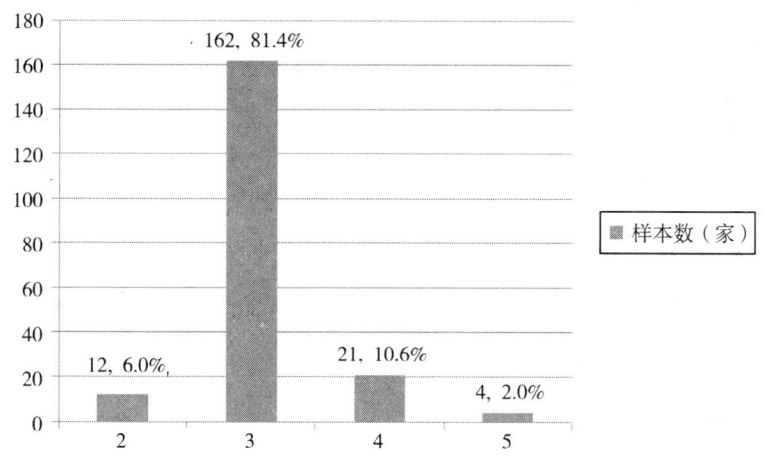

图 9.6 独立董事个数分布

(三) 独立董事专业背景

独立董事主要由法律、财务、行业等方面的专家担任。根据我们的统计，199 家上市公司的 614 名独立董事中，有 276 人为财务背景，占比 45%，有 109 人为法律背景，占比 17.8%。

独立董事在大学或研究机构任职的有 297 人，占 48.5%。

三、总经理

(一) 性别分布

创业板上市公司总经理男士居多，有 186 人，占 93.5%；女士有 13 人，占 6.5%。

(二) 年龄分布

扣除 2 家国有背景公司和 1 家总经理信息披露不全的公司，本项统计涉及 198 位创业板上市公司的总经理。表 9.10 给出了年龄分布情况。

表 9.10　总经理年龄分布

	30 岁以下	30～40 岁	40～50 岁	50～60 岁	60 岁以上
样本数（人）	2	21	136	34	5
比例（%）	1.0	10.6	68.7	17.2	2.5

注：有效样本数为 198 家，共涉及 198 位总经理。样本总数为 201 家，剔除 2 家国有独资公司和 1 家总经理年龄信息未披露的公司。

（三）学历分布

表 9.11 给出了总经理学历分布情况。创业板上市公司总经理学历集中分布在硕士，有 82 人，占 41.6%；其次是学士，有 70 人，占 35.5%；然后是学士以下，有 27 人，占 13.7%。

表 9.11　总经理学历分布

	学士以下	学士	硕士	博士
样本数（人）	27	70	82	20
比例（%）	13.7	35.5	41.6	10.1

注：有效样本数为 197 家，共涉及 198 位总经理。样本总数为 201 家，剔除 2 家国有独资公司和 2 家总经理学历信息未披露的公司。

（四）专业背景分布

表 9.12 给出了总经理的专业背景分布。

表 9.12　总经理专业背景分布

	工科类	管理类	复合背景
样本数（人）	85	39	15
比例（%）	61.2	28.1	10.8

注：有效样本数为 138 家，共涉及 138 位总经理，样本容量为 201 家，剔除 2 家国有独资公司，61 家信息披露不全公司。

创业板上市公司总经理专业背景主要是工科类，有 85 人，占 61.2%；其次是管理类背景，有 39 人，占 28.1%；最后是同时拥有管理类和工科类背景有 15 人，占 10.8%。

（五）持股情况

从公司历史沿革，可以发现总经理是否是创业团队成员以及持股情况变化。我们发现，创业板上市公司的总经理往往就是该公司的最大股东或者创业团队的核心成员，有公司较多股份。

表 9.13 给出了创业板上市公司总经理持股情况的分布。

表 9.13 总经理持股情况

	最大股东	创业团队成员	持股但非创业团队成员	未持有股份
样本数（人）	95	63	23	18
比例（%）	47.7	31.7	11.6	9.0

注：有效样本容量为 199 家。

第四节 创业板上市公司获得风险投资情况

201 家创业板上市公司中，有 133 家企业曾获得创业投资的资金支持，占 66.17%，累计获得资金 49.32 亿元，平均每家 0.41 亿元。其中，获得风险投资资金支持最多的是北京华谊兄弟，获得了信中利 4270 万美元的资金支持。

一、地域分布

图 9.7 给出了获得风险投资的创业板上市公司的地域分布。获得风险投资支持的创业板上市公司主要集中在北京及长三角、珠三角地带，主要有北京、深圳、广东（除深圳）、江苏、浙江、上海六个地区。其中，北京市以 26 家居首位，深圳、江苏分别以 15 家、12 家居第二和第三位。再加上广东（除深圳）、浙江、上海三省市，这三大区域获得风险投资的创业板上市公司就占到所有获得风险投资的创业板上市公司总数的 60.1%。

二、行业分布

哪些行业最受风险投资青睐？133 家获得过风险投资的创业板上市公司属于制造业的有 41 家，获得投资金额合计为 13.74 亿元，平均每家获得风投金额超过 3000 万元。

表 9.14 给出了各行业获得风投的创业板上市公司数量情况。

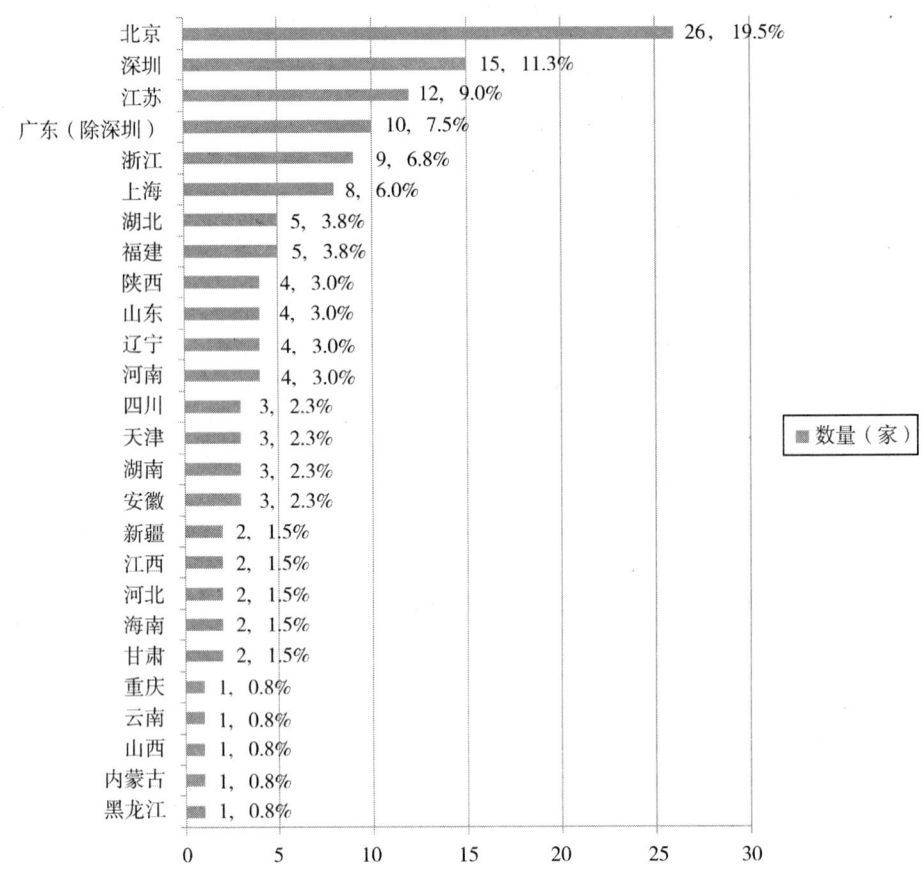

图9.7 获得风险投资支持的创业板上市公司地域分布

表9.14 获得风险投资的创业板上市公司行业分布

	获风投的创业板上市公司数（家）	获得风投金额总量（亿元人民币）	获得风投金额平均值（百万元人民币）
制造业	41	13.74	33.52
IT	18	5.17	28.70
能源及矿业	15	7.38	49.23
医疗健康	10	4.00	39.99
化学工业	6	1.25	20.78
互联网	5	1.97	39.32
电信及增值	4	3.00	74.99
建筑建材	3	1.18	39.27

续表

	获风投的创业板上市公司数（家）	获得风投金额总量（亿元人民币）	获得风投金额平均值（百万元人民币）
综合	3	1.19	39.74
农、林、牧、渔	3	2.92	97.24
汽车行业	2	0.71	35.35
连锁经营	2	0.54	27.23
文化传媒	2	3.56	178.09
交通运输	1	0.15	14.99
食品饮料	1	0.49	49.00
旅游业	1	0.31	30.98

注：有效样本数为133家。

三、上市前融资次数

图9.8给出了获得过风险投资的创业板上市公司上市前的融资次数。133家公司中，融资次数仅为1次的有91家，占比68.4%。而融资次数超过2次的仅占到31.7%。

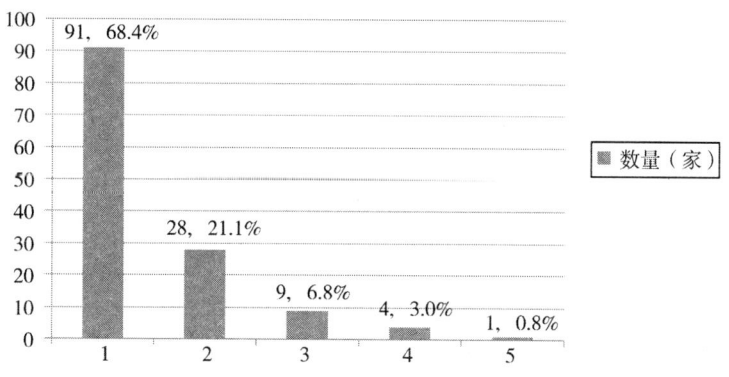

图9.8 上市前创业板上市公司经历融资轮次分布

四、投资距企业上市的时间

133家获得风险投资的创业板上市公司背后共涉及267次VC投资事件。

投资事件主要发生在企业上市前24个月之内,有135次,占了投资事件总数的一半。投资事件发生在企业上市前36个月之内的共有230次,占比84.56%。

投资事件发生时间距企业上市越久,意味着风险投资与企业合作的时间越长。而数据显示,大多数风险投资事件发生在上市前3年以内,这暗示着风险投资增值活动有限,有搭企业上市便车之嫌。

第五节 创业板上市公司背后的风险投资家

在做本章专题研究的时候,我们选取了截至2011年4月的210家创业板上市公司作为研究对象,发现有136家创业板上市公司有风险投资背景,涉及206家风险投资机构,其中派出风险投资家参加到公司董事会和监事会的有124家。"深创投"累计派出了10位风险投资家在被投资的上市公司中担任职务,"达晨创投"的晏小平在3家创业板上市公司担任董事或者监事。在136家接受风险投资的创业板上市公司中共发现了195位风险投资家的身影。

本章对于风险投资家的基本情况分析,主要包括年龄、性别、国籍、境外永久居住权四个方面。

一、风险投资家的人口统计学特征

(一)年龄分布

195位风险投资家中,年龄最大的为63岁,最小的为29岁。我们划分了11个年龄区间,图9.9给出了风险投资家的年龄分布情况。

图9.9显示,风险投资家年龄在40~42岁的最多,其次是43~45岁和46~48岁。这三个年龄区间的风险投资家共有97人,占一半以上。

(二)性别分布

根据我们的统计,创业板上市公司背后的风险投资家中,男性占89%,有173人,女性占11%,只有22人。"深创投"和"华工创投"的女性风险投资家最多,分别有4人和3人。

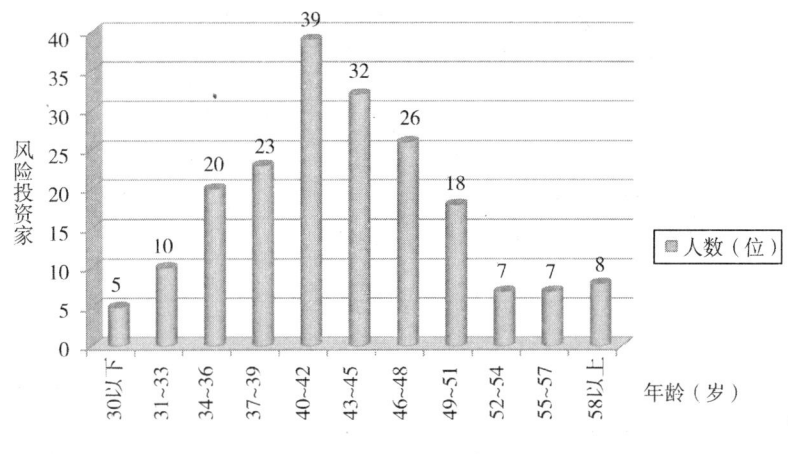

图9.9 风险投资家年龄分布

二、风险投资家教育背景分析

(一) 最高学历

对195位风险投资家的学历统计发现,26人具有博士学位,107人具有硕士学位。具有本科学历的风险投资家有55人,三者合计为188人。

(二) 专业背景

我们查找到了137位风险投资家的专业背景信息,有58位风险投资家的专业背景信息没有查到。我们发现,最多的是经济学专业背景,有57人;其次是管理学背景,有55人;第三是工学背景,有34人。其中,有复合专业背景的共有27位。

三、风险投资家任职情况分析

195位风险投资家中,在3家创业板上市公司担任职务的有2位,在2家创业板上市公司担任职务的有16位。详见表9.15。

风险投资家在创业板上市公司担任的职务主要有董事、监事、副董事长、监事会主席四类。图9.10给出了任职分布情况。

图9.10显示,风险投资家担任创业板上市公司董事的最多,有130名,担任监事的居第二位,有64名。二者合计为194名,占总数的90%。

表9.15 风险投资家任职多家企业情况

序号	VC/PE 机构	姓名	任职情况	担任的职务	
1	深创投	刘纲	3	董事	
2	达晨创投	晏小平	3	董事	监事
3	创东方投资	张辉贤	2	董事	监事
4	同创伟业	张博晓	2	董事	监事
5	武汉科创投	夏铮	2	董事	监事
6	凯晨资产	武捷思	2	董事	副董事长
7	中科宏易	王平	2	董事	副董事长
8	中国风投	孙集平	2	董事	
9	启迪创投	罗茁	2	监事	监事会主席
10	博信资本	陆卫明	2	董事	
11	力合创投	刘建云	2	董事	监事
12	华工创投	李娟	2	董事	监事
13	深创投	金燕	2	董事	
14	深创投	贾巍	2	董事	
15	达晨创投	傅哲宽	2	董事	
16	同创伟业	符麟军	2	董事	监事
17	红塔创投	董岩	2	董事	
18	江苏高投	邰翀	2	董事	

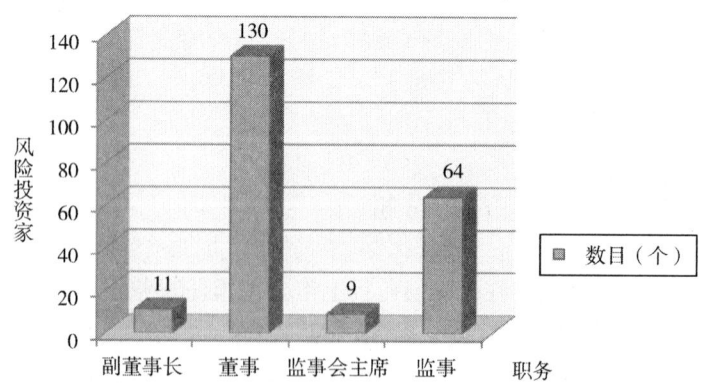

图 9.10 风险投资家在创业板上市公司的任职情况

第十章 风险投资与创业板上市公司信息披露

第九章简述了创业板上市公司及其背后的风险投资的基本特征，本章则研究风险投资对公司信息披露的频率和及时性的影响。研究表明：公司股东中是否有风险投资机构存在对公司信息披露的质量没有太大的影响；在有风险投资持股时，风险投资持股比例之和越高，信息披露得越早，披露频率越低；风险投资股权集中度越高，信息披露得越早，披露频率越高，但是这些影响均不够显著。

第一节 国内外研究现状

信息披露作为"公开"原则的行为基础，成为现代资本市场发展的基本信念和动力源泉。作为信息披露的主体，上市公司信息披露是证券市场信息公开制度的核心内容。广大投资者通过获取公司的各种信息来了解、分析公司的运营状况、经营成果等情况，从而做出投资决策。

真实、充分、及时的信息披露可以提高创业板上市公司信息透明度，弥补投资者的信息弱势地位，是防止内幕交易和证券欺诈行为，保护投资者利益的重要机制，同时也是资本市场实现效率与公平的关键。创业板上市公司信息披露的问题已经成为投资者、学者、政府和公众关注的焦点。

国内很多文献已从公司治理、规范解析、制度等角度研究了创业板上市公司的信息披露，但始终没有一个核心范式能够独立地、综合地、深刻地分析风险投资与公司信息披露两者的关系。本章将对中国创业板上市公司的数据进行整理和分析，讨论风险投资对创业板上市公司信息披露的影响。这将有助于投资者加深对我国风险投资对创业板上市公司信息披露影响的认识，对于正确评价风险投资在上市公司治理中所充当的角色，以及完善创业板上市公司信息披露制度将具有重要的实践意义。

一、国外研究现状

国外学者普遍认为：机构投资者能够以较低的成本拥有职业分析师团队，在分析和挖掘信息方面的能力远胜于一般参与者。持股比例越高，机构投资者越有动机去挖掘内部信息，从而减轻信息不对称的状况，促进上市公司信息披露。Chidambaran 和 John（1998）的研究表明，机构投资者能够从管理层获得私有信息，并传递给其他股东和利益相关者。[1]研究表明，随着机构投资者持股比例的增加，公司当前股价更能反映公司未来的盈余情况。这说明机构投资者具有较强的信息挖掘和分析能力，能够向市场传递更充分可靠的信息。

机构投资者的超强信息收集和处理能力，使得机构投资者比一般的投资者拥有信息优势。正是因为机构投资者拥有更多的信息以及处理信息的超强能力，使得机构投资者更加成熟。大量的实证研究证实了机构投资者的这种超强能力。Korczak 和 Tavakkol（2004）发现在公布信息期间，养老基金持有量大的公司的市场反应幅度小一些。[2]

机构投资者可以利用其专业优势，监督上市公司管理层参与公司治理，提高上市公司信息披露质量。Mitra 等（2005）证明机构投资者持股比例与管理者机会主义盈余管理负相关。[3] Hartzell 和 Starks（2003）提供的证据表明机构投资者能够监督管理者报酬契约的签订，发现机构投资者持股集中度与高管人员的报酬绩效敏感度正相关，与过度报酬负相关。[4] Solomonet（2002）[5]和 Bianchi 等（2005）[6]分别表明，在韩国和意大利，机构投资者积极支持进行公司治理改革，提升了公司价值。Kim 等（2002）的实证研究结果表明，机构投资者能够降低上市公司的盈余管理程度，机构投资者持有股份较多的公司里，管理层利用应计利润进行操作的行为受到抵制。[7] Chung 等（2002）研究说明机构投资者有效地约束了上市公司管理人员的行为，能够承担外部监督的职能。[8]机构投资者出于自我保护的目的，有动力对管理层实施密切监督，这有利于提高信息披露的质量。Sharma（2004）指出机构投资者能有效减少公司的财务舞弊行为。他通过对澳大利亚公司的财务舞弊进行经验性研究发现，机构投资者持股能够减少公司财务舞弊的可能性。[9] Velury（1999）构建了一种评价盈余质量的全面方法，并发现盈余质量随着机构投资者持股比例的增加而提高。[10]

Kaplan 等（2001）对机构投资者在降低信息不对称和代理成本方面的作用进行深入研究后发现：机构投资者持股比例与公司业绩正相关；与个人相

比，机构投资者更有能力来获取监督的回报。[11]

不少学者认为，股权越集中越能体现机构投资者的作用。支持公司信息披露状况与机构股东股权集中度呈正向关系的观点认为：机构投资者在行使管理权时面临着一个成本效益抉择问题，当股权分散时，投资者行使管理权所能得到的收益相对于其巨大的交易成本来说，显得微乎其微，投资者的最优选择是放弃监管权；机构投资者享有较低份额的股权直接导致其放弃"用手投票"发言权利，转向"用脚投票"，在信息的获取问题上，表现出更明显的"搭便车"行为，当一个或少数几个大股东持有公司股份达到一定比例（如10%~20%），他们就有动力去搜集信息并监督经理层，从而避免中小股东普遍存在的"搭便车"现象，甚至可以通过代理权竞争和接管来罢免经理人员，有效解决代理问题。但也有学者认为股权的集中会恶化公司信息披露状况。Bipin Ajinkya 和 Sanjeev Bhojraj（2005）研究表明，机构投资者持股较为集中的公司在预测性信息披露的精度上远不如股权分散企业。[12]

Brent（2002）通过研究发现，机构投资股东倾向于发起和参与股东提案，参与上市公司治理的意愿较强；其持有的股份客观上可以减少小股东的"搭便车"行为。[13]

二、国内研究现状

我国机构投资者起步较晚，资本市场发展不完善，关于机构投资者对信息披露的影响的研究主要集中于以下几点：

（一）股权集中度对信息披露的影响

陈晓丽、宋晓宁等（2007）以我国447家上市公司2005年截面数据为样本，从理论和实证的角度分别探讨了机构投资者与上市公司信息披露之间的关系。模型证实了机构投资者的持股能够积极作用于上市公司信息披露，随着机构投资者持股比例的上升，公司透明度相应得到提高。此外，还探讨了影响两者关系的外生变量，发现机构投资者股权过度集中时，机构投资者对上市公司信息披露的促进作用便会降低，甚至失去效果。流通股比例的增加将有利于上市公司信息披露。[14] 林琳（2010）也发现股权的过度集中将阻碍上市公司正常的信息披露，不利于提高上市公司信息披露透明度。[15] 而罗栋梁（2007）对机构投资者持股的上市公司的年报披露行为进行分析则发现了股权集中度与年报提前披露显著正相关，而与年报推迟披露显著负相关，说明股权越集中,公司越有可能提前披露年报,越不可能推迟披露年报。[16]

(二) 机构投资者对上市公司信息披露的监督作用

赵敏和张莉芳(2008)通过构建机构投资者与控股大股东之间的博弈模型,探讨机构投资者在第二代委托代理问题中所发挥的作用,同时通过纯策略和混合策略纳什均衡解的分析发现:当控股大股东"掏空"行为的惩罚成本比较小时,无论机构投资者是否监督,控股大股东的占优策略都是攫取控制权私人收益,机构投资者的监督并不能有效抑制控股大股东的侵害行为;当证券监管部门对控股大股东的"掏空"行为的处罚达到一定程度时,机构投资者的监督才能有效抑制控股大股东的"掏空"行为,且随着机构投资者持股比率与持股时间的增加,这种抑制作用越来越明显。[17]丁方飞和范丽(2009)在理论上分析了机构投资者监督上市公司信息披露行为影响公司信息披露质量的动机和方式。结果表明,我国目前发展机构投资者的政策取向有利于提升资本市场信息质量,促进资本市场信号机制发挥作用。[18]

(三) 机构投资者持股比例对信息披露的影响

唐盛培(2006)以1999~2002年深市A股为样本,从年度样本研究发现,随着机构持股比例增加,会计信息相关性增强,说明近年来机构投资者已参与公司治理,并发挥一定作用。机构投资者的持股比例呈不断上升的趋势,在一定程度上实现了股权的分散化和股份的流通,削弱了大股东和内部人对公司的控制。机构投资者正逐渐成为公司治理的一个重要力量。[19]胡国柳和韩葱慧(2009)通过多元回归分析对机构投资者与上市公司会计信息质量之关系的实证研究表明:机构投资者的持股比例越高、持股的机构投资者数量越多、前十大流通股东中机构投资者的数量越多,相应地,上市公司会计信息质量就越高。[20]程书强(2006)以我国2000~2003年沪市A股的上市公司为研究样本,分析了机构投资者在公司治理中的作用。他的研究表明,机构投资者的持股比例与公司信息披露及时性正相关,与公司盈余管理负相关。[21]

(四) 有无机构投资者参与对信息披露的影响

刘建勇和朱学义(2009)以2005~2007年中国上市公司为样本对机构投资者与信息披露及时性之间的关系进行了实证研究,研究发现:我国上市公司年报披露整体滞后,报告时滞均值为90.23天,但上市公司报告时滞呈逐年缩短趋势,其披露的及时性在逐年提高。机构投资者持股影响上市公司信息披露及时性,机构投资者入主的上市公司年报披露及时性好于没有机构投资者入主的公司,并且机构投资者持股比例越高的公司,其年报披露越及时,机构投资者持股比例与报告时滞显著负相关。[22]刘睿和李金迎(2009)对2004年国内样本上市公司的实证研究发现:虽然目前第一大股东的持股比例依然过高,专业机构投资者只能取得较少的公司股份,但这仍然能够促进公司的信息披露。流通市场中受投资机构关注的公司更倾向于主动与外部投资者沟通,明显具有提高信息披露水平的动机。[23]

(五) 机构投资者持股对信息披露的消极影响

2000年《财经》杂志披露的"基金黑幕"暴露了我国机构投资者尤其是证券投资基金的机会主义倾向,机构投资者在资本市场中实际扮演的角色也在受到各方质疑。王琨和肖星(2005)研究发现机构投资者因其投资理念不同而有不同的操作手法,比如证券投资基金因为有业绩排名及基民赎回压力,在资本市场中就存在严重的投机行为。[24]傅勇和谭松涛(2008)考察了股权分置改革过程中机构投资者与非流通股股东之间的合谋问题以及合谋的可能途径——内幕交易,因为双方有共同的利益,通过合谋可以使非流通股股东支付较低的对价而获得股份的流通,机构投资者则通过这种串通的内幕交易获得高于市场水平的额外收益。[25]

通过对相关文献资料的梳理总结,我们发现"上市公司信息披露"作为一个主题跨越了会计、金融和经济学三个领域。我国创业板于2009年10月23日在深交所开板,国内外对创业板上市公司的研究甚少。鉴于风险投资的关键性作用,有必要对该问题进行单独的、全面的、系统的归纳和梳理,并在此基础上进一步深入。

第二节 理论框架和研究假设

在由风险资本家、风险投资机构、风险企业和一些中介机构组成的风险投资体系中,先后形成了风险资本家与风险投资机构、风险投资机构与风险企业两两之间的委托代理关系,即双重委托代理关系。本节将从委托代理理论、股东积极主义以及风险投资影响信息披露的动机和实现方式等方面分析风险投资影响创业板上市公司信息披露的相关理论。

一、委托代理理论

风险投资制度作为一种金融制度安排,其运作中存在广泛的委托代理关系,在信息不完全和信息不对称的情形下,容易产生逆向选择和道德风险等代理人风险,并导致制度效率损失。

委托代理理论是在资本的所有权与管理权相分离的前提下产生的,是研究非对称信息条件下的委托代理关系的理论。Jensen 和 Meckling (1976) 定义委托代理关系是指一个或多个行为主体(委托人)指定雇用另一个或一些行为主体(代理人)为其提供服务,并相应地授予后者一定的决策权的契约关系。在这一契约关系中,能主动设计契约形式的当事人被称为委托人,而被动接受或拒绝契约形式的当事人称为代理人。

经济学意义上的委托代理关系具有以下几方面的特征:

(1) 由于委托人和代理人的目标不一致。

(2) 由于信息不对称,委托人对代理人所拥有的能力信息和态度信息不能完全掌握,即委托人对代理人的行为、能力以及对待风险的态度很难观察和监督,从而会产生一定的成本。

(3) 代理的结果受多种不确定的环境因素影响,如市场、政策、企业自身条件等诸多不确定性因素。委托人很难用公司利润水平来精确判断代理人的努力程度,这为代理人"规避责任"提供了方便。

(4) 由于委托人一般是分散的,并不直接参与企业的经营管理,委托人很难有效监督和控制代理人,这样就会产生委托代理风险。

基于委托代理关系的上述特点,委托代理理论认为,委托代理关系存在一定的风险。当委托人与代理人之间的利益背离时,代理人做出的决策就有可能偏离委托人的利益,甚至损害委托人的利益。委托代理的风险包括两个方面:一是逆向选择问题;二是道德风险问题。为了减少这些风险带来的损失,委托人就会通过一定的手段监督制裁代理人,这就产生了监督约束成本问题;同时,无论委托人采取什么样的措施,代理人的决策与使委托人效用最大化的最佳决策间总存在一定的差距,这种差距也会造成委托人的一种效用损失,这种效用损失与监督约束成本构成代理成本。委托代理理论认为,防止委托代理风险、减少代理成本的关键在于建立良好的激励机制,给予代理人适当的激励以减少利益差距,并花费一定的监督成本来限制代理人偏离正道的行为。

二、机构股东积极主义

传统上认为,由于现代公司的股权分散化,使单个投资者没有动力也没有能力在公司治理中发挥作用。所以20世纪80年代以前,美国的机构投资者在其所投资公司的治理问题上一直扮演着消极角色。当其对公司的治理问题产生异议时,他们只有消极退出——抛售股票,而不会去参与公司治理,这就是所谓的"用脚投票"或"华尔街准则"。但是到了20世纪80年代这一情况发生了变化,随着养老基金、保险基金和投资基金等机构投资者持有股份数额的增大,使其继续"用脚投票"的成本大大增加,其对企业采取旁观、漠视的态度将有可能导致巨大的损失,所以当其对所投资公司的现状不满时(如公司信息披露不透明),将不再遵循"华尔街准则",相反,越来越多的机构投资者(尤其是养老基金)发现参与"关系投资"更有助于自身投资组合的价值。他们开始通过征集代理投票权和提出股东议案等形式积极参与公司治理,这就是所谓的机构股东积极主义(Institutional Shareholder Activism)。

在机构化投资逐渐成为主流的今天,风险投资在公司权益资本中的份额迅猛增长,委托代理关系和上市公司治理结构也正在发生演变。风险投资在组织形态上所有权与经营权是分离的,因而风险投资的委托代理关系比个人投资者要复杂得多。风险投资内生的两层委托代理关系使得风险投资机构对创业板上市公司信息披露质量的要求较高,同时也使得对风险投资机构行为的研究更具难度和深度。一方面,风险投资机构是公司的主要股东,有必要对公司的治理进行干预,通过股东大会、诉讼等各种内部手段影响创业板上市公司信息披露决策,即"用手投票"。另一方面,风险投资又是资金信托人,其主要职责是维护基金份额所有者的利益,因此当风险投资机构发现公司信息披露质量不符合要求时,不会积极致力于改善上市公司的信息披露,而是会采取抛售公司的股票等消极方式,即所谓的"用脚投票"。

股东积极主义认为风险投资机构将更多地通过股东积极行为,即"用手投票"的方式参与上市公司内部治理,通过股东大会、诉讼等各种内部手段影响创业板上市公司信息披露决策,提高公司信息披露质量。

三、风险投资影响信息披露的实现方式

风险投资影响上市公司信息披露通过内部机制和外部机制两种方式实现。

（一）内部机制

内部机制是指风险投资通过股东积极行为，参与创业板上市公司内部治理，通过股东大会、监事会、内部沟通等各种渠道影响创业板上市公司信息披露决策的作用机制，即通常所说的"用手投票"。

自 Demsetz、Schleifer 和 Vishny（1986）[26] 提出"股东积极管理假说"以来，"股东积极管理假说"逐渐演化为新的名词"股东积极主义"，内部机制正是基于风险投资的股东积极主义。

上市公司保留需要披露的信息，将承受较高的潜在成本，该成本包括潜在的诉讼成本、股票被低估的成本。同时，风险投资较一般投资者更为老练和有影响力，容易判断出信息是否被管理者隐瞒，并单独采取或联合众多风险投资机构采取相应的法律行动。Kasznik 和 Lev（1995）表示，对被诉讼的恐惧是公司经理层在做出信息披露决策时必然会考虑的重要因素。[27]

风险投资通过内部治理机制作用于创业板上市公司信息披露是其股东积极行为的表现之一。风险投资参与公司内部治理影响公司信息披露质量的机制主要是通过"三会"（股东大会、董事会和监事会）来进行。较大的持股比例使风险投资在股东大会上拥有较多的表决权，风险投资可以通过股东大会举手投票要求公司管理者披露公司信息。董事会机制是风险投资参与上市公司治理最为重要的机制。通过推举董事会成员，风险投资一方面可以直接参与公司在人事、财务以及发展战略等方面的重大决策。另一方面，以内部人的身份对管理层进行监督，可以减少委托人和代理人之间的信息不对称程度，提高监督效率，降低代理成本；风险投资可以在董事会中直接行使职权，控制公司管理层会计信息公开决策。风险投资还可以通过监事会监督创业板上市公司的公开信息披露。

（二）外部机制

风险投资通过上市公司外部资本市场而非公司内部治理体系进行股票买卖或持有，即通过"用脚投票"的方式影响上市公司信息披露决策的作用机制。外部机制是股东消极主义的又一重要表现，当公司信息披露不符合要求时，风险投资将对其股票进行抛售，而创业板上市公司为了稳定风险投资持股而不得不提高自身的信息披露质量。

风险投资影响公司信息披露的外部机制主要包括资本市场上的股价机制与控制权争夺的市场机制。

老练的风险投资能够轻易地判断出公司管理层是否存在已获取信息但选

择不披露的情况。当公司管理层已获取信息但未披露的行为被风险投资预知时，未披露行为将使风险投资机构怀疑该公司存在坏消息进而低估公司股价，导致证券市场上公司股价下跌的风险。风险投资通过对公司股价的观察和预期，从而采取有利于自己的行为，包括更换公司经营层、出售股票等。这些行为会对经营者的控制权产生威胁，进而迫使经营者提高公司的信息披露质量。

公司控制权市场机制指的是如果公司信息披露不透明，表明公司出现重大错报或漏报的可能性越大，公司治理的水平较低，风险投资将极有可能抛售股票，而市场上有潜在的收购者收购抛售的股票，使得在位经营者面临被更换的处境。风险投资股东也可以通过公司控制权机制迫使经营者提高信息披露质量。

四、研究假设

我们建立模型如图10.1所示，我们将研究风险投资持股与否、持股比例以及股权集中度对创业板上市公司信息披露质量的影响，包括信息披露时间和信息披露频率两个因变量。

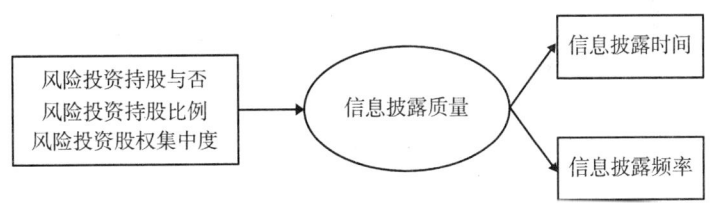

图10.1　理论模型

（一）持股与否对信息披露质量的影响

风险投资机构有动机和能力提高创业板上市公司信息披露质量。从影响动因来看，风险投资机构拥有规模资金，能产生规模经济效应，而且对盈利收益的要求高；同时风险投资机构投资决策程序非常严格，需要经过非常多的分析、论证和估算，而所有的分析、论证都需要可靠的依据，因而，风险投资比非专业投资者更需要信息，他们有动机要求上市公司加强信息披露。从风险投资机构的实力看，其可依靠自身的专业优势和信息成本优势，监督和影响创业板上市公司信息的披露行为；风险投资机构是金融市场资金的主要提供者之一,他们持有大额的资金,在创业板上市公司有较高比例的股权,与中小投资者相比,在公司中有较大的话语权,有较强的干预公司事务的能力,因而他们更有能力促使上市公司提高透明度,从而提升上市公司信息披露质量。据此,提出第一组假设:

假设1:风险投资对创业板上市公司持股能够影响公司信息披露质量,并且有风险投资机构持股的创业板上市公司信息披露质量越高。

假设1a:有风险投资机构持股的创业板上市公司越会提前披露年报。

假设1b:有风险投资机构持股的创业板上市公司信息披露频率越高。

(二) 持股比例对信息披露质量的影响

风险投资持股与创业板上市公司信息披露行为具有相关关系,从影响动机上看,风险投资盈利压力较大,同时作为股东,风险投资不像国家股东、法人股东那样容易接触到公司内幕信息,因此风险投资对创业板上市公司信息披露存在巨大需求;从影响机制上看,风险投资将凭借自身的"用手投票"能力和"用脚投票"能力,从内、外部两方面机制控制创业板上市公司信息披露决策,进而影响到创业板上市公司信息披露行为。鉴于以上分析,我们假设:

假设2:风险投资持股比例与创业板上市公司信息披露质量正相关。

假设2a:风险投资持股比例越高,创业板上市公司信息披露越及时。

假设2b:风险投资持股比例越高,创业板上市公司信息披露频率越高。

(三) 股权集中度对信息披露质量的影响

我们认为股权的适度集中能够在一定程度上产生利益趋同效应,使得控股股东和中小股东的利益趋于一致,有利于公司治理效率的提升,但是股权的过度集中将产生利益侵占效应,控股股东可能以其他股东的利益为代价来追求自身利益。风险投资股权较集中时能够更容易获取私有信息,为了获得更大收益,风险投资将在一定程度上阻止公司信息披露,以获得相对市场的比较优势。股权被分散持有时,潜在委托代理冲突会比股权集中度占有要大,信息披露水平会优于集中持有的信息披露水平。据此,提出以下假设:

假设3:股东中风险投资股权越集中,创业板上市公司的信息披露质量低。

假设3a:股东中风险投资股权越集中,创业板上市公司信息披露越不及时。

假设 3b：股东中风险投资股权越集中，创业板上市公司的信息披露频率越低。

第三节 变量测量与数据

一、变量

（一）被解释变量

在我国，还没有权威机构对上市公司的透明度进行评级，因此，需要采用替代变量来表示信息透明度。国内学者汪炜、蒋高峰（2004）首开先河，以我国上市公司披露的临时公告数量作为信息披露透明度的替代变量，在无法获取权威信息披露指数情况下不失为一种合理的替代变量，考察结果有效地反映了问题的实质。

然而，仅仅通过单一指标不能全面反映上市公司信息披露行为。根据国际会计准则委员会对信息质量的定义和信息披露的相关性原则，我们构建信息披露时间选择、披露频度两个信息披露指标，综合反映公司的信息披露行为。

（1）信息披露时间。对于信息披露时间测度标准，本章选择时差 Time-gap 指标，表示信息公告日期和预期公告日期之差衡量信息披露的及时性。应用 Chambers（1984）时间测度方法，采用随机游走模型来估计预期公告日。本章设定预期公告日为上一年度的年报公告日。将年报公告日比预期公告日提早披露超过 10 天以上的规定为提早披露，将晚披露 10 天以上的规定为延迟披露，其他为正常披露。

（2）信息披露频率。即单位时间内披露公告数量，该指标衡量信息披露充分性。随着监管水平的提高和披露方式的规范化、电子化，上市公司可以通过提高披露频度及时不断提供有效信息，而且在我国上市公司信息披露收费采用固定年费制，信息披露次数选择不受显性成本约束，而维持适度的披露频率在一定程度上有利于提高上市公司的透明度。其计算公式为 Frequency 指数 = 临时公告数量 + 季报数量。

（二）解释变量

根据研究需要和所提出的假设，我们设置以下解释变量：

是否有风险投资机构持股 ISH：股东中的风险投资机构是否持股，创业板上市公司中不存在风险投资机构持股时 ISH 取值为 0，有风险投资机构持股时 ISH 取值为 1。

风险投资的持股比例之和 SUM：我们对所获取的各公司在上市之时风险投资持股比例之和进行统计。

风险投资股权集中度 CONS：我们对各公司上市之时招股说明书中的风险投资股权集中度进行计算，根据赫芬达股权集中度计算方法（Herfindahl Index）计算该变量，计算公式为：

$$CONS = \sum_{J=1}^{N} \left(\frac{INST_j}{INST}\right)^2$$

式中，CONS 为股权集中度，$INST_j$ 为第 j 家风险投资对 i 公司的持股比例，N 为对 i 公司持股的机构投资者家数，INST 为 N 家风险投资总持股比例。

（三）控制变量

公司规模 SIZE：资产总数的自然对数。Atiase（1985）发现，大的公司更加透明，因此公司规模越大，提前披露的可能性越大。

独立董事比例 BOARD：独立董事作为抵制经营者机会主义行为的手段，有利于内部治理机制的强化，独立董事在董事会中的比例越大，公司越倾向于更大程度地披露信息（Leftwich 等，1981；Fama 和 Jensen，1983）。

控股股东性质指标 CONTROL：该变量根据控股股东所有权性质的不同，可以将上市公司控股股东分为国有控股、民营控股、外资股等。国有股的存在往往会减轻公司对外披露信息的压力，而控股股东为非国有股的公司有着更强的信息披露动机。公司为非国有控股时该变量取 1，国有控股时该变量取 0。

外部审计机构变量 AUDIT：当公司审计机构为四大会计师事务所时，该变量取 1，否则取 0。较多先前研究成果显示，聘请四大会计师事务所进行审计的公司将有着较高的透明度水平（Lang 和 Lundhom，1998）。

公司财务风险变量 LEVER：Bushee 和 Noe（2000）、崔学刚（2004）、Bipin（2005）等学者验证了公司财务风险也将影响公司透明度水平，LEVER = 长期负债/股东权益，作为控制变量引入模型。

公司业绩变量 ROE：税后利润占上市公司净资产的比重。当公司有很好的业绩时，会主动向市场传递这些利好消息，以避免价值扭曲，在不考虑其他制约因素的情况下，当自愿性披露的边际成本低于其边际收益时，上市公司应该有自愿性披露的意愿。

表 10.1 给出了上述各变量释义汇总。

表 10.1 变量释义

变量名称	变量代码	变量定义
信息披露时间	TIMEGAP	年报公告日比预期公告日提早披露超过 10 天以上的规定为提早披露，取值为 1；晚 10 天以上的规定为延迟披露，取值为 -1；其余为正常披露，取值为 0
信息披露频率	FREQUENCY	Frequency 指数 = 临时公告数量 + 季报数量
是否有风险投资机构持股	ISH	股东中不存在风险投资机构持股时 ISH 取值为 0，有风险投资机构持股时 ISH 取值为 1
风险投资持股比例	SUM	各公司上市之时风险投资持股比例
风险投资股权集中度	CONS	各公司上市之时所有股东中风险投资的股权集中度
公司规模	SIZE	资产总额的自然对数
独立董事比例	BOARD	独立董事在董事会中的比例
控股股东性质	CONTROL	公司为非国有控股该变量取 1，国有控股该变量取 0
外部审计机构	AUDIT	当公司审计机构为四大会计师事务所时，该变量取 1，否则取 0
公司财务风险	LEVER	LEVER = 长期负债/股东权益
公司业绩	ROE	税后利润占上市公司净资产的比重

二、数据来源

我们选取 2011 年 1 月 1 日之前在创业板上市的 154 家公司作为研究样本。由于苏州恒久（300060）已经于 2010 年 6 月 23 日退市，而由于缺少证据支撑，龙源技术（300105）的股东"雄亚维京"是否风险投资机构我们无法做出判断。最后我们得到样本公司 152 家。

我们从样本公司上市招股说明书、2011 年的年报数据和其他公告提取数据。这些数据主要来自于巨潮咨询网（www.cninfo.com.cn），包括"定期报告"中的"2011年度报告"的披露时间、"公告全文"中2011年度披露的公告数量；解释变量和控制变量的数据均来自招股说明书。

在对风险投资持股与否、持股比例以及股权集中度等解释变量进行数据统计前，首先要解决的主要问题是对持有创业板上市公司股份的机构投资者进行辨别，判断哪些机构投资者属于风险投资机构。具体步骤如下：

首先，从CVsources数据库的风险投资机构里查找，在该数据库中存在的机构，我们将其确认为风险投资机构。

如果在该数据库中没有查到，我们将分析该股东的主营业务来做判断。如果机构名称中带有"投资"二字，而且主营业务是股权投资的，我们在下一步骤专门甄别。方法如下：

在招股说明书中搜索该机构的相关信息，从该机构注册资本、股东、股东在上市公司中的任职或者兼职情况等方面做综合判断。

一般来说，机构的注册资本低于1000万元的为非风险投资机构。

该机构的控制人同时是上市公司的股东、职工、主要股东家属，该机构一般不是风险投资机构，而是为了实现间接持股目的的特定目的"投资机构"。

该机构的股东担任上市公司的高级管理人员，且在上市公司领薪的，该机构为非风险投资机构。

在对每家公司的持股机构进行辨别过程中，基于以上方法均不能做出判断的是龙源技术的机构股东雄亚（维尔京）有限公司，为了数据的准确性，本章将其剔除出研究样本。

附录给出了风险投资机构的判断结果和非风险投资机构的确认依据。

第四节 统计分析结果

一、描述性统计

（一）被解释变量

表10.2和表10.3给出了两个被解释变量的描述性统计结果。

表10.2 被解释变量描述性统计

	均值	中值	标准差	最小值	最大值
Timegap	-2.29	0.00	24.75	-80.00	77.00
Frequency	92.70	92.50	24.14	40.00	155.00

表10.3 2011年年报披露时间统计

与上年公告日相比	0天	1~10天	10~20天	20~30天	30~40天
提前		24	22	8	7
推迟		41	14	6	6
合计	6	65	36	14	13
所占比例（%）	3.95	42.76	23.68	9.21	8.55
与上年公告日相比	40~50天	50~60天	60~70天	70天以上	
提前	6	2	2	1	
推迟	2	3	1	1	
合计	8	5	3	2	
所占比例（%）	5.26	3.3	1.97	1.32	

从表10.3可以看出，披露时间变化在60天以上的只占3.3%，30天以上的只占20.39%，创业板上市公司年报披露的时间变化大部分在1个月内。大多数公司集中在公告日前后10天披露公司信息，但是公告披露频率存在较大差异，这也和公司管理层战略制定和公司发展方向有关。

（二）解释变量

表10.4和表10.5给出了解释变量的描述性统计结果。60%的创业板上市公司有风险投资机构作为股东。当风险投资机构持股时，其平均持股比例为10.49%。

表10.4 风险投资持股与否变量值数频分析

ISH取值	频率	百分比
0	61	40.1
1	91	59.9
合计	152	100.0

表10.4说明创业板上市公司中将近60%都有风险投资持股。

表10.5 风险投资持股比例之和与风险投资股权集中度

	均值（%）	中值（%）	标准差（%）	方差（%）	最小值（%）	最大值（%）
SUM	10.49	8.44	6.95	48.35	0.93	35.77
CONS	64.90	56.61	26.63	709.23	16	100.00

由表10.5可以看出，在创业板上市公司中风险投资机构持股比例之和最小值为0.93%，中值为8.44%，低于均值10.49%，这说明过半数公司的风险投资持股水平低于平均水平。

通过对风险投资机构股权集中度CONS的分析，CONS的中值为56.61%，小于均值64.90%，这说明过半数的公司风险投资机构股权集中度低于平均水平。

（三）控制变量

表10.6给出了6个控制变量的描述性统计结果。

表10.6 控制变量的描述性统计

统计变量	SIZE	BOARD	CONTROL	AUDIT	LEVER	ROE
样本数量（家）	91	91	91	91	91	91
均值	19.565	0.355	0.945	0.011	0.084	0.197
中值	19.499	0.333	1.000	0.000	0.031	0.176
标准差	0.590	0.037	0.229	0.105	0.144	0.090
方差	0.348	0.001	0.053	0.011	0.021	0.008
最小值	18.351	0.333	0.000	0.000	0.000	0.069
最大值	20.988	0.444	1.000	1.000	0.872	0.527

董事会中独立董事比例BOARD均值为0.355，中值为0.333，最大值达到了0.444。对变量CONTROL的描述性统计发现，样本公司中国有股份一股独大的情况很少，只有8家公司存在国有股一股独大的情况。外部审计机构变量AUDIT的均值只有0.011，说明聘请"四大审计机构"作为外部审计机构的样本非常少。

二、实证分析结论

限于篇幅，并考虑读者群体大多数为风险投资实践者，对回归模型和分析过程并不感兴趣,这里仅报告相关研究结论。

我们将总样本按照有无风险投资持股分为两个子样本,然后对两个子样本的公司信息披露及时性指标 Timegap 和信息披露频率指标 Frequency 进行描述性分析,如表 10.7 和表 10.8 所示。

表 10.7 持股与否与及时性

ISH	样本数量(家)	均值	中值	标准差	方差
0	61	−4	−2	23.81	566.79
1	91	−1	0	25.40	645.16

表 10.8 持股与否与信息披露频率

ISH	样本数量(家)	均值	中值	标准差	方差
0	61	90	91	23.58	555.78
1	91	95	96	24.48	599.12

统计结果显示,91 家有风险投资持股的公司,其信息披露时差的均值为 −1,信息披露公告数量均值为 95,而无风险投资持股的公司,其信息披露时差的均值为 −4,信息披露公告数量均值为 90。这说明股东中有风险投资持股的公司其信息披露时差小于股东中无风险投资持股的公司,其信息披露公告数量比股东中无风险投资持股的公司多。

回归分析结果显示,风险投资持股比例之和并没有如假设的那样积极促进创业板上市公司信息披露质量。从系数值来看,它与信息披露频率、与年报披露及时性均呈负相关,但其 T 值对应的概率均大于 0.1,负相关关系不显著。

风险投资股权集中度在系数值上验证了前面的假设 3b,即股权集中度越高,披露频率越低。但是与假设 3a 相违背,即股权集中度与信息披露时间呈负相关,但这些关系均不显著。

除了我们关注的解释变量对信息披露的影响,我们还发现公司的规模和公司股东中第一大机构投资者的性质对公司信息披露频率有显著的影响。研究发现,公司规模越大,其治理水平越高;控股股东为非国有的公司有更强的信息披露质量。

然后,我们通过剔除不显著因素后的回归分析,发现公司规模和第一大机构股东是影响创业板上市公司信息披露质量的主要因素。

上述研究结论反映了我国风险投资发展还很不成熟。一方面,风险投资机构在投资企业的时候,对信息披露影响有限,有"搭被投资公司上市便车"的嫌疑。另一方面,也说明我国资本市场建立时间较短,市场有效性程度较低,其相关政策制度有待完善。

附　录

附表10.1　IPO时风险资本股东辨别结果

创业板上市公司	法人股东	持股比例(%)	判断
300001 特锐德	青岛德锐投资有限公司	49.78	否
	全国社会保障基金理事会	2.49	否
	天津华夏瑞特地产投资管理有限公司	1.25	否
300002 神州泰岳	北京汇金立方投资管理中心	2.85	是
	金石投资有限公司	2.22	是
300003 乐普医疗	中国船舶重工集团公司第七二五研究所（SS）	28.92	否
	中船重工科技投资发展有限公司（SS）	18.53	否
	Brook Investment Ltd.	17.98	是
	WP Medical Technologies, Inc.（美国WP医疗科技公司）	7.63	是
	全国社会保障基金理事会（SS）	1.01	否
300004 南风股份	广东通盈创业投资有限公司	4.41	是
300005 探路者	上海力鼎投资管理有限公司	7.86	是
300006 莱美药业	重庆科技风险投资有限公司（SS）	16.25	是
	全国社会保障基金理事会	2.51	否
300007 汉威电子	宁波君润投资有限公司	5.08	是
300008 上海佳豪	上海佳船投资发展有限公司	20.25	否
	上海紫晨投资有限公司	6.00	是
300009 安科生物	江苏高达创业投资有限公司	2.89	是
300010 立思辰	高新投资发展有限公司（SS）	0.93	是
	全国社会保障基金理事会（SS）	2.52	否
300011 鼎汉技术	北京鼎汉电气科技有限公司	28.03	否
	中国风险投资有限公司	3.08	是
	中国宝安集团控股有限公司	1.54	否
	上海兴烨创业投资有限公司	1.68	是
300012 华测检测	（均为自然人股东）		

第十章 风险投资与创业板上市公司信息披露

续表

创业板上市公司	法人股东	持股比例(%)	判断
300013 新宁物流	苏州锦融投资有限公司	30.30	否
	昆山泰禾投资有限公司	8.78	是
	苏州亿文创业投资有限公司	3.75	是
	昆山宁和投资有限公司	1.88	否
300014 亿纬锂能	惠州市亿威实业有限公司	45.50	否
	深圳市招商局科技投资有限公司（SS）	2.00	是
	深圳市达晨财信创业投资管理有限公司	0.0223	是
	全国社会保障基金理事会	0.025	否
300015 爱尔眼科	湖南爱尔医疗投资有限公司	44.94	否
	深圳市达晨财信创业投资管理有限公司	2.25	是
300016 北陆药业	北京科技风险投资股份有限公司（SS）	14.46	是
	重庆三峡油漆股份有限公司	14.14	否
	盈富泰克创业投资有限公司	11.05	是
	全国社会保障基金理事会	2.50	否
300017 网宿科技	深圳市创新资本投资有限公司	4.08	是
	深圳市创新投资集团有限公司	1.02	是
	深圳市达晨财智创业投资管理有限公司	3.14	是
	深圳市达晨财信创业投资管理有限公司	2.55	是
	浙江联盛创业投资有限公司	2.21	是
	北京德诚盛景投资有限公司	1.72	是
	深圳市创东方投资有限公司	1.43	是
	深圳市康沃资本创业投资有限公司	0.76	是
	中瑞财团控股有限公司	0.76	否
300018 中元华电	中国—比利时直接股权投资基金	5.62	是
300019 硅宝科技	（均为自然人股东）		
300020 银江股份	银江科技集团有限公司	38.71	否
	英特尔产品（成都）有限公司	6.25	否
	浙江蓝山投资有限公司	6.25	是
	浙江省科技风险投资有限公司（SS）	1.88	是
	海通开元投资有限公司	1.88	是
	青鸟控股集团有限公司	1.25	否

续表

创业板上市公司	法人股东	持股比例(%)	判断
300021 大禹节水	甘肃大成投资有限公司	7.61	否
	中国水利水电科学研究院（SS）	1.36	否
	深圳市硕建信息咨询有限公司	2.73	否
	甘肃亿成工贸有限责任公司	2.30	否
	水利部科技推广中心（SS）	0.15	否
	全国社会保障基金理事会	2.57	否
300022 吉峰农机	四川神宇农业发展有限公司	11.06	否
	昆吾九鼎投资管理有限公司	6.98	是
300023 宝德股份	（均为自然人股东）		
300024 机器人	沈阳自动化所（SS）	29.55	否
	沈阳市火炬高新技术产业开发中心（SS）	4.93	否
	金石投资有限公司	5.20	是
	辽宁科发实业公司（SS）	3.69	否
	中国科学院沈阳分院（SS）	2.46	否
	中国科技产业投资管理有限公司（SS）	2.81	是
	沈阳森木投资管理有限公司	1.63	是
	辽宁科技创业投资有限责任公司（SS）	1.23	是
	全国社会保障基金理事会	2.48	否
300025 华星创业	（均为自然人股东）		
300026 红日药业	天津大通投资集团有限公司	27.82	否
300027 华谊兄弟	（均为自然人股东）		
300028 金亚科技	长沙鑫奥创业投资有限公司	4.76	是
	深圳市杭元福创业投资有限公司	3.74	是
	杭州德汇投资有限公司	2.72	是
	上海丰瑞投资集团有限公司	1.22	是
	上海丰泽投资管理有限公司	0.54	是
	北京正道九鼎创业投资有限责任公司	0.34	是
	杭州嘉泽投资有限公司	1.36	否
300029 天龙光电	常州诺亚科技有限公司	30.60	否

第十章 风险投资与创业板上市公司信息披露

续表

创业板上市公司	法人股东	持股比例(%)	判断
300030 阳普医疗	广州科技创业投资有限公司（SS）	13.10	是
	广东省医药保健品进出口公司（SS）	10.92	否
	国信弘盛投资有限公司（SS）	4.72	是
	全国社会保障基金理事会	2.51	否
300031 宝通带业	世纪导航投资有限公司（Future Leade Holdings Limited）	20.23	否
	江阴市金纬投资有限公司	5.68	是
	永康市三松五金工具有限公司	1.88	否
300032 金龙机电	金龙控股集团有限公司	57.15	否
	国信弘盛投资有限公司（SS）	2.40	是
	社保基金理事会	2.50	否
300033 同花顺	上海凯士奥投资咨询有限公司	15.00	否
300034 钢研高纳	中国钢研科技集团有限公司（SS）	48.02	否
	深圳市东金新材料创业投资有限公司	12.58	是
	北京金基业工贸集团有限责任公司（SS）	6.02	否
	国信弘盛投资有限公司（SS）	2.89	是
	无锡西姆莱斯特种钢管有限公司（SS）	1.89	否
	西子联合控股有限公司	0.63	否
	全国社会保障基金理事会	2.50	否
300035 中科电气	深圳市创新投资集团有限公司	4.88	是
300036 超图软件	高投名力成长创业投资有限公司	9.45	是
	中国科学院地理科学与资源研究所（SS）	5.40	否
	江苏高科技投资集团有限公司（SS）	2.61	是
	全国社会保障基金理事会	2.53	否
300037 新宙邦	（均为自然人股东）		
300038 梅泰诺	浙江蓝石创业投资有限公司	10.63	是
	浙江华睿投资管理有限公司	1.64	是
	浙江华林投资管理有限公司	1.61	否
300039 上海凯宝	河南省新谊药业股份有限公司	10.24	否
	新乡县中兴贸易有限公司	3.65	否
	河南新乡华星药厂	2.74	否
	新乡县金鑫商贸有限公司	1.82	否

续表

创业板上市公司	法人股东	持股比例（%）	判断
300040 九洲电气	黑龙江辰能哈工大高科技风险投资有限公司（SS）	12.41	是
	哈尔滨创新投资发展有限公司	10.08	是
	北京信捷和盛企业咨询有限责任公司	5.76	否
	哈尔滨市科技风险投资中心（SS）	3.72	是
	哈尔滨鑫业投资咨询有限公司	1.44	否
	全国社会保障基金理事会	2.59	否
300041 回天胶业	大鹏创业投资有限责任公司	19.02	是
300042 朗科科技	珲春田木投资咨询有限责任公司	7.23	否
300043 星辉车模	（均为自然人股东）		
300044 赛为智能	深圳中科汇商创业投资有限公司	5.88	是
	无锡中科汇盈创业投资有限责任公司	2.94	是
	深圳市恒之丰科技有限公司	0.71	否
300045 华力创通	（均为自然人股东）		
300046 台基股份	襄樊新仪元半导体有限责任公司	0.4966	否
	富华远东有限公司	18.67	否
	武汉新华运资产投资管理有限公司	3.38	是
	福州实盛投资管理有限公司	2.96	否
300047 天源迪科	深圳市天泽投资有限公司	9.53	否
300048 合康变频	上海上丰集团有限公司	29.25	否
	广州市明珠星投资有限公司	8.63	否
	北京君慧创业投资中心	8.25	是
	北京绵世方达投资咨询有限公司	3.75	是
	联想控股有限公司	3.00	是
	成都新锦泰投资发展有限公司	1.50	否
300049 福瑞股份	中国高新投资集团公司（SS）	16.21	是
	北京福麦特技术发展有限公司	12.08	否
	深圳市鄂尔多斯资产管理有限公司	9.68	否
	呼和浩特市福创投资有限责任公司	6.35	是
	全国社会保障基金理事会	2.57	否
300050 世纪鼎利	（均为自然人股东）		

续表

创业板上市公司	法人股东	持股比例(%)	判断
300051 三五互联	厦门中网兴管理咨询有限公司	7.48	否
	深圳市中科宏易创业投资有限公司	4.58	是
	深圳市彩虹创业投资集团有限公司	3.74	是
	厦门中金泰担保有限公司	3.27	否
300052 中青宝	深圳市宝德投资控股有限公司	25.50	否
	深圳宝德科技集团股份有限公司	15.30	否
	中青联创科技（北京）有限公司	15.00	否
	深圳市创新投资集团有限公司	6.00	是
	深圳市网诚科技有限公司	3.64	否
	深圳市众志和科技有限公司	3.61	否
	深圳市中科招商投资管理有限公司	3.00	是
	深圳市南博投资有限公司	2.96	否
300053 欧比特	上海联创永宣创业投资企业	13.82	是
	珠海市欧比特投资咨询有限公司	13.07	否
	上海健运投资管理有限公司	3.56	否
	上海科丰科技创业投资有限公司	3.37	是
	上海新鑫投资有限公司（SS）	1.88	是
	上海苏阿比贸易有限公司	1.66	否
	宁波明和投资管理有限公司	1.29	否
	全国社会保障基金理事会	1.44	否
300054 鼎龙股份	中国宝安集团控股有限公司	6.00	否
	深圳市创新投资集团有限公司	5.30	是
	湖北省高新技术产业投资有限公司（SS）	3.79	是
	武汉科技创新投资有限公司（SS）	2.71	是
	全国社会保障基金理事会（SS）	0.025	否
300055 万邦达	（均为自然人股东）		
300056 三维丝	深圳市创新投资集团有限公司	9.38	是
	厦门三微创业投资有限公司	8.09	是
	厦门火炬集团创业投资有限公司（SS）	0.13	是
	深圳市金立创新投资有限公司	1.88	是
	全国社会保障基金理事会	0.025	否

续表

创业板上市公司	法人股东	持股比例(%)	判断
300057 万顺股份	（均为自然人股东）		
300058 蓝色光标	深圳市达晨财信创业投资管理有限公司	3.04	是
	深圳达晨创业投资有限公司	1.28	是
300059 东方财富	深圳市秉合投资有限公司	6.43	否
	海通开元投资有限公司	3.57	是
	上海融客投资管理有限公司	0.56	否
	上海宝樽国际贸易有限公司	0.43	否
300061 康耐特	上海翔实投资管理有限责任公司	9.64	否
	北京德恒投资管理有限责任公司	5.99	否
	上海兴海投资发展有限公司	3.37	否
300062 中能电气	福州科域电力技术有限公司	5.26	否
	上海信前投资管理有限公司	2.18	否
	福州华金盛投资管理有限公司	0.47	否
300063 天龙集团	（均为自然人股东）		
300064 豫金刚石	河南华晶超硬材料股份有限公司	40.56	否
	上海尚理投资有限公司	5.59	是
	上海睿信投资管理有限公司	3.62	是
	河南安顺投资管理有限公司	2.67	否
300065 海兰信	北京首冶新元科技发展有限公司（SS）	11.71	否
	深圳力合创业投资有限公司（SS）	6.90	是
	启迪控股股份有限公司（SS）	5.18	是
	中国远洋运输（集团）总公司（SS）	4.72	否
	江苏中舟海洋工程装备有限公司	3.61	否
	乳山市造船有限责任公司	1.81	否
	全国社会保障基金理事会	2.50	否
300066 三川股份	江西三川集团有限公司	42.40	否
	国信弘盛投资有限公司（SS）	1.35	是
	深圳市和泰成长创业投资有限责任公司	0.65	是
	全国社会保障基金理事会	2.50	否
300067 安诺其	上海嘉兆投资管理有限公司	2.83	否

第十章　风险投资与创业板上市公司信息披露

续表

创业板上市公司	法人股东	持股比例（%）	判断
300068 南都电源	杭州南都电源有限公司	20.75	否
	上海益都实业投资有限公司	10.24	否
	上海南都集团有限公司	8.16	否
	浙江华瓯创业投资有限公司	5.51	是
	杭州华星企业公司	5.12	否
	上海佰孚控股有限公司	3.23	否
300069 金利华电	（均为自然人股东）		
300070 碧水源	上海鑫联创业投资有限公司	5.61	是
	上海纳米创业投资有限公司	1.68	是
	深圳市合辰投资有限公司	0.07	是
300071 华谊嘉信	北京博信智创投资咨询有限公司	7.36	是
300072 三聚环保	北京海淀科技发展有限公司	28.46	否
	北京中恒天达科技发展有限公司	7.38	否
300073 当升科技	北京矿冶研究总院（SS）	30.95	否
	深圳市创新资本投资有限公司	14.66	是
	深圳市同创伟业创业投资有限公司	6.75	是
	深圳市创新投资集团有限公司	5.59	是
	韩国 AMTech 株式会社	3.03	否
	全国社会保障基金理事会	2.50	否
300074 华平股份	（均为自然人股东）		
300075 数字政通	上海顶势投资管理有限公司	2.82	是
	深圳市创新投资集团有限公司	2.50	是
300076 宁波GQY	宁波高斯投资有限公司	30.02	否
300077 国民技术	中国华大集成电路设计集团有限公司（SS）	27.50	否
	中兴通讯股份有限公司	20.00	否
	深圳市深港产学研创业投资有限公司	6.99	是
	全国社会保障基金理事（SS）	2.50	否
300078 中瑞思创	杭州博泰投资管理有限公司	4.48	是

续表

创业板上市公司	法人股东	持股比例(%)	判断
300079 数码视讯	深圳市中科远东创业投资有限公司	7.14	是
	北京启迪创业孵化器有限公司	5.71	是
	清华科技园创业投资有限公司	4.55	是
	珠海清华科技园创业投资有限公司	2.14	是
	北京歌华有线电视网络股份有限公司	1.79	否
	深圳市达晨创业投资有限公司	1.56	是
	常州力合创业投资有限公司	1.43	是
300080 新大新材	深圳市裕泉投资有限公司	2.25	是
	深圳红树创业投资有限公司	1.78	是
	上海尚雅投资管理有限公司	0.75	是
	深圳市同创伟业创业投资有限公司	0.29	是
300081 恒信移动	（均为自然人股东）		
300082 奥克股份	辽阳奥克投资股份有限公司	55.56	否
	广东德美精细化工股份有限公司	6.94	否
	锦州悦鑫硅材料有限公司	2.43	否
	深圳市同创伟业创业投资有限公司	2.31	是
	深圳悟空投资管理有限公司	1.39	是
	杭州麦田立家慧益创业投资有限公司	0.93	是
300083 劲胜股份	劲辉国际企业有限公司	61.50	否
	广东银瑞投资管理有限公司	11.25	否
	东莞市嘉众实业投资有限公司	2.25	否
300084 海默科技	上海国民企业管理有限公司	14.57	是
	上海天燕投资有限公司	8.40	否
300085 银之杰	（均为自然人股东）		
300086 康芝药业	海南宏氏投资有限公司	58.19	否
	深圳市南海成长创业投资合伙企业（有限合伙）	5.17	是
	深圳市创东方成长投资企业（有限合伙）	2.59	是
	海南菖蒲医药技术有限公司	1.81	否
300087 荃银高科	（均为自然人股东）		

第十章 风险投资与创业板上市公司信息披露

续表

创业板上市公司	法人股东	持股比例(%)	判断
300088 长信科技	香港东亚真空电镀厂有限公司	24.86	否
	芜湖润丰科技有限公司	22.27	否
	中国—比利时直接股权投资基金	11.95	是
	上海高帕光电技术有限公司	3.19	否
	安徽东森投资有限公司	3.01	否
	深圳方兴达房地产开发有限公司	2.71	否
	深圳市湘宁电子有限公司	2.41	否
	合肥科创投资管理有限公司	2.39	是
	深圳市升朗实业有限公司	1.66	否
	广州安远置业发展有限公司	0.46	否
300089 长城集团	深圳市深港产学研创业投资有限公司	7.50	是
	杭州中证大道丰湖投资合伙企业（有限合伙）	4.08	是
	广东西域投资管理有限公司	2.63	是
	广东盈峰投资控股集团有限公司	2.25	是
300090 盛运股份	国投高科技投资有限公司（SS）	9.66	是
	绵阳科技城产业投资基金（有限合伙）	7.83	是
	中融汇投资担保有限公司	7.05	否
	安徽达鑫科技投资有限责任公司	2.74	是
	全国社会保障基金理事会（SS）	2.51	否
300091 金通灵	上海盘龙投资管理有限公司	3.11	是
300092 科新机电	（均为自然人股东）		
300093 金刚玻璃	汕头市金刚玻璃实业有限公司	26.91	否
	（香港）龙铂投资有限公司	16.81	是
	浙江天堂硅谷合众创业投资有限公司	14.59	是
	中国南玻集团股份有限公司	6.39	否
	深圳市保腾创业投资有限公司	3.54	是
	仙居县汇众工贸有限公司	3.54	否
	南玻（香港）有限公司	1.94	否
	深圳市海富通创业投资有限公司	0.83	是
	汕头市凯瑞投资有限公司	0.45	否

续表

创业板上市公司	法人股东	持股比例(%)	判断
300094 国联水产	湛江市国通水产有限公司	45.26	否
	冠联国际投资有限公司	19.02	否
	毅美投资有限公司	2.81	是
	智基第二投资有限公司	2.81	是
	湛江联奥投资发展有限公司	2.28	否
	深圳市南海成长创业投资合伙企业	0.94	是
	金安亚洲投资有限公司	0.94	是
	福建亲亲投资有限公司	0.94	是
300095 华伍股份	上海振华重工（集团）股份有限公司	12.99	否
	深圳市创东方成长投资企业	4.55	是
	深圳市东方富海创业投资企业	2.60	是
	南昌创业投资有限公司	2.60	是
	江西华伍科技投资有限责任公司	2.60	否
300096 易联众	（均为自然人股东）		
300097 智云股份	大连乾诚科技发展有限公司	3.33	否
	深圳市圆融投资管理有限公司	2.25	是
300098 高新兴	广州网维投资咨询有限公司	11.82	否
	广州市星海中侨投资管理有限公司	2.25	否
	江苏三棱科技发展有限公司	1.75	否
300099 尤洛卡	（均为自然人股东）		
300100 双林股份	双林集团股份有限公司	57.75	否
	上海领汇创业投资有限公司	8.13	是
300101 国腾电子	南京国启电子系统有限公司	38.33	否
	上海领汇创业投资有限公司	3.60	是
	成都新兴创业投资有限责任公司	1.44	是
	成都聚芯投资有限责任公司	0.50	否
300102 乾照光电	红杉资本中国 II 基金控股公司	15.42	是
	厦门乾宇光电技术服务有限公司	3.00	否
300103 达刚路机	深圳市达晨财信创业投资管理有限公司	7.50	是
	深圳市晓扬科技投资有限公司	3.55	是

续表

创业板上市公司	法人股东	持股比例（%）	判断
300104 乐视网	汇金立方资本管理有限公司	4.54	是
	深圳市创新投资集团有限公司	3.41	是
	上海谊讯信息技术有限公司	1.77	否
	深圳市同创伟业创业投资有限公司	0.09	是
300105 龙源技术（剔除）	国电科技环保集团有限公司（SS）	23.25	否
	雄亚（维尔京）有限公司（无法辨别）	18.75	是
	烟台开发区龙源电力燃烧控制工程有限公司	18.00	否
	烟台海融电力技术有限公司	15.00	否
300106 西部牧业	石河子国有资产经营（集团）有限公司（SS）	44.32	否
	上海联创永宣创业投资企业	14.49	是
	新疆恒和源投资有限公司	7.76	否
	全国社会保障基金理事会（SS）	2.56	否
300107 建新股份	（均为自然人股东）		
300108 双龙股份	通化金马药业集团股份有限公司	1.93	否
300109 新开源	北京翰楚达投资顾问有限公司	4.17	否
	晋城市信泰商贸有限公司	4.17	否
300110 华仁药业	华仁世纪集团有限公司	53.03	否
	红塔创新投资股份有限公司（SS）	10.42	是
	广发信德投资管理有限公司	4.68	是
	北京昊和源科技有限公司	0.81	否
	中国药科大学（SS）	0.25	否
	全国社会保障基金理事会	0.0135	否
300111 向日葵	香港优创国际投资集团有限公司	23.03	否
	浙江鸿盛投资有限公司	5.49	否
	绍兴县创基投资有限公司	2.09	否
	河北华戈化学集团有限公司	1.92	否
	绍兴县致瑞投资有限公司	1.79	否
	环贸国际资本有限公司	1.71	否
	香港新乐投资集团有限公司	1.43	否
	浙江光华担保股份有限公司	1.36	否
	杭州悦畅投资管理有限公司	0.85	否

续表

创业板上市公司	法人股东	持股比例(%)	判断
300112 万讯自控	尊威贸易（深圳）有限公司	15.41	否
300113 顺网科技	深圳盛凯投资有限公司	7.34	是
	杭州顺德科技信息咨询有限公司	1.57	否
300114 中航电测	汉中航空工业（集团）有限公司（SS）	61.48	否
	江西洪都航空工业股份有限公司（SS）	8.51	否
	厦门达尔电子有限公司	1.34	否
	北京万集科技有限责任公司	0.90	否
	北京杰泰世纪科技有限公司	0.56	否
	全国社会保障基金理事会	2.21	否
300115 长盈精密	深圳市长盈投资有限公司	51.61	否
	国信弘盛投资有限公司（SS）	3.61	是
	深圳市长园盈佳投资有限公司	3.49	是
	全国社会保障基金理事会（SS）	1.63	否
300116 坚瑞消防	广州佰聚亿投资有限公司	6.84	否
	深圳市恒洲信投资有限公司	4.13	否
	广州康通投资管理有限公司	2.63	是
300117 嘉寓股份	北京嘉寓新新资产管理有限公司	38.39	否
	建银国际资产管理有限公司（SS）	6.45	是
	北京顺通日盛物资有限公司	3.68	否
	上海盘龙投资管理有限公司	0.92	是
	北京杰思汉能资产管理有限公司	0.92	否
	合肥海景投资顾问有限公司	0.83	否
	北京中泽信资产管理顾问有限公司	0.46	否
	郑州鸿图投资信息咨询有限公司	0.28	否
	全国社会保障基金理事会（SS）	1.55	否
300118 东方日升	宁海和兴投资咨询有限公司	7.43	否
	深圳市创新投资集团有限公司	5.29	是
	深圳市麦瑞投资管理有限公司	3.53	是
	上海科升投资有限公司	2.35	是
	汇金立方资本管理有限公司	2.35	是
	四川中物创业投资有限公司	1.18	是

第十章　风险投资与创业板上市公司信息披露

续表

创业板上市公司	法人股东	持股比例(%)	判断
300119 瑞普生物	湖南中科岳麓创业投资有限公司	3.80	是
	无锡中科汇盈创业投资有限责任公司	1.90	是
	湖南恒运达投资置业有限公司	0.24	否
300120 经纬电材	永信亚洲有限公司	19.40	否
	天津市经纬兴业投资管理有限公司	10.20	否
	全国社会保障基金理事会	2.26	否
300121 阳谷华泰	（均为自然人股东）		
300122 智飞生物	（均为自然人股东）		
300123 太阳鸟	湖南凤巢材料有限责任公司	36.23	否
	深圳市达晨财富创业投资企业	6.90	是
	深圳市盛桥创源投资合伙企业	2.49	是
	苏州创东方高新创业投资企业	2.49	是
	长沙汇泉投资合伙企业（有限合伙）	2.49	是
	深圳市达晨财信创业投资管理有限公司	1.88	是
300124 汇川技术	深圳市汇川投资有限公司	18.75	否
300125 易世达	大连力科技术工程有限公司	30.20	否
	天津博信一期投资中心（有限合伙）	8.47	是
	北京秉原创业投资有限责任公司	1.64	是
	大连海融高新创业投资基金有限公司	1.08	是
	凤凰资产管理有限公司	1.69	否
300126 锐奇股份	上海瑞浦投资有限公司	14.21	否
	平安财智投资管理有限公司	3.74	是
300127 银河磁体	银河集团	32.83	否
300128 锦富新材	上海锦富投资管理有限公司	52.88	否
	迪贝高分子有限公司（TB Polymer Limited）	22.12	否
300129 泰胜风能	上海中领创业投资有限公司	4.38	是
	涌金实业（集团）有限公司	3.40	否
	上海领汇创业投资有限公司	2.43	是
300130 新国都	深圳市创新投资集团有限公司	2.52	是
	深圳市福田创新资本创业投资有限公司	0.63	是
	湖南瑞驰丰和创业投资管理有限公司	0.32	是

续表

创业板上市公司	法人股东	持股比例(%)	判断
300131 英唐智控	深圳市哲灵投资有限公司	2.83	是
	深圳市高新技术开发有限公司	2.17	否
	深圳市中小企业信用担保中心有限公司（SS）	0.00	否
	全国社会保险基金理事会	1.09	否
300132 青松股份	（均为自然人股东）		
300133 华策影视	杭州大策投资有限公司	25.50	否
	浙江浙商创业投资股份有限公司	7.51	是
	上海六禾投资有限公司	3.75	是
300134 大富科技	深圳市大富配天投资有限公司	50.50	否
	天津博信一期投资中心（有限合伙）	4.50	是
	深圳市富海银涛创业投资有限公司	2.21	是
	深圳市龙城物业管理有限公司	1.88	否
	深圳市大贵投资有限公司	1.82	否
	深圳市大智投资有限公司	1.34	否
	深圳市大勇投资有限公司	1.34	否
300135 宝利沥	合肥天安集团有限公司	3.13	否
	深圳市安凯源实业发展有限公司	0.63	否
300136 信维通信	深圳市创新投资集团有限公司	9	是
	深圳市东方富海投资管理有限公司	3.75	是
300137 先河环保	北京科桥投资顾问有限公司（SS）	10.09	是
	红塔创新投资股份有限公司（SS）	8.79	是
	上海兴烨创业投资有限公司	3.64	是
	上海正同创业投资有限公司	1.82	是
	全国社会保障基金理事会	0.83	否
300138 晨光生物	深圳市创新投资集团有限公司	4.46	是
	深圳市达晨财信创业投资管理有限公司	2.78	是
	河北金冀达创业投资有限公司	2.23	是
	宁波高新区君润股权投资管理有限公司	1.67	是
300139 福星晓程	武汉福星生物药业有限公司	30.66	否
	深圳市君威投资发展有限公司	5.47	否
	湖北省汉川市钢丝绳厂	0.82	否

续表

创业板上市公司	法人股东	持股比例(%)	判断
300140 启源装备	中国新时代国际工程公司（SS）	29.85	否
	中交西安筑路机械有限公司	18.86	否
	中机国际（西安）技术发展有限公司（SS）	3.64	否
	上海华觉投资有限公司	3.50	否
	西安中电变压整流器厂	2.45	否
	全国社会保障基金理事会	2.54	否
300141 和顺电气	（均为自然人股东）		
300142 沃森生物	云南玉溪高新技术产业开发区房地产开发有限公司	9.53	否
	红塔创新投资股份有限公司（SS）	7.50	是
	长安创新（北京）投资咨询有限公司	3.75	是
300143 星河生物	广东南峰集团有限公司	12.64	否
	广州御新软件有限公司	7.46	否
300144 宋城股份	杭州宋城集团控股有限公司	34.70	否
	杭州南奥旅游置业有限公司	12.56	否
	丽水市山水投资有限公司	10.71	否
	东方星空创业投资有限公司（SS）	1.07	是
	全国社会保障基金理事会	2.50	否
300145 南力泵业	杭州南祥投资管理有限公司	9.75	否
300146 汤臣倍健	（均为自然人股东）		
300147 香雪制药	广州市昆仑投资有限公司	34.79	否
	广州市有达投资有限公司	16.46	否
	广东中科招商创业投资管理有限责任公司	5.69	是
	广州市罗岗自来水有限公司	4.94	否
	创视界（广州）媒体发展有限公司	2.93	否
	广东通用数字投资咨询有限公司	2.64	是
	广州诚信创业投资有限公司	2.64	是
	中信建投资本管理有限公司	0.81	是
300148 天舟文化	湖南天鸿投资集团有限公司	65.17	否

续表

创业板上市公司	法人股东	持股比例(%)	判断
300149 量子高科	量子高科集团有限公司	32.12	否
	江门凯地生物技术有限公司	22.96	否
	江门市金洪化工有限公司	8.62	否
	广州市宝桃食品有限公司	8.08	否
	江门合众生物技术有限公司	2.84	否
300150 世纪瑞尔	国投高科（SS）	4.81	是
	启迪中海创业投资有限公司	2.91	是
	青岛前进科技投资有限公司	1.11	是
	上海深南企业管理事务所	0.86	是
	启迪明德创业投资有限公司	0.74	是
	清华大学教育基金会	0.74	否
	社保基金会	2.59	否
300151 昌红科技	深圳市中科宏易创业投资有限公司	3.73	是
	浙江联盛创业投资有限公司	3.73	是
300152 燃控科技	徐州杰能科技发展投资有限公司	37.04	否
	武汉凯迪控股投资有限公司	22.22	否
	上海玖歌投资管理有限公司	7.41	否
	海南凯兴科技开发有限公司	7.41	否
300153 科泰电源	科泰控股有限公司	52.58	否
	上海荣旭泰投资有限公司	17.18	否
	汕头市盈动电气有限公司	5.25	否
300154 瑞凌股份	深圳市鸿创科技有限公司	24.10	否
	深圳市理涵投资咨询有限公司	3.58	否
	深圳市富海银涛创业投资有限公司	3.42	是
	平安财智投资管理有限公司	2.58	是

第十章 风险投资与创业板上市公司信息披露

附表 10.2 非风险投资机构的判断依据

创业板上市公司	非风险投资机构	判断依据
300001 特锐德	青岛德锐投资有限公司	特锐德的实际控制人为于德翔先生，持有青岛德锐投资有限公司 57.86% 的股权
	天津华夏瑞特地产投资管理有限公司	经营范围：房地产投资咨询、管理服务；房地产经纪、营销、策划、市场调研；商务信息咨询；项目投资与咨询；物业管理。国家有专营、专项规定的按专营、专项规定办理
300003 乐普医疗	中国船舶重工集团公司第七二五研究所（SS）	七二五所为乐普医疗实际控制人中船重工集团下属成员单位
	中船重工科技投资发展有限公司（SS）	乐普医疗实际控制人中船重工集团持有中船投资 100% 的股权
300008 上海佳豪	上海佳船投资发展有限公司	上海佳豪实际控制人刘楠先生持有佳船投资 27% 的股份
300011 鼎汉技术	北京鼎汉电气科技有限公司	鼎汉技术实际控制人顾庆伟持有鼎汉电气 82.64% 的股权
	中国宝安集团控股有限公司	宝安集团股东顾庆伟担任鼎汉技术董事，且在鼎汉技术领薪
300013 新宁物流	苏州锦融投资有限公司	注册资本 5 万元，股东两个：王雅军占 84%，妻子占 16%
	昆山宁和投资有限公司	宁和投资多名股东均为新宁物流的董事、监事、管理人员
300014 亿纬锂能	惠州市亿威实业有限公司	亿威实业股东刘金成担任亿纬锂能董事长兼总经理，且在亿纬锂能领薪
300015 爱尔眼科	湖南爱尔医疗投资有限公司	陈邦为爱尔眼科实际控制人，同时也是湖南爱尔投资董事长
300016 北陆药业	重庆三峡油漆股份有限公司	主要经营油漆、涂料、化工原材料、运输
300017 网宿科技	中瑞财团控股有限公司	实业投资、项目投资、资产管理，由温州的神力集团、奥康集团、法派集团、国光房产、耀华集团、泰力实业、星际实业、新雅集团和远洋眼镜 9 家民营企业以相同的股权出资比例成立

续表

创业板上市公司	非风险投资机构	判断依据
300020 银江股份	银江科技集团有限公司	银江股份实际控制人王辉持有银江科技集团44.40%的股份
	英特尔产品（成都）有限公司	从事主要业务：英特尔产品的封装、测试、销售及技术服务支持
	青鸟控股集团有限公司	主营房地产投资开发
300021 大禹节水	甘肃大成投资有限公司	主要从事商圈房地产开发、商业区物业管理等业务
300022 吉峰农机	四川神宇农业发展有限公司	吉峰农机的实际控制人王新明为四川神宇的控股股东
300026 红日药业	天津大通投资集团有限公司	以自有资金对房地产项目、生物医药科技项目、环保科技项目、媒体项目、城市公用设施项目投资及管理；投资咨询；仪器仪表；机电设备（小轿车除外）、燃气设备批发兼零售；涉及上述审批的：以审批有效期为准（以上范围内国家有专营、专项规定的按规定办理）
300028 金亚科技	杭州嘉泽投资有限公司	经营范围为实业投资
300031 宝通带业	世纪导航投资有限公司	世纪导航的唯一股东华督宇先生是宝通带业控股股东包志方先生的嫂子的弟弟
300032 金龙机电	金龙控股集团有限公司	金绍平先生均为金龙机电和金龙控股集团的控股股东
300033 同花顺	上海凯士奥投资咨询有限公司	公司的核心技术人员直接持有或通过上海凯士奥持有公司股份
300038 梅泰诺	浙江华林投资管理有限公司	主要从事实业投资，投资管理、咨询、经济信息咨询（除证券、期货、中介），企业管理咨询；其他无须报经审批的一切合法项目

续表

创业板上市公司	非风险投资机构	判断依据
300040 九洲电气	北京信捷和盛企业咨询有限责任公司	注册资本10万元，经营范围：企业管理咨询、投资咨询、信息咨询（以上中介除外）、企业形象策划服务、承办展览展示、组织文化艺术交流活动（演出、棋牌除外）、电脑图文设计制作服务、技术开发及转让、技术培训与服务
	哈尔滨鑫业投资咨询有限公司	经营范围：企业投资信息咨询
300042 朗科科技	珲春田木投资咨询有限责任公司	珲春田木是由朗科科技股东王全祥先生100%控股投资性企业
300046 台基股份	福州实盛投资管理有限公司	拥有的主要资产均为公司3.96%的股权，其主营业务均为企业投资管理、企业投资咨询（不含金融、期货、证券）
300047 天源迪科	深圳市天泽投资有限公司	天泽投资股东均为天源迪科的员工
300048 合康变频	广州市明珠星投资有限公司	自有资金对外投资
	成都新锦泰投资发展有限公司	股权投资和房地产投资。新锦泰投资的股东：赖新天66.67%、金泰和实业发展有限公司33.33%，但均没有担任福瑞股份的任何职位
300049 福瑞股份	深圳市鄂尔多斯资产管理有限公司	经营范围：资产受托管理；投资咨询、信息咨询（以上不含限制项目）；兴办实业（具体项目另行申报）；国内商业、物资供销业（不含专营、专卖、专控商品）；计算机软件开发；企业管理咨询（不含限制项目）
300052 中青宝	深圳市宝德投资控股有限公司	是一家以投资兴办实业为主营业务的控股公司，本身未有直接经营业务
	深圳市南博投资有限公司	南博投资为中青宝董事会秘书郑楠芳配偶王瑞鹏控制的

续表

创业板上市公司	非风险投资机构	判断依据
300053 欧比特	珠海市欧比特投资咨询有限公司	欧比特投资的股东主要为欧比特公司前期创业人员和公司员工
	上海健运投资管理有限公司	注册资本为100万元，经营范围：投资管理，投资咨询，市场营销策划，建筑工程，室内装潢，商务咨询，电子产品、化工原料（有毒及危险品除外）、计算机软硬件及配件销售
	宁波明和投资管理有限公司	所属行业：房地产业、房地产管理业、房地产管理业、房地产管理业
300054 鼎龙股份	中国宝安集团控股有限公司	业务范围：金属材料，建筑材料，乌金矿产品，机电产品，土特产品的购销
300059 东方财富	深圳市秉合投资有限公司	股东均未参与公司治理，主营业务：投资兴办实业（具体项目另行申报）、国内商业、物质供销业（不含专营、专控、专卖商品）
	上海融客投资管理有限公司	从公司网站得知：股权投资业务的内容为企业引荐风险投资机构
300061 康耐特	上海翔实投资管理有限责任公司	康耐特的第一大股东持有翔实投资股份；前身为云成光学
	北京德恒投资管理有限责任公司	公司董事周庆荣为德恒投资法定代表人
	上海兴海投资发展有限公司	主营业务：实业投资、本系统的投资管理与资产管理、企业兼并重组的筹划，石油制品（除成品油）、化工产品及原料（除危险品）的销售及其以上相关业务的咨询服务
300064 豫金刚石	河南安顺投资管理有限公司	安顺投资注册资金1000万元，安顺投资以货币资金996.26万元对公司增资
300067 安诺其	上海嘉兆投资管理有限公司	房地产投资为主
300076 宁波GQY	宁波高斯投资有限公司	经营范围：实业投资、五金、交电、化工产品、汽车配件，建筑材料的批发、零售
300082 奥克股份	辽阳奥克投资股份有限公司	从事农药助剂：乳化剂、渗透剂、润湿剂、分散剂等.经济类型生产

第十章　风险投资与创业板上市公司信息披露

续表

创业板上市公司	非风险投资机构	判断依据
300083 劲胜股份	劲辉国际企业有限公司	劲胜股份实际控股人王九全先生持有劲辉国际50%股权
	广东银瑞投资管理有限公司	董事夏虹是银瑞投资控股股东、实际控制人及董事、总经理夏阳的妹夫
	东莞市嘉众实业投资有限公司	实业投资
300084 海默科技	上海天燕投资管理有限公司	郭深持有公司股份,又通过天燕投资间接持有公司股份
300086 康芝药业	海南宏氏投资有限公司	康芝药业实际控制人洪江游先生持有宏氏投资股份,且其兄妹均持有宏氏投资股份
300088 长信科技	安徽东森投资有限公司	原名为安徽东森置业有限公司,经营范围为房地产开发、销售;物业管理,房地产信息咨询
300093 金刚玻璃	（香港）龙铂投资有限公司	截至2009年12月31日,龙铂投资的总资产为2165.24万港币,而龙铂投资对金刚玻璃的持股数为2017万股
	汕头市凯瑞投资有限公司	主营业务:实业投资
300094 国联水产	冠联国际投资有限公司	冠联国际的多名董事和监事均为国联水产的董事和监事
	湛江联奥投资发展有限公司	该公司股东均为该上市公司高层管理
300098 高新兴	广州网维投资咨询有限公司	经营范围:项目投资咨询、商务信息咨询、企业管理咨询、市场调查
	广州市星海中侨投资管理有限公司	主营企业投资策划、咨询;不锈钢制品的安装;室内装饰
300106 西部牧业	新疆恒和源投资有限公司	主营业务:实业投资
300109 新开源	北京翰楚达投资顾问有限公司	投资咨询,企业管理咨询,财务顾问,经济信息咨询（不含中介业务）

续表

创业板上市公司	非风险投资机构	判断依据
300111 向日葵	香港优创国际投资集团有限公司	向日葵实际控制人吴建龙持有优创国际全部股份
	浙江鸿盛投资有限公司	鸿盛股东胡放鸣也是光华担保的股东
	绍兴县创基投资有限公司	向日葵股东郦伟国均是向日葵法人股东绍兴创基和光华担保的董事和监事
	绍兴县致瑞投资有限公司	本公司工程部的吴才苗之兄吴建苗为绍兴致瑞的股东之一
	环贸国际资本有限公司	注册资本为1万港币,薛鹤峰持有其全部股份,经营范围为贸易、投资
	香港新乐投资集团有限公司	注册资本为1万港币,傅岩梅持有其全部股份,经营范围为投资
	杭州悦畅投资管理有限公司	经营范围:服务、投资管理咨询
300115 长盈精密	深圳市长盈投资有限公司	长盈精密实际控制人陈奇星先生持有长盈投资90%的股权
300116 坚瑞消防	广州佰聚亿投资有限公司	以自我资金投资;投资管理;管理咨询、财税咨询
	深圳市恒洲信投资有限公司	投资兴办实业;受托资产管理,咨询,国内贸易
300117 嘉寓股份	北京嘉寓新新资产管理有限公司	嘉寓股份董事长田家玉先生持有新新资产90%的股权
	北京杰思汉能资产管理有限公司	经营范围:投资管理;企业管理咨询;财务咨询;投资咨询;承办展览展示活动
	合肥海景投资顾问有限公司	经营范围:投资咨询、投资顾问、房地产中介服务、建筑材料销售
	北京中泽信资产管理顾问有限公司	经营范围:企业管理咨询;财务咨询;企业策划;经济贸易咨询
	郑州鸿图投资信息咨询有限公司	经营范围:投资理财信息咨询、企业管理咨询、市场信息咨询、商务信息咨询
300119 瑞普生物	湖南恒运达投资置业有限公司	主营业务:筹建房地产开发项目和房屋经纪

续表

创业板上市公司	非风险投资机构	判断依据
300120 经纬电材	永信亚洲有限公司	永信亚洲与经纬电材合资设立经信铜业,主要资产为持有经纬有限(或经纬电材)及经信铜业的股权,从事的主要业务为不锈钢材、钢板、铜材、投资及进出口
	天津市经纬兴业投资管理有限公司	经纬电材董事董树林、张国祥及张秋凤三人共同投资经纬兴业
300124 汇川技术	深圳市汇川投资有限公司	公司多名董事、监事、高级管理人员均投资汇川投资
300125 易世达	凤凰资产管理有限公司	经营范围:投资管理;信息咨询;财务顾问;销售电子产品
300126 锐奇股份	上海瑞浦投资有限公司	瑞浦投资为锐奇股份控制人吴明厅投资的一人有限公司
300128 锦富新材	上海锦富投资管理有限公司	本公司实际控制人富国平持有锦富投资的大额股份
300133 华策影视	杭州大策投资有限公司	公司控股股东傅梅城直接持有公司股权,还通过大策投资持有公司股份
300134 大富科技	深圳市大富配天投资有限公司	大富科技的实际控制人孙尚传先生持有大富配天投资98.33%的股权
	深圳市大贵投资有限公司	本公司的实际控制人孙尚传的配偶刘伟、本公司部分董事和部分员工共同设立的公司,实际控制人为刘伟
	深圳市大智投资有限公司	大智投资系孙尚传的配偶刘伟和本公司部分员工共同设立的公司
	深圳市大勇投资有限公司	大勇投资系孙尚传的配偶刘伟和本公司部分员工共同设立的公司
300139 福星晓程	深圳市君威投资发展有限公司	投资兴办实业(具体项目另行申报);国内商业、物资供销业(不含专营、专控、专卖商品);经济信息咨询(不含限制项目)
300140 启源装备	上海华觉投资有限公司	经营范围:投资,投资管理(除股权投资和股权投资管理)

续表

创业板上市公司	非风险投资机构	判断依据
300144 宋城股份	丽水市山水投资有限公司	实业投资
300145 南方泵业	杭州南祥投资管理有限公司	实际控制人沈金浩持有南祥投资股份
300147 香雪制药	广州市昆仑投资有限公司	香雪制药多名董事或监事由昆仑投资提名,且昆仑投资主营业务为实业投资
300147 香雪制药	广州市有达投资有限公司	为避免与香雪制药同业竞争,有达投资的股东注销了其控制的亚洲医药
300148 天舟文化	湖南天鸿投资集团有限公司	天舟文化的实际控制人肖志直接持有天鸿投资85.17%的股权
300150 世纪瑞尔	青岛前进科技投资有限公司	经营范围:自有资金对铁路动力与电气工程技术投资、开发;科技咨询服务
300152 燃控科技	上海玖歌投资管理有限公司	证券投资管理公司
300153 科泰电源	上海荣旭泰投资有限公司	荣旭泰投资的股东均为科泰电源高管及核心技术人员
300154 瑞凌股份	深圳市理涵投资咨询有限公司	理涵投资股东全部为公司骨干员工

参考文献

[1] Chidambaran, N. K, John, Kose. Institutinal Shareholders and Corporate Governance [J]. Journal of Finance, 1998, 53 (2): 806 – 808.

[2] Korczak P. and Tavakkol A. Institutional investors and the information content of earnings announcements: the case of Poland [J]. Economic Systems, 2004, 28 (2): 193 – 208.

[3] Mitra, Santanu, Cready. Institutional Stock Ownership, Accrual Management, and Information Environment [J]. Journal of Accounting, Auditing 和 Finance, 2005, 20 (3): 257 – 286.

[4] Hartzell, Jay C. Starks, Laura T. Institutional Investors and Executive

Compensation [J]. Journal of Finance, 2003, 58 (6): 2351 -2374.

[5] Solomonet. Institutional investors and accounting choices [J]. Journal of Economics and Business, 2002, 88 (1): 88 -96.

[6] Bianchi, Marcello, Enriques, Luca. Corprate Governance in Italy Afer the 1998 Reform: What Role for Institutional investors [J]. Corporate Ownership Control, 2005, 11 (4): 11 -31.

[7] Kim, Joon - Kyung, Lee, Chung H. Insolvency in the Corporate Sector and Financial Crisis in Korea [J]. Journal of the Asia Pacific Economy, 2002, 7 (2): 267 -281.

[8] Chung, Firth, Kim. Institutional Monitoring and Opportunistic Earnings Management [J]. Journal of Corporate Finance, 2002 (8): 29 -48,

[9] Sharma Vineeta D. Board of director characteristics, institutional ownership, and fraud: evidence from Australia [J]. Auditing: a Journal of Practice 和 Theory, 2004, 23 (2): 107 -119.

[10] Velury Uma. The effect of Institutional Ownership on the Quality of Earings [D]. The Ph. D Dissertation University of South Carolina, 1999.

[11] Kaplan, Steven N, Stromberg, Per. Venture Capitalists as Principals: Contracting, Screening and Monitoring [J]. American Economic Review, 2001, 91 (2): 426 -430.

[12] Bipin Ajinkya, Sanjeev Bhojraj. The Assoeiation Between outsider Direetors, Institutional Investors and the Properties of Management Eamings Foreeasts [J]. Joumal of Accouting Research, 2005, 43 (3): 343 -373.

[13] Brent A. Some funds try shareholder activism [J]. Mutual Fund Market News, 2002, 25 (10): 1 -3.

[14] 陈晓丽，宋晓宁. 机构投资者影响上市公司信息披露的因素分析 [J]. 企业经济，2007 (7): 176 -180.

[15] 林琳. 机构投资者对上市公司信息披露影响的实证研究 [D]. 广东：广东商学院，2010.

[16] 罗栋梁. 我国机构投资者与上市公司治理的实证研究 [D]. 成都：西南财经大学，2007.

[17] 赵敏，张莉芳. 机构投资者在第二类委托—代理问题中的监督作用研究 [J]. 南京财经大学学报，2008，(5): 29 -31.

[18] 丁方飞，范丽. 我国机构投资者持股与上市公司信息披露质量——来自深市上市公司的证据 [J]. 软科学，2009 (5): 18 -23.

[19] 唐盛培. 机构投资者与上市公司会计信息相关性分析 [J]. 证券市场导报, 2006 (5): 49 – 52.

[20] 胡国柳, 韩葱慧. 机构投资者与会计信息质量之关系的实证研究 [J]. 财经理论与实践, 2009 (11): 56 – 60.

[21] 程书强. 机构投资者持股与上市公司会计盈余信息关系实证研究 [J]. 管理世界, 2006 (9): 129 – 136.

[22] 刘建勇, 朱学义. 机构投资者影响信息披露及时性吗？——来自 2005 – 2007 年中国上市公司的经验证据 [J]. 云南财经大学学报, 2009 (3): 78 – 83.

[23] 刘睿, 李金迎. 我国上市公司自愿信息披露与股权结构的实证研究 [J]. 云南财经大学学报, 2009 (5): 88.

[24] 肖星, 王琨. 证券投资基金：投资者还是投机者 [J]. 世界经济, 2005 (8): 73 – 79.

[25] 傅勇, 谭松涛. 股权分置改革中的机构合谋与内幕交易 [J]. 金融研究, 2008 (4): 88 – 102.

[26] Shleifer, Andrei, Vishny, Robert W. Greenmail, white knights and shareholders Interest [J]. Journal of Economics, 1986, 17 (3): 293 – 309.

[27] Kasznik Ron, Lev Baruch. To Warn or Not to Warn: Management Disclosures in the Face of an Earnings Surprise [J]. Accounting Review, 1995, 70 (1): 113 – 134.

第十一章 创业板 IPO 首日超额收益与风险投资

本章结合 IPO 首日超额收益的相关理论,以我国创业板市场开板以来至 2011 年 4 月 15 日之前的 203 家上市公司为样本,对我国创业板市场的 IPO 总体首日超额收益率情况、分批上市的超额收益情况以及分行业超额收益水平进行了统计描述,并且运用多元线性回归的方法对创业板市场 IPO 超额收益影响因素进行初步探讨。

本章研究表明:我国创业板市场确实存在 IPO 首日超额收益率现象,随着创业板市场的成熟 IPO 首日超额收率有下降趋势,新兴行业的 IPO 超额收益率较传统行业要高一些;发行价、中签率、是否有风险投资机构投资、首日换手率是影响 IPO 首日超额收益的重要因素,其他因素虽有影响但是不显著,发行价和中签率与 IPO 首日超额收益率呈负相关,是否有风险投资机构投资和首日换手率与 IPO 首日超额收益率呈正相关,在这四个变量中首日换手率的影响最为显著,这说明创业板的超额收益率主要是来自二级市场的溢价。

第一节 IPO 首日超额收益概述

一、首日超额收益现象

综观国内外资本市场的发展,无论是在国外成熟的资本市场还是在我国主板市场上市的公司,股票市场普遍存在 IPO 首日超额收益率现象,成熟市场的平均水平在 15% 左右,新兴市场在 60% 左右[1]。而我国股票市场的 IPO 首日超额收益率水平与西方发达国家的相比偏高。新股高超额收益率问题成为困扰我国股票市场的重大问题之一。

较高的 IPO 首日超额收益率会引发很多问题,例如由于高 IPO 首日超额收益率的现象造成一、二级市场间的巨大价差，容易使得大量资金囤积于一级市场上专门进行新股申购操作而不是进行长期投资，这不仅扭曲了证券市场的资金配置功能，使得股票市场不稳定性增加，还降低了资金的资源配置效率。

国外关于新股 IPO 首日超额收益现象的实证研究可谓是百家争鸣。McDonald 和 Fisher（1972）[2]以 1969 年美国 142 家上市公司为研究样本，发现新上市的股票在上市后一周的超额收益率在 95% 的置信水平上显著大于零，而上市后一年的相对收益率则是负的，该篇文章首次提出："新股短期强势，长期弱势。" Levis（1993）[3]研究了英国伦敦交易所 712 家股票 IPO 的表现，发现某些股票的超额收益率达到了 24.7%。Michel A. Habib 和 Alexander P. Ljungqvist（2001）[4]选取 1991~1995 年在美国纳斯达克上市的 1409 只 IPO 进行研究，发现这 1409 只 IPO 的平均上市首日回报率为 13.8%。

在欧洲国家，如德国、英国和法国等发达国家市场均发现了 IPO 首日超额收益的存在。在亚洲国家的新兴市场，如马来西亚，Paudyal，Saadouni 和 Briston（1998）[5]发现 1995 年的 95 个 IPO 样本的首日超额收益为 61.8%，Hinand Mahmood（1993）[6]发现新加坡在 1976~1984 年的首日超额收益为 27.0%，Chen 等（2000）选取 1992~1995 年在中国 A 股上市的 350 家公司进行研究发现，这些股票的平均首日报酬率高达 350%，并且将这种超额回报归因于上市公司的再融资计划和发行至上市的时间间隔。Anna P. I. Vong 和 N. Zhao（2008）[7]对 1999~2005 年共 213 家香港创业板上市公司的数据进行了研究，发现样本的平均初始收益率为 18.3%。

从研究结果来看，一个显著的特点是越是发达的资本市场新股 IPO 首日超额收益程度就越低，越是新兴资本市场其超额收益率幅度越高。Loughran，Ritter 和 Rydqvist（1994）[8]研究了全球范围内 25 个国家的 IPO 首日超额收益，结果发现，发达国家的 IPO 首日超额收益低于发展中国家。然而在相同层次国家的证券市场之间也存在较大的差别，这说明 IPO 发行首日超额收益率受多种因素的影响，而不仅仅是经济发展水平和证券市场成熟程度因素。

二、首日超额收益形成原因

国外学术界对新股 IPO 超额收益现象的理论解释主要有两种不同的观点：一种观点认为新股超额收益现象是市场参与者理性的结果；另一种观点是非理性的。赞成理性的理论占主流。具体而言，包括三种：基于信息不对称的理论、基于信息完全的理论和市场无效率理论。前两种理论是基于理性的，最后一种是基于非理性的。

(一) 基于信息不对称理论下的一级市场的抑价解释

对于发行人和投资者之间的信息不对称的研究。Ritter (1984)[9]、Beatty 和 Ritter (1986)[10]提出,由于缺乏公开的历史信息,投资于IPO会面临新股价值的不确定性,投资者要求以定价偏低的形式作为补偿。得出的结论是:公司规模越大,经营历史越长,投资者对新股价值的不确定性越小,因而要求以抑价形式得到的补偿越低;而上市以后收益的波动性越低,表明投资的不确定性越低,因而发行抑价程度也越低。Ellul 和 Pagano (2003)[11]对投资者面临的风险进行了补充,他们的模型表明IPO抑价程度中除了包含投资者面临的标准逆选择问题所需的补偿,也包含了由于面临预期流动性风险所需的补偿,预期流动性较低的IPO和预期的流动性风险较高的IPO有更高的抑价程度。Leland 和 Pyle (1977)[12]指出,发行公司原始股东非流通股权比率可以向外部投资者传递有关公司质量的信息,非流通股权比率越高投资者可以认为公司的质量越好,原始股东留存股权比例和抑价程度正相关。Welch (1989)、Allen 和 Faulhaber (1989) 以及 Grinblatt 和 Hwang (1989) 也都认为市场参与者都是理性的经济人,并且市场中两种类型的公司:高质量公司和低质量公司,公司欲发售的股份总量一定,分为两次发行:在IPO阶段出售一部分,剩余部分在SEO(增发新股)时出售,公司管理者的目标是最大化两个阶段的预期总筹资额。分离均衡的结果是,只有高质量的公司才会采用足够高的抑价程度作为公司质量的信号,因为足够高的抑价程度所引致的较高成本让低质量公司无法承受,而使它们真实地披露自己的价值。Booth 和 Smith (1986)、Carter 和 Manaster (1990)[13]都认为承销商的声誉可以被视为传递公司质量的一个信号,声誉较高的承销商承办的IPO风险水平较低,因而抑价程度也较低。

对于投资者之间的信息不对称方面的研究。Rock (1986)[14]将IPO市场上的投资者分为"灵通投资者"和"非灵通投资者",由于灵通投资者有选择的参与,那些能够带来正的首日超额收益的IPO的认购量明显地高于那些导致负的首日超额收益的IPO。非灵通投资者将面临更大的被分配到定价偏高的新股的风险。在这种情况下,如果所有的IPO按照它们的预期价值来发行,对非灵通投资者来说,首日超额收益将为零。这种"赢者诅咒"问题的存在必然导致非灵通投资者向下修正其对新股的预期价值,如果不能够对其面临的在比例配售中存在的偏见进行必要的补偿,他们就会减少对IPO的认购,甚至会退出发行市场,因此,发行抑价是对非灵通投资者的补偿。

另外基于承销商和投资者之间的信息不对称方面的研究。Benveniste 和 Spindt（1989）[15]等提出了动态信息获取模型认为在美国通常使用的簿记过程使承销商能够从灵通投资者处获得关于 IPO 定价和需求量的私有消息,发行抑价是对拥有信息的灵通投资者提供的补偿。与该理论一致,Cornelli 和 Goldreich（2001）[16]表明,灵通投资者可以得到更多定价偏低的股份,并且可以得到更多的配售额。在相关的研究中,Cornelli 和 Goldreich（2003）[17]研究了机构投资者的申购量,发现承销商决定发行价格与申报价格的相关程度要甚于和申购数量的相关程度。与此相关的是发行方式与抑价程度的关系。Busaba 和 Chang（2002）[18]认为簿记方式下的抑价程度高于固定价格发行方式下的抑价程度。然而,Ritter 和 Welch（2002）[19]指出,虽然该理论能较好的解释较低程度的发行抑价,但是,该理论同时也表明,当承销商能够得到成千上万的投资者信息时,一个增量投资者提供的信息并不是十分有价值。而网络泡沫期间高达 58% 的首日超额收益并不能仅仅解释为对披露有用的私有信息的补偿。

（二）基于完全信息理论下的一级市场的抑价解释

Booth 和 Chua（1996）[20]提出了"增强的流动性假设",他们认为由于上市以后会有更广泛的股东群,从而股票的流动性增强,公司的价值上升。但是为了获得更广泛的股东群,发行公司的原始股东必须将股票发行价格定得足够低以吸引大量的投资者参与申购,发行抑价便是获得更高流动性所要支付的相应成本。Mello 和 Parsons（1998）[21]认为 IPO 过程中会考虑公司的最优股权结构,积极地寻求具有潜在控制权的外部大股东,这些大股东或者成为公司目前管理层的监督者,或者成为公司决策和管理层更换时的支持者,但是为了寻求具有潜在控制权的外部大股东需要降低发行价格。Loughran 和 Ritter（2002）[22]提出了愿景理论来解释 IPO 的抑价程度,其基本思想是,发行人会权衡发行抑价的损失和价格上升给留存股权带来的财富上涨的收益,这种相对的财富上涨直接影响发行人与承销商对发行价格的议价能力。当发行人知道上市以后的市场定价会高于他们的预期时,他们能忍受过多的发行抑价程度。

（三）基于市场无效理论的二级市场的溢价解释

基于信息不对称和信息完全的理论都是在市场参与各方理性的基础上进

行讨论的，并且各个理论都是在承认 IPO 股票存在抑价现象的前提下进行分析的，并试图给出解释。然而，另外一些理论认为，或许 IPO 股票根本没有出现所谓的抑价，而是市场定价错误并且投资者愿意以高于发行价的价格购买，换言之，也可能是二级市场定价错误。Rajan 和 Servaes（1997）[23]认为 IPO 可能存在定价偏高的情况，或者是二级市场的暂时狂热，或者是投资者对新股的增长前景的过分乐观导致二级市场溢价的发生。Aggarwal 和 Rivoh（1990）[24]以 1977~1987 年的样本进行分析，结果发现在消除市场波动的影响因素之后，那些以首日收盘价买入股票并持有一年（250 个交易日）的投资者收益率为 -13.73%，并将这种新股弱势表现的原因归结为市场的无效率：新股上市首日二级市场上的投资者存在狂热追逐的情绪。

从理论上讲，如果市场是无效的且存在噪声交易，那么新股的交易价格将和其内在价值相偏离，于是在新股上市交易时，市场对其价格会发生错误估计。Tinic（1988）和 Ritter（1991）也发现新股市场存在泡沫现象，新股超额收益可能受到投资心理因素的影响。由于投资者对新股前景的过度乐观和追捧，使新股产生了超额收益，即新股的发行价和上市后的交易价之间的差异可能是由于发行时的市场错误估计造成的。

三、创投支持的 IPO 相关理论假说

学者们对不同类型公司的 IPO 市场表现差异也进行了研究，其中创投支持公司因其上市前具有创业投资机构持股背景，近年来越来越引起人们的关注。与其他公司相比，创投支持公司在 IPO 过程中具有多重角色——创投机构作为公司的股东，在 IPO 发行时扮演的是发行人的角色；作为专业的股权投资机构，在 IPO 累积超额收益又扮演着机构投资者的角色，这可能会使创投支持公司具有与非创投支持公司不同的 IPO 市场表现。

国外学者基于发达国家股票市场，对创投机构的作用进行了大量的研究，并提出了多种假说，其中监督假说、认证假说得到了广泛的认同。监督假说、认证假说肯定了创投机构对其支持公司的正面作用，认为创投机构能够筛选出优质的公司并为其提供增值服务，从而使其 IPO 市场表现优于非创投支持公司——IPO 抑价率更低、IPO 长期收益率更高。但西方不同市场、不同阶段的实证研究结果并不一致，因此学者们又提出了逆向选择假说和哗众取宠假说，对可能妨碍创投机构发挥作用的因素进行了探讨。

四、来自我国的实证研究

相对于国外，国内关于我国新股发行首日超额收益率问题的研究起步较晚，约始于20世纪90年代末期。但涉及的解释因素大多参照国外的相关研究来确定，然后用中国股市的数据来检验国外的理论。

陈工孟和高宁（2000）以我国IPO市场1991~1996年上市的514家A股IPO公司为样本进行研究，发现A股的首日超额收益竟高达335%，这一首日超额收益率远高于证券市场发达国家的水平，也远高于其他新兴股票市场的水平。公司风险较大（以发行上市间隔期来衡量），则首日超额收益较高；发股公司计划在上市不久增发股票，其首日超额收益较高。李博和吴世农（2000）[25]对我国1996~1999年在沪深证券交易所上市的529家A股IPO的短期价格表现进行了研究，他们发现这些IPO的首日超额收益高达129.8%，上市首日换手率、发行量、基金持有量和发行市盈率是影响首日收益的主要因素。

我国IPO市场实践的不断进展提供了检验制度变迁对IPO定价的影响。宋逢明和梁洪昀（2001）[26]研究发现，放开市盈率后的A股初始回报率没有下降反而更高。杜莘、梁鸿昀和宋逢明（2001）[27]认为偏高的初始回报率主要源于一、二级市场价格决定机制的脱钩，此外，发行价格、时间以及发行规模都对首日超额收益有重要影响。朱南和卓贤（2004）[28]检验了价格管制的效应，以我国股市2001~2003年上半年的IPO公司为样本的研究结果发现，中国IPO的首日超额收益高达125.18%，实际数据和统计分析都表明中国新股发行市盈率的管制不是影响首日超额收益的原因。汪宜霞（2005）[29]通过对以1998~2003年的520家A股IPO公司为样本，发现一级市场抑价和二级市场噪声交易者的投机行为是形成超额收益的主要影响因素。蒋顺才、胡国柳和邓鑫（2006）[30]通过对沪深两市1991~2004年发行上市的1237家IPO样本进行分组统计表明：以上两个特征与我国首次发行规模受限以及股权分置的制度安排有关。他们认为股权分置在形成初始高抑价的同时，也形成了路径依赖，而路径依赖使得中国IPO高抑价长期存在。

在我国IPO定价制度进入累计投标和询价制度阶段后，李金花和黄海滨（2007）回顾了IPO抑价的主要理论，并对我国中小企业板IPO抑价的原因进行了分析。通过分析发现：我国中小企业板IPO抑价现象可用投机—泡沫假说解释。卢杰（2009）[31]通过对既在A股上市又在H股上市的公司抑价进行了研究，发现特殊的发行制度和"投资者效应"是中国内地A股市场不合理抑价率的主要原因。庄学敏（2009）[32]结合我国中小板市场的特点，选择了二级市场的中签率、首日换手率、募集资金量等9个影响IPO抑价的因素进行实证性研究，发现我国中小企业板IPO也存在相对严重的抑价现象，其中发行前一年净资产收益率和中签率与中小板IPO抑价率正相关，且影响显著，即公司发行前一年净资产收益率越高，越能提高投资者的预期，增强投资者投资的信心；募集资金量与中小板IPO抑价率负相关，影响明显，呈现小公司现象。张小成、孟卫东和熊维勤（2010）[33]认为，机构投资者和潜在投资者的异质预期导致了IPO的高抑价。

（一）监督假说

监督假说认为，创投机构作为专业投资机构，具有识别高质量企业的能力，即便企业初期质量不佳，创投机构也能通过为其提供增值服务，使其成长为高质量公司；在公司上市之后，创投企业的监督监管作用能使公司治理结构更为合理，因此会有更好的长期表现。Brophy（1988）[34]研究发现创投机构的投后管理活动增加了其持股公司的价值；创投支持公司在IPO后的经营绩效明显好于非创投支持公司，是由于创投机构向其持股公司提供了咨询、管理建议等服务，因此创投支持公司IPO后表现出了更好的长期绩效；Terry和Melissa（2006）[35]研究发现创投支持公司IPO后长期表现优于非创投支持公司，且创投机构参与公司管理程度越高，公司IPO长期表现越好。

（二）认证假说

认证假说认为，创投参与有助于传达出公司高质量的信息，有效地降低发行人与投资者（承销商等中介结构）之间的信息不对称，因此发行人不需要采取更大的抑价幅度以吸引投资者。Barry（1990）[36]研究认为由于创投机构向其支持的公司提供了增值服务以及相应的监控监管措施向市场传递了该企业质量优良的信号，使得其所支持的公司IPO发行抑价相对要低一些。Frances和Hasan（2001）[37]研究认为，虽然创投支持公司的IPO抑价率更高，但吸引了更高资质的承销商，同时承销费用更低，因此创投机构具有一定的认证作用。

（三）逆向选择假说

逆向选择假说认为，创投机构与其支持公司之间存在信息不对称，创投机构难以分辨企业的质量优劣，无法判断企业的真实价值，因此倾向于以市场平均水准对拟投资企业定价。这导致高质量的公司的股权融资成本高于其内源融资和债务融资的成本，因此高质量公司不会引进创投机构；在这种情况下，低质量的公司更倾向于将股权出售给创投机构进行股权融资，这就造成了私募股权市场的逆向选择问题。逆向选择导致创投支持公司的资质要差于非创投支持公司，其 IPO 风险也要高于非创投机构支持公司。因此，为了吸引投资者，创投支持公司 IPO 时会选择以更大的抑价发行，因此其 IPO 抑价程度更高，并且 IPO 后长期表现更差。Franzke（2004）[38]研究发现，创投支持公司 IPO 上市首日收益高于非创投支持公司，但其上市前的盈利能力和销售收入差于非创投支持公司。

（四）哗众取宠假说

哗众取宠假说认为，缺乏声誉机制约束的创投机构为了其资金的周转（或初创的创投机构为及早建立市场声誉），有动机把其投资的未完全培育成熟的公司推向资本市场，从而导致公司 IPO 后经营业绩和市场表现不佳。Lee 和 Wahal（2004）[39]研究认为，创投机构为持续募集资金或者成立不久的创投机构为建立自己的市场声誉，通常将所投资的公司过早推向资本市场，陈良华、孙健和张菌（2005）[40]对在香港创业板上市的公司 IPO 前后的经营业绩进行了研究。研究发现，IPO 前后创投支持公司比非创投支持公司的收入增长要快，但同时总资产收益率相比非创投支持公司下降更快，销售净利率和流动比率两个指标则没有显著差异。他们认为，创投机构在其支持公司的成长初期对公司各方面（尤其是公司治理方面）起到了积极作用，但由于创投机构在其支持公司 IPO 必将择机退出，因此会对公司造成一定的负面影响。

张凌宇（2006）[41]对 2001~2004 年在上海证券交易所上市的 IPO 公司进行了研究。研究发现，创投支持公司的 IPO 抑价显著低于非创投支持公司（93.41% Vs175.08%）。他认为这是由于二级市场的高估造成的，我国市场并不支持监督/认证假说，但他并没有解释二级市场为什么高估非创投支持 IPO 股票。此外，他按经营期长短将创业投资支持企业分成熟和不成熟两类，研究发现两类企业 IPO 抑价度不存在显著性差异，因此他认为逆向选择假说和哗众取宠假说在我国不存在。

陈玉呈（2007）[42]对 1993~2006 年在香港上市的 133 家 H 股公司进行了研究。研究表明，创投支持公司的 IPO 抑价率低于非创业投资支持的公司。此外，香港主板市场的创投支持公司在 IPO 抑价率、IPO 长短期绩效方面均低于香港创业板市场的创投支持公司，且香港主板市场的创投支持公司长期绩效呈不断下降趋势。倪正东和孙力强（2009）[43]对 1997~2006 年在美国上市的 26 家创投支持中国公司的 IPO 市场业绩进行了研究。研究发现，创投支持公司 IPO 上市首日收益率显著高于非创投支持公司,且创投支持公司的 IPO 的长期业绩较差。他们认为之所以研究结论与国外的研究结论有所不同,可能与我国赴美上市的创投支持公司多处于竞争性行业,而非创投支持公司多处于垄断性行业有关。

第二节　创业板 IPO 首日超额收益

一、首日超额收益的衡量

IPO 首日超额收益决定于两个环节:一级市场发行价格的确定和二级市场交易价格的形成。两个环节的定价准确性都会影响到 IPO 首日超额收益。一级市场抑价是指由于发行价格低于股票内在价值而产生的收益;二级市场溢价是指由于交易价格偏离股票内在价值而产生的收益[25]。

IPO 首日超额收益:

其中,$AIR = \dfrac{P_1 - P_0}{P_0}$ (11.1)

式中,AIR 为 IPO 首日超额收益率;P_1 为 IPO 上市首日交易的收盘价格;P_0 为 IPO 的发行价格。

则首日超额收益可以分解为如下两部分:

$$AIR = \dfrac{P_1 - V_R}{P_0} + \dfrac{V_R - P_0}{P_0}$$

式中,AIR 为 IPO 首日超收益率;P_1 为 IPO 上市首日交易的收盘价格;P_0 为 IPO 的发行价格;V_R 为企业的真实内在价值。

公式第一项定义为二级市场溢价,即由于上市首日收盘价格高于股票内在价值而产生的收益,二级市场内存在卖空限制,而散户投资者在市场中占据了主要地位,缺乏灵通信息及专业背景的散户投资者容易对 IPO 存在过度乐观,上市首日的交易价格会偏离内在价值。第二项定义为一级市场抑价,即由于发行价格低于内在价值而产生的收益,如果发行价格高于股票内在价值,则意味着新股定价偏高。

二、我国创业板 IPO 首日超额收益

创业板新股 IPO 定价沿用了 2005 年 1 月 1 日起实施的新股发行定价采取初步询价和累计投标询价相结合的方式,这使得我国对 IPO 发行价格的严格管制造成了一级市场的管制性抑价程度得到很大程度上的降低。伴随着发行定价制度的市场化改革进程,我国新股 IPO 的超额收益率过高现象也得到明显的缓解,A 股的平均首日报酬率也由 1990 年的 4970.48% 下降到 2008 年的 114.87%。可以说,新股发行定价制度的市场化改革对于缓解我国 A 股市场的高抑价水平起到了至关重要的作用。

我国创业板市场自 2009 年 10 月 23 日开板以来,截至 2011 年 4 月累计已有 203 家上市公司成功登陆创业板市场,它们分 45 批分别上市。我们按照式 (11.1) 计算出创业板上市公司的首日超额收益,然后计算出各种平均超额收益。

图 11.1 给出了 45 批创业板上市公司的平均超额收益率情况。

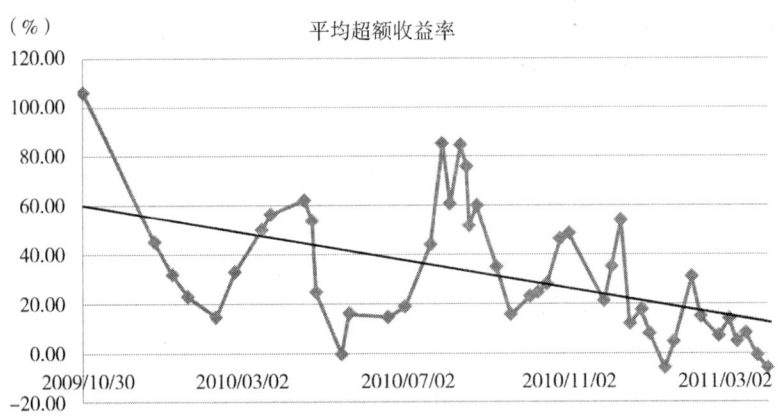

图 11.1 我国创业板新股各批次 IPO 上市的平均首日超额收益率情况

首批 28 家的首日平均超额收益为 106.23%,截至最近一批 2011 年 4 月 15 日的 3 家上市公司的首日平均超额收益为 -6.12%,这 203 家上市公司的 IPO 首日平均超额收益率为 39.82%。

图 11.2 给出了三年来的年度平均首日超额收益。2009 年共有 36 家企业在创业板上市,其 IPO 首日平均超额收益率为 75.72%;2010 年共有 117 家其 IPO 首日平均超额收益率为 38.94%;2011 年 1 月至 4 月 15 日共有 50 家

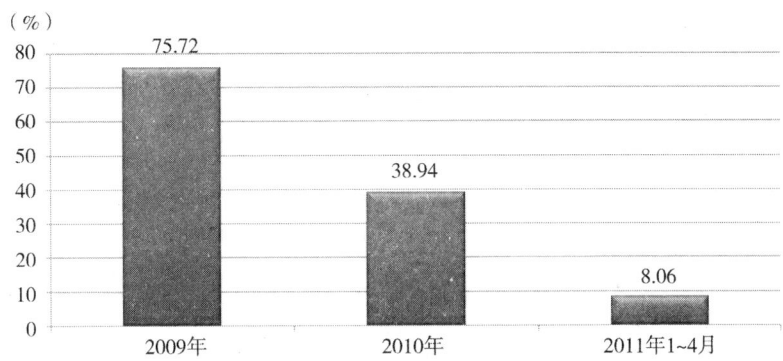

图 11.2 我国创业板新股 IPO 的平均首日超额收益率年度变化情况

其 IPO 首日平均超额收益率为 8.06%，其中有 15 家公司破发。

图 11.1 和图 11.2 说明，不同批次的上市新股的 IPO 超额收益呈现波动下降趋势，而且逐年下降。

图 11.3 给出了按照行业划分后的首日平均超额收益。

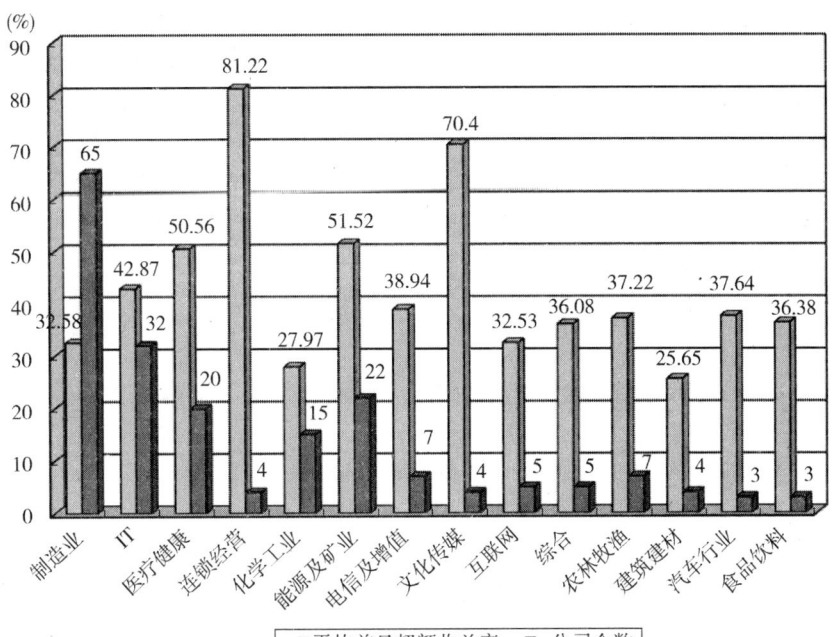

图 11.3 创业板各行业 IPO 首日平均超额收益率

由图 11.3 可以看出，连锁经营和文化传媒行业的平均首日超额收益率相对于其他行业较高，化学工业和建筑建材行业较低，只有 25% 左右。图 11.3 未包括交通运输业、旅游业和金融业的创业板上市公司，因为这些行业只有一家公司上市，它们是新宁物流（首日超额收益率为 106%）、同花顺（首日超额收益率为 33%）和宋城股份（首日超额收益率为 22%）。

第三节 创业板 IPO 首日超额收益影响因素实证分析

本节我们运用多元线性回归的方法来分析创业板 IPO 首日超额收益的影响因素。

一、样本选择及数据来源

自 2009 年 10 月创业板开市以来，截至 2011 年 4 月 15 日，总共上市了 203 家公司作为研究创业板 IPO 首日超额收益样本。所使用的数据中股票代码、股票名称来自深交所网站（www.szse.cn）；IPO 股票发行市盈率、发行价、首日上市收盘价、非流通股比率、募集资金数、公司总资产等数据均来自 CVSource 数据库，其中行业分类采用的标准是 CVSource 二级行业分类标准；中签率、IPO 首日换手率来自同花顺炒股软件；资产负债率、是否有风险投资参与是根据公司年报和公司招股说明书分析整理。

二、变量说明

IPO 首日超额收益程度一般由 IPO 首日超额收益率来衡量，其具体公式如下：

（1）未经调整的 IPO 首日超额收益率，模型为：

$$AIR = \frac{p_1 - p_0}{p_0} \tag{11.2}$$

式中，AIR 为 IPO 首日超额收益率，p_1 为新股上市首日收盘价格，p_0 为招股说明书中的发行价格。

（2）经市场指数调整的 IPO 首日超额收益率，模型为：

第十一章 创业板 IPO 首日超额收益与风险投资

$$AIR = \frac{p_1 - p_0}{p_0} - \frac{I_1 - I_0}{I_0} \tag{11.3}$$

式中，AIR 为 IPO 首日超额收益率，p_1 为新股上市首日收盘价格，p_0 为招股说明书中发行价格，I_1 为新股上市首日的市场收市股价指数，I_0 为新股发行上市的市场开市股价指数。

在本章中，只选取未调整的 IPO 首日超额收益计量率模型，原因在于我国创业板市场指数于 2010 年 6 月 1 日才开始实行，在此之前上市的企业未能匹配合适的创业板指数，因此，不采用经调整后的 IPO 首日超额收益率模型。

自变量选取主要借鉴近年来关于我国主板市场 IPO 超额收益问题的研究成果，并且综合考虑基于信息不对称的理论、基于信息完全的理论和市场无效率理论等，选用以下三大类解释变量，同时列示对应变量解释，详见表 11.1。

表 11.1　选择的回归变量

	变量	简称	相关解释
一级市场抑价	发行价格	IP	上市首日收盘价固定时，发行价格越高，抑价程度越低
	发行市盈率	PE	预测每股收益固定时，同发行价
	中签率	DTOR	一般发行价格低估程度越大，则需求越大，中签率越低抑价程度越高
	募集资金	RM	一般发行规模越大则风险越小即风险抑价越少
二级市场溢价	非流通股比率	IS	非流通股是国家和法人股东持有的股份，他们的持有比例代表了企业内部人对公司的信心，因此持有比例越大则二级市场需求越大
	换手率	TR	衡量了二级市场对新股的需求情况，该指标越高，说明需求越大，价格越可能发生过度反应衡量了二级市场对新股的需求情况，该指标越高，说明需求越大，价格越可能发生过度反应
公司指标	公司总资产	TA	一般认为发行公司的总市值越小，发行公司越有可能抑价发行，以吸引投资者
	是否有风险投资背景	VC	风险投资家会使公司 IPO 的信息不对称程度降低

续表

	变量	简称	相关解释
公司指标	发行时的资产负债率	DFA	如果公司的资产负债率越大，发行公司所承担的风险水平也就越高。对于所承担风险的补偿，投资者就会要求较高的抑价
	发行前一年净利润增长率	ROE	指标值越大，则预测新股的盈利能力越强，故市场需求越大，初始收益率升高

三、模型构建

本章选择采用多元线性回归数学模型来进行实证分析。以第二节所计算的创业板 IPO 首日超额收益率作为因变量，创业板 IPO 首日超额收益影响因素作为自变量，建立模型如下：

$$AIR = \beta_0 + \beta_1 \times IP + \beta_2 \times PE + \beta_3 \times DTOR + \beta_4 \times TA + \beta_5 \times RM + \beta_6 \times IS + \beta_7 \times TR + \beta_8 \times VC + \beta_9 \times ROE + \beta_{10} \times DFA + \varepsilon$$

式中，β_0 为常数项，是当其他自变量都为零时，因变量的估计值；IP、PE、DTOR、TA、RM、IS、TR、VC、ROE、DAF 为解释变量；AIR 为被解释变量；β_1、β_2、β_3、β_4、β_5、β_6、β_7、β_8、β_9、β_{10} 为偏回归系数，表示在其他自变量不变的情况下，某自变量每变化一个单位而引起的因变量的平均变化；ε 为误差项，常假设其服从正态分布。

四、变量的描述性统计

首先，本章将样本数据按照首日超额收益率、中签率、首日换手率、发行市盈率、募集资金、资产负债率、净资产收益率、非流通股比例、公司总资产、是否有风险资本等几个方面进行了总分析，见表 11.2。

表 11.2 变量的描述性统计

	均值	中位数	最大值	最小值	方差
发行价格	36.2909	30.55	332.18	11.3	27.0404
发行市盈率	68.5725	65.1	150.82	36.98	19.9645
中签率	0.9052	0.7131	7.146	0.2606	0.7162

续表

	均值	中位数	最大值	最小值	方差
非流通股比率	0.7512	0.7499	0.9	0.738	0.0212
募集资金	7.6903	6.42	25.53	0.558	4.6155
公司总资产	3.5163	2.73	21.54	0.6852	2.7998
资产负债率	0.3790	0.3836	0.7103	0.0489	0.1434
净资产收益率	0.2799	0.2635	0.5884	0.0497	0.0980
是否有风险资本	0.6404	1	1	0	0.4811
首日换手率	0.7129	0.7511	0.9102	0.1842	0.1780
首日超额收益率	0.3982	0.3094	2.0973	-0.8293	0.4044

五、回归分析结果

(一) 多重共线性检验

我们对各个变量关系进行了检验，表11.3给出了检验模型中所有变量之间的相关系数分析结果。

表11.3　变量相关系数矩阵

	IP	PE	DTOR	IS	RM	TA	DFA	ROE	VC	TR	AIR
IP	1.000	0.258	0.231	-0.048	0.371	-0.058	-0.113	0.478	0.078	-0.036	-0.327
PE	0.258	1.000	0.100	-0.038	0.319	-0.043	-0.048	0.051	-0.007	-0.054	-0.199
DTOR	0.231	0.100	1.000	-0.049	0.331	0.065	0.019	0.229	0.021	-0.171	-0.257
IS	-0.048	-0.038	-0.049	1.000	0.042	0.334	-0.042	0.097	-0.031	-0.005	-0.006
RM	0.371	0.319	0.331	0.042	1.000	0.453	0.066	0.325	0.161	-0.263	-0.257
TA	-0.058	-0.043	0.065	0.334	0.453	1.000	0.258	-0.342	0.109	-0.195	-0.148
DFA	-0.113	-0.048	0.019	-0.042	0.066	0.258	1.000	-0.051	0.094	0.024	0.029
ROE	0.478	0.051	0.229	0.097	0.325	-0.342	-0.051	1.000	-0.064	-0.044	-0.092
VC	0.078	-0.007	0.021	-0.031	0.161	0.109	0.094	-0.064	1.000	-0.009	0.100
TR	-0.036	-0.054	-0.171	-0.005	-0.263	-0.195	0.024	-0.044	-0.009	1.000	0.621
AIR	-0.327	-0.199	-0.257	-0.006	-0.257	-0.148	0.029	-0.092	0.100	0.621	1.000

一般来说，相关系数超过 0.9 的变量在分析时存在共线性问题，在 0.8 以上可能有共线性问题[44]，从表 11.3 可以看出，模型中各变量间的相关系数不是很大，可以初步认为各个变量之间不存在多重共线性问题。

（二）多元回归结果

利用选择的 203 家企业作为样本，我们运用 Eviews6.0 软件进行多元线性回归得出结果如表 11.4 所示。

表 11.4 回归分析最终结果

R – squared	0.526195		F – statistic	21.32304
Adjusted R – squared	0.501518		Prob（F – statistic）	0
Variable	Coefficient	Std. Error	t – Statistic	Prob.
IP	-0.00519	0.000924	-5.616991	0
PE	-0.001892	0.001167	-1.620229	0.1068
DTOR	-0.061795	0.030345	-2.036374	0.0431
IS	-0.503241	1.150652	-0.437353	0.6623
RM	0.004939	0.007481	0.660231	0.5099
TA	-0.005086	0.013012	-0.390879	0.6963
DFA	-0.084799	0.152326	-0.556698	0.5784
ROE	0.450585	0.336892	1.337478	0.1826
VC	0.115721	0.043312	2.67178	0.0082
TR	1.361373	0.11891	11.44881	0
C	-0.008468	0.831853	-0.01018	0.9919

从表 11.4 的结果可见，在模型中，综合考虑了一级市场、二级市场以及公司因素对 IPO 首日超额收益率的影响，模型的拟合程度达到了 52.7%，说明我们的模型能够较好地说明 IPO 首日超额收益影响因素，回归结果具有较高的解释力和稳健性。同时模型通过了 F 检验，表明模型具有统计学意义。

通过以上的分析，在此对模型进行优化，剔除对 IPO 首日超额收益率影响不显著的指标，所以只考虑了上市首日换手率、中签率、发行价和是否有风险投资机构进行投资这些统计特征显著的指标再次进行回归分析，选取指标的标准是 Prob. > 0.05 的变量被剔除，否则保留该指标，解出关于 IPO 首日超额收益率的最优回归方程，结果如表 11.5 所示。

表11.5　多元回归结果

R – squared	0.502884	F – statistic	50.07433
Adjusted R – squared	0.492841	Prob（F – statistic）	0
Variable	Coefficient	Std. Error	t – Statistic	Prob.
IP	−0.004419	0.000772	−5.721728	0
DTOR	−0.050228	0.029497	−1.702838	0.0902
VC	0.109352	0.042247	2.588409	0.0104
TR	1.354534	0.11554	11.72356	0
C	−0.431606	0.098519	−4.380944	0

在优化方程中保留了中签率、换手率、发行价和是否有风险投资机构参与四个变量。从整体来看，拟合优度变化不大，但是 F – statistic 值和 Prob. (F – statistic) 值都有所改善。拟合优度达到了50.2%，可见模型在整体上还是比较显著的。创业板 IPO 首日超额收益率有50.2%可以用这个模型解释。表11.5 中的 F – statistic 为50.07433，F – Statistic 的 P 值为0。说明该模型具有统计学上的意义。

六、分析与讨论

根据多元线性回归模型的多元回归结果（见表11.4），本章得出以下结果：

（1）$\beta_1 < 0$，即新股发行价格与 IPO 首日超额收益率为负相关，且统计特征显著。说明创业板新股发行价越高，其一级市场抑价程度就越小。发行价格对一级市场的抑价影响是显著的，创业板市场能否确定一个合理的发行价格将对 IPO 首日超额收益程度产生重大影响。

（2）$\beta_2 < 0$，即创业板市场新股发行市盈率与 IPO 首日超额收益率呈负相关关系，统计特征不是很显著。说明在创业板市场表现为市盈率水平越高，一级市场抑价程度越小。

（3）$\beta_3 < 0$，即创业板市场新股发行中签率与 IPO 首日超额收益率呈负相关，且统计特征显著，但是在优化后其作为解释变量并不显著。根据回归结果，即中签率与 IPO 首日超额收益之间存在负相关关系，且在5%的显著性水平下是统计显著的，表明中签率越高，IPO 抑价水平越低。这一指标在一定程度上反映了一级市场投资者对 IPO 的热情度，也反映了一级市场投资

者申购情况对二级市场投资者的影响。

（4）$\beta_4 < 0$，即创业板市场企业 IPO 时的非流通股比率与 IPO 首日超额收益率呈负相关，且统计特征不显著。这一结果不同于国外学者 Leland 和 Pyle（1977）认为的发行公司原始股东在 IPO 后留存大部分的股权可以向外部投资者传递有关公司质量的信息，投资者可以由此来推断发行公司的质量，原始股东留存股权比例和首日超额收益程度正相关。可见，在创业板市场非流通股比率越大 IPO 首日超额收益率越小。

（5）$\beta_5 > 0$，即在创业板市场企业 IPO 实际募集资金与 IPO 首日超额收益之间存在正相关关系，但统计特征并不显著，表明实际募集资金越多，IPO 首日超额收益水平越高。

（6）$\beta_6 < 0$，即在创业板市场企业的总资产与 IPO 首日超额收益之间存在负相关关系，但统计特征并不显著，表明创业板企业的总资产越多其 IPO 首日超额收益程度越大。

（7）$\beta_7 < 0$，即在创业板市场中企业的资产负债率与 IPO 首日超额收益之间存在负相关关系，但统计特征并不显著，表明在创业板市场中资产负债率越高的企业并不受投资者追捧。

（8）$\beta_8 > 0$，即在创业板市场企业净资产收益率与 IPO 首日超额收益之间存在负相关关系，但统计特征并不显著，表明随着股票市场的成熟，投资的理性与理念也在渐渐形成，价值投资的理念将会主导市场，但在目前的情况下，仍处于走向成熟的过渡阶段，真正的市场机制还未完善，说明投资者在企业 IPO 初期并不关心公司的基本面情况，市场投机气氛还比较浓厚。

（9）$\beta_9 > 0$，即创业板市场中企业有风险投资机构投资的企业的 IPO 首日超额收益率要高于没有风险投资机构投资的企业，统计特征是显著的。这与假设并不一致，一般认为风险投资家会使公司 IPO 的信息不对称程度就降低，我们假定风险投资具有降低 IPO 首日超额收益率的作用。但是统计结果显示有风险投资机构投资的创业板市场企业的 IPO 首日超额收益率相对较高，根据信号模型有无风险投资机构参股会向投资者传递一个信号，一般投资者会认为有风险投资机构投资的企业的公司质量会高一些。

（10）$\beta_{10} > 0$，即创业板企业中企业 IPO 首日换手率与 IPO 首日超额收益率之间呈正相关关系，统计特征是显著的，这表明过度投机导致新股上市后价格持续偏高。换手率作为用于检验市场中是否存在过度投机的一个指标，一般认为如果年换手率高于 30%，则很可能存在过度投机。在西方发达国家股市的年换手率通常在 30% 以下。而我国创业板新股首日换手率的均值在 71%。我国创业板市场中存在如此高的换手率，说明市场中过度投机行为众多,新股市场中的投资者目的在于谋取短期暴利,而不是长期投资。在很大程度上,上市的首日收益率很大程度上是由于投资炒作而提升起来的。换手率越高,资源配置效率就越低,社会金融资源的浪费规模就越大。这时,即使短期内股票市场对投资者有某种"吸引力",但在长期内却会失去吸引力。结合创业板的特点,投资者出现"非理性狂热"可能性是存在的。

参考文献

[1] 陈工孟,高宁. 中国股票一级市场发行抑价的程度与原因 [J]. 金融研究, 2000 (8): 1-12.

[2] McDonald, J. and A. K. Fisher. New Issue Stock Price Behavior [J]. Journal of Finance, 1972 (27): 97-102.

[3] Levis, The Winners Curse Problem, Interest Costs and the Underpricing of Initial Public Offerings [J]. Economic Journal, 1993 (100): 76-89.

[4] Habib, Michel, and Alexander Ljungqvist. Underpricing and Entrepreneurial Wealth Losses in IPOs: Theory and Evidence [J]. Review of Financial Studies, 2001 (14): 433-458.

[5] Paudyal K., B. Saadouni and R. J. Briston, Privatisation. IPOs in Malaysia: Initial premium and long-run performance [J]. Pacific-Basin Finance Journal, 1998 (6): 427-451.

[6] Hin, T. and Mahmood, H., The Long-run Performance of Initial Public Offerings in Singapore [J]. Securities Industry Review, 1993 (19): 47-58.

[7] AnnaP. 1. Vong and N. Zhao. An examination of IPO underpricing in the growth enterprise market of Hong Kong [J]. Applied Financial Economics, 2008 (18): 1539-1547.

[8] Loughran, Tim and Jay Ritter. Why don't Issuers Get Upset about Leaving Money on the Table in IPOs? [J]. Review of Financial Studies, 2002 (15): 413-443.

[9] Ritter, Jay. The "Hot" Issue Market of 1980 [J]. Journal of Business, 1984 (57): 215-240.

[10] Beatty, Randolph, and Jay Ritter. Investment Banking, Reputation, and the Underpricing of Initial Public Offerings [J]. Journal of Financial Economics, 1986 (15): 213-232.

[11] Ellul and Pagano. IPO Underpricing and After-market Liquidity [N].

Working paper, 2003 - 06 - 18.

[12] Leland, Hayne, and David Pyle, Informational Asymmetries, Financial Structure, and Financial Intermediation [J]. Journal of Finance, 1977 (32): 371 - 387.

[13] Carter, R. and S. Manaster, Initial Public Offerings and Underwriter Reputation [J]. Journal of Finance, 1990 (45): 1045 - 1067.

[14] Rock, Kevin, Why New Issues are Underpriced? [J]. Journal of Financial Economics, 1986 (15): 187 - 212.

[15] Benveniste, L. M. and W. J. Wilhelm, A Comparative Analysis of IPO Proceeds under Alternative Regulatory Environment [J]. Journal of Financial Economics, 1990 (28): 173 - 207.

[16] Cornelli, F. and D. Goldreich, Bookbuilding and Strategic Allocation [J]. Journal of Finance, 2001 (56): 2337 - 2370.

[17] Cornelli, F. and D. Goldreich, Bookbuilding: How Informative is the Order Book? [J]. Journal of Finance, 2003 (58): 1415 - 1443.

[18] Busaba, W. Y. and C. Chang, Bookbuilding vs. Fixed Price Revisited: The Effect of Aftermarket Trading [N]. Working Paper, 2002 - 04 - 15.

[19] Ritter, J. R, and I. Welch, A Review of IPO Activity, Pricing and Allocations [J]. Journal of Finance, 2002 (57): 1795 - 1828.

[20] Booth, James R., and L. Chua., Ownership Dispersion, Costly Information and IPO Underpricing [J]. Journal of Financial Economics, 1996 (41): 291 - 310.

[21] Mello, Antonio, and John Parsons, Going Public and the Ownership Structure of the Firm [J]. Journal of Financial Economics, 1998 (49): 79 - 109.

[22] Loughran T and J R Ritter, The New Issues Puzzle [J]. Journal of Finance, 1995 (50): 23 - 51.

[23] Rajan, R. and Servaes, H. The Effect of Market Conditions on Initial Public Offerings [N]. Working Paper, 2003 - 10 - 30.

[24] Aggarwal R, and P Rivoli., Fads in Initial Public Offering Market [J]. Financial Management, 1990 (19): 45 - 57.

[25] 李博, 吴世农. 中国股市新股发行(IPOs)的初始收益率研究 [J]. 南开管理评论, 2003 (5): 31 - 36.

[26] 宋逢明, 梁洪昀. 发行市盈率放开后的A股市场初始回报研究 [J]. 金融研究, 2001 (2): 94 - 100.

[27] 杜莘,梁洪昀,宋逢明. 中国A股市场首日收益率研究 [J]. 管理科学学报, 2001 (4): 55-61.

[28] 朱南,卓贤. 对我国股票首次公开发行抑价的实证研究 [J]. 财经科学, 2004 (2): 32-36.

[29] 汪易霞. 基于抑价和溢价的中国IPO首日超额收益研究 [D]. 武汉: 华中科技大学, 2005.

[30] 蒋顺才,胡国柳,邓鑫. 中国A股IPO抑价率很高的一个新证据 [J]. 湖南大学学报 (社会科学版), 2006, 20 (5): 60-65.

[31] 卢杰. 上市公司新股发行高抑价率实证分析——来自中国A+H股公司的证据 [J]. 甘肃社会科学, 2009 (6): 152-155.

[32] 庄学敏. 我国中小板IPO抑价原因探究 [J]. 经济与管理研究, 2009 (11): 64-65.

[33] 张小成,孟卫东,熊维勤. 机构和潜在投资者行为对IPO抑价影响 [J]. 系统工程理论与实践, 2010, 30 (4): 638-645.

[34] BroPhy. More than money? The Performance of venture capital backed Public offering [J]. Frontiers of Entrepreneurship Research, 1988 (12): 339-340.

[35] Terry, Melissa. Venture capitalist involvement and the long-run Performance of IPO [J]. The Journal of Private Equity, 2006 (10): 7-17.

[36] Barry, Muscarella, Vestsuypens. The role of venture capital in the creation of Public companies [J]. Journal of Financial Economies, 1990 (27): 447-471.

[37] Frances, Hasan. The underpricing of venture and non-venture capital IPO, an empirical investigation [J]. Journal of Financial Services Research, 2001 (23): 99-113.

[38] Franzke. Underpricing of venture-backed and non-venture-backed IPO Germany new market [J]. Advances in financial Economics, 2004 (10): 201-230.

[39] Lee, wahal. Grandstanding, Certification and the underpricing of venture capital backed IPO [J]. Journal of Financial Economies, 2004 (73): 375-407.

[40] 陈良华,孙健,张菌. 香港创业板上市公司IPO前后业绩变化及其影响因素的实证研究 [J]. 审计与经济研究, 2005 (4): 84-88.

[41] 张凌宇. 创业投资机构对其支持企业IPO抑价度的影响 [J]. 产业

经济研究, 2006 (6): 36-41.

[42] 陈玉罡, 王苏生. 创业投资 IPO 偏低定价与退出绩效实证研究 [J]. 证券市场导报, 2007 (10): 60-64.

[43] 倪正东, 孙力强. 创业投资支持的企业海外 IPO 市场绩效研究 [J]. 证券市场导报, 2009 (5): 15-18.

[44] 张文彤. SPSS 11 统计分析教程 [M]. 北京: 北京希望电子出版社, 2002.

图书在版编目（CIP）数据

中国风险投资透视/罗国锋著. —北京：经济管理出版社，2012.11
ISBN 978-7-5096-2146-2

Ⅰ.①中… Ⅱ.①罗… Ⅲ.①风险投资—研究—中国 Ⅳ.①F832.48

中国版本图书馆 CIP 数据核字（2012）第 250697 号

组稿编辑：张　艳
责任编辑：孙　宇
责任印制：黄　铄
责任校对：超　凡

出版发行：经济管理出版社
　　　　　（北京市海淀区北蜂窝 8 号中雅大厦 A 座 11 层　100038）
网　　址：www.E-mp.com.cn
电　　话：(010) 51915602
印　　刷：北京银祥印刷厂
经　　销：新华书店
开　　本：720mm×1000mm/16
印　　张：20.5
字　　数：368 千字
版　　次：2012 年 11 月第 1 版　2012 年 11 月第 1 次印刷
书　　号：ISBN 978-7-5096-2146-2
定　　价：58.00 元

·版权所有　翻印必究·
凡购本社图书，如有印装错误，由本社读者服务部负责调换。
联系地址：北京阜外月坛北小街 2 号
电话：(010) 68022974　邮编：100836